LES STRUCTURES SOCIALES DE L'ÉCONOMIE

DANS LA MÊME COLLECTION

Méditations pascaliennes
Pierre Bourdieu

Pour Albertine
Proust et le sens du social
Jacques Dubois

La Paix de religion
L'autonomisation de la raison politique au XVIIe *siècle*
Olivier Christin

La Domination masculine
Pierre Bourdieu

Profession instituteur
Mémoire politique et action syndicale
Bertrand Geay

La Double Absence
Des illusions de l'émigré aux souffrances de l'immigré
Abdelmalek Sayad

La Liberté avant le libéralisme
Quentin Skinner

La Croyance économique
Les économistes entre science et politique
Frédéric Lebaron

Pierre Bourdieu

LES STRUCTURES SOCIALES DE L'ÉCONOMIE

collection **Liber**

SEUIL

Cet ouvrage est publié dans la collection « Liber »
dirigée par Pierre Bourdieu

ISBN : 2-02-041295-0

Pour Jérôme

While economics is about how people make choice, sociology is about how they don't have any choice to make.

BERTRAND RUSSELL

Introduction

Il faut des siècles de culture pour produire un utilitaire comme Stuart Mill.

Henri Bergson

La science que l'on appelle « économie » repose sur une abstraction originaire, qui consiste à dissocier une catégorie particulière de pratiques, ou une dimension particulière de toute pratique, de l'ordre social dans lequel toute pratique humaine est immergée. Cette immersion, dont on retrouve quelques aspects ou quelques effets quand on parle, après Karl Polanyi, d'*« embeddedness »*, oblige, lors même que, pour les besoins de la connaissance, on est contraint de la traiter autrement, à penser toute pratique, à commencer par celle qui se donne, de la manière la plus évidente et la plus stricte, pour « économique », comme un « fait social total », au sens de Marcel Mauss.

C'est dire que les études particulières que j'ai pu mener, il y a près de quarante ans, en Algérie, sur la logique de l'économie de l'honneur et de la « bonne foi » ou sur les déterminants économiques et culturels des pratiques d'épargne, de crédit ou d'investissement, ou, au milieu des années 1960, avec Luc Boltanski et Jean-Claude Chamboredon, sur la banque et sa clientèle, ou encore, plus récemment, avec Salah Bouhedja, Rosine Christin, Claire Givry et Monique de Saint-Martin, sur la production et la commercialisation de maisons individuelles, se distinguent de l'économie dans sa forme la plus commune sous deux rapports essentiels : elles tentent en chaque cas de mobiliser l'ensemble des savoirs disponibles sur les différentes dimensions de l'ordre social, soit, en vrac, la famille, l'État, l'école, les syndicats, les associations, etc. – et pas seulement, la banque, l'entreprise et le marché – ; et elles s'arment d'un système de concepts, qui, forgé en vue de rendre compte des données de l'observation, pourrait se présenter comme une théorie alternative pour comprendre l'action économique : le concept d'*habitus*, né de l'effort pour rendre compte des pratiques d'hommes et de femmes qui se sont trouvés jetés dans un cosmos économique étrange et étranger, importé et imposé par la colonisation, avec un équipement culturel et des dispositions, économiques notamment, acquis dans un univers précapitaliste ; le concept de *capital culturel* qui, élaboré et mis en œuvre à peu près au moment où Gary Becker mettait en circulation la notion de « capital humain », molle et vague, et lourdement grevée de présupposés sociologiquement inacceptables, visait à rendre compte de différences autrement inexplicables dans les performances scolaires d'enfants inégalement dotés culturellement et, plus généralement, dans toutes sortes de pratiques culturelles ou économiques ; le concept de *capital social* que j'avais forgé, dès mes premiers travaux d'ethnologie en Kabylie ou en Béarn, pour rendre compte de différences résiduelles liées, *grosso modo*, aux ressources qui peuvent être réunies, par procuration, à travers des réseaux de « relations » plus ou moins nombreuses et plus ou moins riches, et qui, souvent associé aujourd'hui au nom de James Coleman, responsable de son lancement sur le marché hautement protégé de la sociologie américaine, est fréquemment utilisé pour corriger, à travers l'effet des *« social networks »*, les implications du modèle dominant[1] ; le concept de *capital symbolique*, que j'ai dû construire pour rendre compte de la logique de l'économie de l'honneur et de la « bonne foi » et que j'ai pu préciser et affiner dans, par et pour l'analyse de l'économie des biens symboliques, et tout spécialement des œuvres d'art ; enfin, et surtout, la notion de *champ*, qui a connu un certain succès, sous une forme dégriffée et souvent un peu délavée, dans la « New Economic Sociology »[2]. L'introduction de ces notions n'est qu'un

1. Les stratégies qui visent à « corriger » les insuffisances ou les lacunes d'un paradigme sans jamais le remettre vraiment en question, Herbert Simon parlant de « rationalité limitée » ou Marc Granowetter réintroduisant les *« social networks »*, font penser aux constructions laborieuses par lequelles Tycho-Brahé s'efforçait de sauver le modèle géocentrique de Ptolémée contre la révolution copernicienne.

2. Pour une analyse de la différence entre le concept de capital culturel (mis en œuvre *in* P. Bourdieu et J.-C. Passeron, *Les Héritiers. Les étudiants et la culture,* Paris, Éditions de Minuit, 1964) et la notion de « capital humain », proposée par Gary Becker, voir P. Bourdieu, « Avenir de classe et causalité du probable », *Revue française de Sociologie*, XV (janvier-mars 1974, p. 3-42) et *La Noblesse d'État. Grandes écoles et esprit de corps* (Paris, Éditions de Minuit, 1989, p. 391-392) ; sur le capital social, voir « Le capital social. Notes provisoires », *Actes de la recherche en sciences sociales*, 31 (janvier 1980, p. 2-3) ; sur le capital symbolique, *La Distinction. Critique sociale du jugement* (Paris, Éditions de Minuit, 1979),

aspect d'un changement plus global de langage (marqué par exemple par la substitution du lexique de la disposition à celui de la décision ou de l'adjectif « raisonnable » à celui de « rationnel »), qui est indispensable pour exprimer une vision de l'action radicalement différente de celle qui fonde, de manière le plus souvent implicite, la théorie néo-classique.

En recourant à des concepts qui ont été élaborés et mis en œuvre à propos d'objets aussi divers que les pratiques rituelles, les conduites économiques, l'éducation, l'art ou la littérature, je ne voudrais pas paraître sacrifier à cette sorte d'annexionnisme réductionniste, ignorant des spécificités et des particularismes propres à chaque microcosme social, auquel s'adonnent de plus en plus, aujourd'hui, certains économistes, convaincus que l'on peut se contenter des concepts les plus généraux de la pensée économique la plus épurée pour analyser, en dehors de toute référence aux travaux des historiens ou des ethnologues, des réalités sociales aussi complexes que la famille, les échanges entre les générations, la corruption ou le mariage. Alors que je m'inspire en réalité de la conviction tout à fait opposée : parce que le monde social est tout entier présent dans chaque action « économique », il faut s'armer d'instruments de connaissance qui, loin de mettre entre parenthèses la multidimensionalité et la multifonctionalité des pratiques, permettent de construire des *modèles historiques* capables de rendre raison avec rigueur et parcimonie des actions et des institutions économiques telles qu'elles se donnent à l'observation empirique. Cela, évidemment, au prix d'une mise en suspens préalable de l'adhésion aux évidences et aux prénotions de sens commun. Comme l'attestent tant de modèles déductifs des économistes qui sont de simples mises en forme et en formules mathématiques d'une intuition de sens commun, cette rupture n'est jamais aussi difficile, peut-être, que lorsque ce qu'il s'agit de mettre en question est inscrit, comme les principes des pratiques économiques, dans les routines les plus banales de l'expérience ordinaire.

Je ne pourrais donner une idée du travail de conversion qui est nécessaire pour rompre avec la vision première des pratiques économiques qu'en évoquant la longue suite d'étonnements, de surprises et de déconcertements, qui m'ont conduit à *éprouver*

Méditations pascaliennes (Paris, Éditions du Seuil, 1997), et, pour une mise au point récente, « Scattered remarks », *European Journal of Social Theory*, 2(3) (August 1999, p. 334-340).

de manière tout à fait sensible le caractère contingent de tant de conduites qui sont le pain quotidien de nos vies, le calcul des coûts et des profits, le prêt à intérêt, l'épargne, le crédit, la mise en réserve, l'investissement ou même le travail. Je me souviens être resté de longues heures à harceler de questions un paysan kabyle qui essayait de m'expliquer une forme traditionnelle de prêt de bétail, parce qu'il ne m'était pas venu à l'esprit que le prêteur pût, contre toute raison « économique », se sentir l'obligé de l'emprunteur au nom de l'idée que celui-ci assurait l'entretien d'une bête qu'il aurait bien fallu nourrir en tout cas. Je me souviens aussi de la somme de petites observations d'allure anecdotique ou de constats statistiques que j'ai dû accumuler avant de comprendre peu à peu que j'avais, comme tout le monde, une philosophie implicite du travail, fondée sur l'équivalence du travail et de l'argent : la conduite jugée suprêmement scandaleuse du maçon qui, au retour d'un long séjour en France, demanda qu'on ajoutât à son salaire une somme correspondant au prix du repas offert à la fin des travaux auquel il avait refusé de prendre part, ou le fait que, pour un nombre d'heures ou de jours de travail objectivement identiques, les paysans des régions du sud de l'Algérie, moins affectées par l'émigration, se disaient plus volontiers occupés que les Kabyles, plus enclins à se dire sans travail ou chômeurs. Cette philosophie qui, pour moi (et tous mes pareils), allait de soi, certains de ceux que j'observais, les Kabyles notamment, étaient en train de la *découvrir*, en s'arrachant, laborieusement, à une vision, pour moi très difficile à penser, de l'activité comme *occupation sociale*[3]. Et je me souviens aussi d'avoir éprouvé une sorte de stupéfaction amusée devant l'histoire extraordinaire de ces enfants de Lowestoft, en Angleterre, qui, comme le rapportaient les journaux du 29 octobre 1959, avaient créé une assurance contre les punitions prévoyant que, pour une fessée, l'assuré recevrait quatre shillings, et qui, devant certains abus, étaient allés jusqu'à établir une clause supplémentaire selon laquelle « la société n'était pas responsable des accidents volontaires ».

Faute de ces « prédispositions » que les écoliers spontanément stuartmilliens de Lowestoft avaient trouvées dans leur berceau,

3. Sur la « découverte du travail », on pourra lire P. Bourdieu, *Travail et travailleurs en Algérie*, deuxième partie, Paris-La Haye, Mouton, 1963 (avec A. Darbel, J.-P. Rivet, C. Seibel), et P. Bourdieu et A. Sayad, *Le Déracinement. La crise de l'agriculture traditionnelle en Algérie*, Paris, Éditions de Minuit, 1964.

les agents économiques que je pouvais observer dans l'Algérie des années 1960 devaient apprendre ou, plus exactement, *réinventer*, avec plus ou moins de succès selon leurs ressources économiques et culturelles, tout ce que la théorie économique considère (au moins tacitement) comme un donné, c'est-à-dire comme un don inné, universel et inscrit dans la nature humaine : l'idée de travail comme activité procurant un revenu monétaire par opposition à la simple occupation conforme à la division traditionnelle des activités ou à l'échange traditionnel de services ; la possibilité même de la transaction impersonnelle entre inconnus, liée à la situation de marché, par opposition à tous les échanges de l'économie de la « bonne foi », comme l'appellent les Kabyles, entre parents et familiers ou entre inconnus, mais « domestiqués », si l'on peut dire, par la caution de proches et d'intermédiaires capables de limiter et de conjurer les risques liés au marché ; la notion d'investissement à long terme, par opposition à la pratique de la mise en réserve ou à la simple anticipation inscrite dans l'unité directement éprouvée des cycles productifs ; la conception moderne, qui nous est devenue si familière que nous oublions qu'elle a fait l'objet d'interminables débats éthico-juridiques, du prêt à intérêt et l'idée même de contrat, avec ses échéances strictes, jusque-là inconnues, ses clauses formelles, qui a pris progressivement la place de l'échange d'honneur entre hommes d'honneur, excluant le calcul, la recherche du profit et obéissant à un souci aigu de l'équité, etc. Autant d'innovations partielles, mais qui font système, parce qu'elles s'enracinent dans une représentation de l'avenir comme lieu de possibles ouverts et justiciables du calcul[4].

Je pouvais ainsi vérifier, comme dans une situation expérimentale, qu'il y a des conditions économiques et culturelles de la conversion de la vision du monde qui est exigée de ceux qui, dotés de dispositions façonnées par l'univers précapitaliste, sont jetés

4. Sur les conditions économiques de l'accès au calcul économique, on pourra voir P. Bourdieu, *Travail et travailleurs en Algérie (op. cit.)* et *Algérie 60* (Paris, Éditions de Minuit, 1977) ; et sur les conditions culturelles, on pourra lire une description de l'émergence progressive de la *market culture*, théorie sociale spontanée qui décrit les relations sociales « exclusivement en termes de marchandise et d'échanges, alors qu'elles continuaient à impliquer beaucoup plus », *in* W. Reddy, *The Rise of Market Culture. The Textile Trades and French Society, 1750-1900* (Cambridge, Cambridge University Press, 1984).

dans le cosmos économique importé et imposé par la colonisation. Seule une forme très particulière d'ethnocentrisme, qui se déguise en universalisme, peut porter à créditer universellement les agents de l'aptitude à la conduite économique rationnelle, faisant par là disparaître la question des conditions économiques et culturelles de l'accès à cette aptitude (ainsi constituée en norme) et, du même coup, celle de l'action indispensable si l'on veut universaliser ces conditions. C'est en effet à condition de rompre radicalement avec le préjugé anti-génétique d'une science dite pure, c'est-à-dire profondément déshistoricisée et déshistoricisante, parce que fondée (comme la théorie saussurienne de la langue) sur la mise entre parenthèses initiale de tout l'enracinement social des pratiques économiques, que l'on peut rendre à leur vérité d'institutions historiques des réalités sociales dont la théorie économique ratifie et consacre l'apparente évidence.

Tout ce que la science économique pose comme un donné, c'est-à-dire l'ensemble des dispositions de l'agent économique qui fondent l'illusion de l'universalité anhistorique des catégories et des concepts utilisés par cette science, est en effet le produit paradoxal d'une longue histoire collective, sans cesse reproduit dans les histoires individuelles, dont seule l'analyse historique peut rendre complètement raison : c'est parce qu'elle les a inscrites *parallèlement* dans des structures sociales et dans des structures cognitives, des schèmes pratiques de pensée, de perception et d'action, que l'histoire a conféré aux institutions dont l'économie prétend faire la théorie anhistorique leur apparence d'évidence naturelle et universelle ; cela à travers notamment l'*amnésie de la genèse* que favorise, en ce domaine comme ailleurs, l'accord immédiat entre le « subjectif » et l'« objectif », entre les dispositions et les positions, entre les anticipations (ou les espérances) et les chances.

Contre la vision anhistorique de la science économique, il faut donc reconstruire d'un côté la genèse des dispositions économiques de l'agent économique, et tout spécialement de ses goûts, de ses besoins, de ses propensions ou de ses aptitudes (au calcul, à l'épargne ou au travail lui-même), et, d'un autre côté, la genèse du champ économique lui-même, c'est-à-dire faire l'histoire du processus de différenciation et d'autonomisation qui aboutit à la constitution de ce jeu spécifique : le champ économique comme cosmos obéissant à ses propres lois et conférant de ce fait une validité (limitée) à l'autonomisation radicale qu'opère la théorie pure en constituant la sphère économique comme univers séparé. Ce n'est que très progressivement que la sphère des échanges marchands est venue à se séparer des autres domaines de l'existence et que s'est affirmé son *nomos* spécifique, celui qu'énonce la tautologie « les affaires sont les affaires » ; que les transactions économiques ont cessé d'être conçues sur le modèle des échanges domestiques, donc commandées par les obligations familiales (« en affaires, on ne fait pas de sentiment ») ou sociales ; et que le calcul des profits individuels, donc l'intérêt économique, s'est imposé comme principe de vision dominant, sinon exclusif, contre le refoulement collectivement imposé et contrôlé des inclinations calculatrices qui était associé à l'économie domestique.

Le mot « conversion », qui peut paraître impropre ou excessif, s'impose si l'on voit que l'univers dans lequel les nouveaux venus doivent entrer est aussi, et tout autant que celui dont ils sortent, un univers de croyance : paradoxalement, l'univers de la raison s'enracine dans une vision du monde qui, si elle fait une place centrale au principe de raison (ou, si l'on préfère, d'économie), n'a pas la raison pour principe. L'observation des conversions forcées, souvent très coûteuses et très douloureuses, que les nouveaux venus à l'économie proprement économique doivent opérer sous la pression de la nécessité permet sans doute de se faire une idée approchée de ce qui s'est passé aux origines du capitalisme, où les dispositions s'inventèrent en même temps que s'instituait peu à peu le champ dans lequel elles s'accomplissaient. L'*esprit de calcul*, qui n'est en rien impliqué dans la capacité, sans doute universelle, de soumettre les conduites à la raison calculatrice, s'impose peu à peu, dans tous les domaines de la pratique, contre la logique de l'économie domestique, fondée sur le refoulement ou, mieux, la dénégation du calcul : refuser de calculer dans les échanges entre familiers, c'est refuser d'obéir au principe d'économie, comme aptitude et propension à « économiser » ou à « faire des économies » (d'effort, de peine, puis de travail, de temps, d'argent, etc.), refus qui peut sans doute, à la longue, favoriser une sorte d'atrophie de la propension et de l'aptitude au calcul. Alors que la famille fournissait le modèle de tous les échanges, y compris de ceux que nous considérons comme « économiques », c'est l'économie, désormais constituée comme telle, reconnue comme telle, avec ses propres principes et sa propre logique, celle du calcul, du profit, etc., qui, au grand scandale du père kabyle à qui son fils réclame un salaire, prétend devenir le principe de toutes les pratiques et de tous les échanges, y compris au sein de la famille. C'est de ce renversement de la table des valeurs qu'est née l'économie telle que nous la connaissons. (Et que certains économistes particulièrement intrépides, comme Gary Becker, ne font que suivre dans son mouvement, dont leur pensée même est le produit impensé, lorsqu'ils appliquent à la famille, au mariage ou à l'art, des modèles construits selon le postulat de la rationalité calculatrice.)

Dans une sorte d'aveu à soi-même, la société capitaliste cesse de « se payer elle-même de la fausse monnaie de son rêve », rêve de désintéressement, de générosité, de gratuité : prenant acte en quelque sorte du fait qu'elle a une économie, elle constitue comme économiques les actes de production, d'échange ou d'exploitation en reconnaissant explicitement comme telles les fins économiques par rapport auxquelles ils étaient de tout temps orientés. La révolution éthique au terme de laquelle l'économie a pu se constituer *en tant que telle*, dans l'objectivité d'un univers séparé, régi par ses lois propres, celles du calcul intéressé et de la concurrence sans limites pour le profit, trouve son expression dans la théorie économique « pure » qui enregistre, en l'inscrivant tacitement au principe de sa construction d'objet, la coupure sociale et l'abstraction pratique dont le cosmos économique est le produit.

Paradoxalement, ce processus est lui-même indissociable d'une nouvelle forme de refoulement et de dénégation de l'économie et de l'économique qui s'institue avec l'émergence de tous les champs de production culturelle fondés sur le refoulement de leurs conditions économiques et sociales de possibilité[5]. Ce n'est en effet qu'au prix d'une rupture tendant à renvoyer dans le monde inférieur de l'économie – dont on a vu qu'il s'est constitué en dépouillant les actes et les rapports de production de leur aspect proprement symbolique – que les différents univers de production symbolique ont pu s'affirmer en tant que microcosmes clos et séparés, où s'accomplissent des actions de part en part symboliques, pures et désintéressées (du point de vue de l'économie économique). L'émergence de ces univers, qui, comme les

5. Pour un développement de cette analyse, on pourra se reporter à P. Bourdieu, *Méditations pascaliennes*, *op. cit.*, p. 29 *sq* et aussi p. 64 *sq*.

mondes scolastiques, offrent des positions où l'on peut se sentir fondé à appréhender le monde comme un spectacle, de loin et de haut, et à l'organiser comme un ensemble destiné à la seule connaissance, va de pair avec l'invention d'une vision scolastique du monde qui trouve une de ses expressions les plus parfaites dans le mythe de l'*homo œconomicus* et dans la *rational action theory*, forme paradigmatique de l'illusion scolastique qui porte le savant à mettre sa pensée pensante dans la tête des agents agissants et à placer au principe de leurs pratiques, c'est-à-dire dans leur « conscience », ses propres représentations spontanées ou élaborées ou, pire, les modèles qu'il a dû construire pour rendre raison de leurs pratiques.

Nombre d'observateurs, alertés notamment par des économistes spécialement clairvoyants, comme Maurice Allais[6], ont constaté qu'il existe un écart systématique entre les modèles théoriques et les pratiques effectives, et divers travaux d'économie expérimentale (eux-mêmes pas toujours affranchis de l'erreur scolastique) ont montré que, dans beaucoup de situations, les agents font des choix systématiquement différents de ceux qu'on peut prévoir à partir du modèle économique, soit par exemple qu'ils ne jouent pas les jeux conformément aux prédictions de la théorie des jeux, soit qu'ils recourent à des stratégies « pratiques », soit qu'ils s'inquiètent d'agir conformément à leur sens de la justesse ou de la justice, et d'être traités de même. Cette discordance empiriquement constatée n'est que le reflet de l'écart structural, que j'avais analysé dès mes premiers travaux d'ethnologue, entre la logique de la pensée scolastique et la logique pratique ou, selon la formule de Marx à propos de Hegel que je ne me lasse pas de citer, « entre les choses de la logique et la logique des choses ». Il ne fait pas de doute en effet que les dispositions et les schèmes façonnés par l'immersion dans un champ qui, comme le champ économique, se distingue des autres champs sous plusieurs rapports, et notamment par un degré exceptionnel de « rationalisation formelle »[7], peuvent

6. Cf. M. Allais, « Le comportement de l'homme rationnel devant le risque : critique des postulats et axiomes de l'école américaine », *Econometrica*, 21, 1953, p. 503-546.

7. On pourrait, de ce point de vue, accorder à Max Weber que la théorie de l'utilité marginale est un « fait historico-culturel » qui manifeste cet aspect fondamental des sociétés contemporaines qu'est la tendance à la rationalisation – formelle –, corrélative notamment de la généralisation des échanges monétaires.

engendrer des pratiques qui se révèlent conformes (au moins grossièrement) à la rationalité sans qu'on puisse supposer pour autant qu'elles ont toujours la raison pour principe. Il est vrai que les sanctions s'y imposent sans ménagements ni équivoques (on parle ainsi, pour désigner un verdict brutal et sans accommodements, de « vérité des prix ») et que les conduites peuvent s'y donner ouvertement pour fin, sans passer pour cyniques ou opportunistes, la recherche de la maximisation du profit individuel. L'intérêt économique, auquel on a tendance à réduire à tort toute espèce d'intérêt, n'est que la forme spécifique que revêt l'investissement dans le champ économique lorsque celui-ci est appréhendé par des agents dotés des dispositions et des croyances adéquates, parce que acquises dans et par une expérience précoce et prolongée de ses régularités et de sa nécessité. Les dispositions économiques les plus fondamentales, besoins, préférences, propensions, ne sont pas exogènes, c'est-à-dire dépendantes d'une nature humaine universelle, mais *endogènes* et dépendantes d'une histoire, qui est celle-là même du cosmos économique où elles sont exigées et récompensées. C'est dire, contre la distinction canonique entre les fins et les moyens, que le champ impose à tous, mais *à des degrés divers selon leur position et leurs capacités économiques,* non seulement les moyens « raisonnables », mais les fins, c'est-à-dire l'enrichissement individuel, de l'action économique.

L'économie des pratiques économiques, cette raison immanente aux pratiques, trouve son principe non dans des « décisions » de la volonté et de la conscience rationnelles ou dans des déterminations mécaniques issues de pouvoirs extérieurs, mais dans les dispositions acquises à travers les apprentissages associés à une longue confrontation avec les régularités du champ ; ces dispositions sont capables d'engendrer, en dehors même de tout calcul conscient, des conduites et même des anticipations qu'il vaut mieux appeler *raisonnables* que *rationnelles*, même si leur conformité avec les estimations du calcul incline à les penser et à les traiter comme des produits de la raison calculatrice. L'observation montre que, même dans cet univers où les moyens et les fins de l'action et leur relation sont portés à un très haut degré d'explicitation, les agents s'orientent en fonction d'intuitions et d'anticipations du sens pratique, qui laisse bien souvent l'essentiel à l'état implicite et qui s'engage, sur la base de l'expérience acquise en pratique, dans des stratégies « pratiques », au double sens d'implicites, non théoriques, et de commodes, adaptées aux exigences et aux urgences de l'action[8].

(Du fait que la logique « économique » de l'intérêt et du calcul est indissociable de la constitution du cosmos économique où elle s'engendre, le calcul strictement utilitariste ne peut rendre compte complètement de pratiques qui restent immergées dans du non-économique ; et surtout, il ne peut rendre raison de ce qui rend possible l'objet du calcul, c'est-à-dire de la formation de la valeur à propos de laquelle il y a matière à calculer, ou, ce qui revient au même, de la production de ce que j'appelle l'*illusio*, la croyance fondamentale dans la valeur des enjeux et du jeu lui-même. Cela se voit bien dans le cas de champs comme le champ religieux ou le champ artistique, où les mécanismes sociaux de production d'intérêts non « économiques » – au sens restreint – obéissent à des lois qui ne sont pas celles du champ économique : ils pourront se plier localement au principe d'économie – avec le recours au moulin à prières par exemple ou l'application du *do ut des* aux échanges avec les puissances surnaturelles – sans que l'on puisse espérer en comprendre le fonctionnement, même très partiellement, à partir de ce seul principe. De même, tous les calculs du monde à propos des calculs dont le marché de l'art – ou, *a fortiori*, l'univers de la science ou même la bureaucratie – est le lieu ne feront pas avancer d'un pouce la compréhension des mécanismes qui constituent l'œuvre d'art comme une valeur susceptible d'être l'enjeu de calculs et de transactions économiques. Et il n'en va pas autrement, bien que cela se voie beaucoup moins bien, dans le champ économique : en effet, si l'on met à part certaines situations historiques – comme celles que j'ai pu observer en Algérie – ou quelques conditions sociales relativement extraordinaires – celle par exemple des adolescents issus du monde ouvrier qui, ayant acquis, à la suite d'un passage même malheureux dans l'institution scolaire, des dispositions moins strictement ajustées que celles de leurs aînés aux positions probables, ont eu recours à des moyens divers pour échapper à la simple reproduction –, tout concourt à faire oublier le caractère socialement construit, donc

8. Le fait que des pratiques que l'on peut dire *raisonnables*, parce que dotées d'une raison, *sensées*, n'aient pas la raison ou le calcul rationnel à leur principe a des conséquences bien réelles : les problèmes et les manières de les résoudre sont tout à fait différents de ce qu'ils seraient s'ils étaient portés à l'état explicite et méthodique.

arbitraire et artificiel, de l'investissement dans le jeu et les enjeux économiques : en fait, le principe ultime de l'engagement dans le travail, la carrière ou la recherche du profit se situe au-delà ou en deçà du calcul et de la raison calculatrice, dans les profondeurs obscures d'un habitus historiquement constitué qui fait que, sauf extraordinaire, on se lève chaque jour sans délibérer pour partir au travail, comme on l'a fait hier et comme on le fera demain.)

Le « *scholastic bias* » tel que je viens de le décrire n'est sans doute pas le seul principe des distorsions qui affectent aujourd'hui la science économique. A la différence de la sociologie, science paria, toujours suspecte de compromissions politiques, dont, au mieux, les puissants n'attendent rien, sinon des savoirs subalternes et toujours un peu ancillaires de manipulation ou de légitimation, et qui, de ce fait, est moins que d'autres exposée à des demandes propres à menacer son indépendance, l'économie est toujours davantage une science d'État, qui, à ce titre, est hantée par la pensée d'État : constamment habitée par les préoccupations normatives d'une science appliquée, elle est attachée à répondre politiquement à des demandes politiques, tout en se défendant de toute implication politique par la hauteur ostentatoire de ses constructions formelles, de préférence mathématiques.

Il s'ensuit que, entre la théorie économique dans sa forme la plus pure, c'est-à-dire la plus formalisée, qui n'est jamais aussi neutre qu'elle veut le croire et le faire croire, et les politiques qui sont mises en œuvre en son nom ou légitimées par son intermédiaire, s'interposent des agents et des institutions qui sont imprégnés de tous les présupposés hérités de l'immersion dans un monde économique particulier, issu d'une histoire sociale singulière. L'économie néo-libérale, dont la logique tend, aujourd'hui, à s'imposer au monde tout entier par l'intermédiaire d'instances internationales telles que la Banque mondiale ou le FMI et des gouvernements auxquels elles dictent, directement ou indirectement, leurs principes de « gouvernance »[9], doit un certain nombre de ses caractéristiques, prétendument universelles, au fait qu'elle est immergée, *embedded*, dans une société particulière, c'est-à-dire

9. « Gouvernance » est un de ces nombreux néologismes qui, produits par les *think tanks* et autres cercles technocratiques et véhiculés par les journalistes et les « intellectuels » branchés, contribuent à la « mondialisation » du langage et des cerveaux.

enracinée dans un système de croyances et de valeurs, un *ethos* et une vision morale du monde, bref, un *sens commun économique*, lié, en tant que tel, aux structures sociales et aux structures cognitives d'un ordre social particulier. Et c'est à cette économie particulière que la théorie économique néo-classique emprunte ses présupposés fondamentaux, qu'elle formalise et rationalise, les constituant ainsi en fondements d'un modèle universel.

Ce modèle repose sur deux postulats (que leurs défenseurs tiennent pour des propositions démontrées) : l'économie est un domaine séparé gouverné par des lois naturelles et universelles que les gouvernements ne doivent pas contrarier par des interventions intempestives ; le marché est le moyen optimal d'organiser la production et les échanges de manière efficace et équitable dans les sociétés démocratiques. Il est l'universalisation d'un cas particulier, celui des États-Unis d'Amérique, caractérisés, fondamentalement, par la faiblesse de l'État, qui, déjà réduit au minimum, a été systématiquement affaibli par la révolution conservatrice ultra-libérale, avec pour conséquence diverses caractéristiques typiques : une politique orientée vers le retrait ou l'abstention de l'État en matière économique, le transfert (ou la sous-traitance) des « services publics » au secteur privé et la conversion des biens publics comme la santé, le logement, la sécurité, l'éducation et la culture – livres, films, télévision et radio – en biens commerciaux et des usagers en clients ; le renoncement, lié à la réduction de la capacité d'intervention dans l'économie, au pouvoir d'égaliser les chances et de faire reculer l'inégalité (qui tend à s'accroître de façon démesurée), au nom de la vieille tradition libérale de *self help* (héritée de la croyance calviniste que Dieu aide ceux qui s'aident eux-mêmes) et de l'exaltation conservatrice de la responsabilité individuelle (qui porte par exemple à imputer le chômage ou l'échec économique d'abord aux individus eux-mêmes, et non à l'ordre social, et qui encourage à déléguer à des niveaux inférieurs d'autorité, région, ville, etc., les fonctions d'assistance sociale) ; le dépérissement de la vision hégéliano-durkheimienne de l'État comme instance collective chargée d'agir en tant que conscience et volonté collective, responsable des choix conformes à l'intérêt général, et de contribuer à favoriser le renforcement de la solidarité.

En outre, la société américaine a sans doute poussé à sa limite extrême le développement et la généralisation de l'« esprit du capitalisme », produit d'une révolution éthique dont Max Weber avait trouvé une incarnation paradigmatique chez Benjamin Franklin, et son exaltation de l'accroissement du capital convertie en « devoir » ; et aussi le culte de l'individu et de l'« individualisme », fondement de toute la pensée économique néo-libérale, qui est un des piliers de la *doxa* sur laquelle, selon Dorothy Ross, se sont construites les sciences sociales américaines[10] ; ou, toujours selon Dorothy Ross, l'exaltation du dynamisme et de la souplesse de l'ordre social américain qui, par opposition à la rigidité et à la peur du risque des sociétés européennes, porte à lier l'efficacité et la productivité à une forte flexibilité (par opposition aux contraintes associées à une forte sécurité sociale) et même à faire de l'*insécurité sociale* un principe positif d'organisation collective, capable de produire des agents économiques plus efficaces et productifs[11].

C'est dire que, parmi toutes les caractéristiques des sociétés dans lesquelles l'ordre économique est « immergé », la plus importante, pour les sociétés contemporaines, est la forme et la force de sa tradition étatique, dont on ne peut pas faire abstraction, comme certains politiques pressés et empressés, sans s'exposer à proposer comme des avancées progressistes des mesures grosses de terribles régressions momentanément invisibles, mais, à plus ou moins long terme, tout à fait inéluctables. Un peu à la manière des politiciens et des hauts fonctionnaires français qui, en imposant, sans doute en toute bonne foi, dans les années 1970, une nouvelle politique d'aide au logement inspirée par une vision néo-libérale de l'économie et de la société, ne savaient pas qu'ils préparaient les conflits et les drames qui devaient opposer durablement les habitants des grands immeubles collectifs désertés par les plus favorisés de leurs occupants et les habitants des pavillons petit-bourgeois[12].

L'État est l'aboutissement et le produit d'un lent processus

10. Cf. D. Ross, *The Origins of American Social Science* (Cambridge, Harvard University Press, 1998), et aussi P. Bourdieu et L. Wacquant, « Les ruses de la raison impérialiste », *Actes de la recherche en sciences sociales*, 121-122 (mars 1998, p. 109-118).

11. Alors qu'une forte productivité peut être associée à une forte flexibilité, comme c'est le cas dans des économies telles que celle du Danemark, mais combinée avec de fortes garanties sociales.

12. Pour une analyse plus approfondie des conséquences à long terme de la politique du logement analysée ci-dessous, on pourra lire P. Bourdieu et *al.*, *La Misère du monde*, Paris, Éditions du Seuil, 1993.

d'accumulation et de concentration de différentes espèces de capital : capital de force physique, policière ou militaire (qu'évoque la définition webérienne par le « monopole de la violence – physique – légitime ») ; capital économique, nécessaire entre autres choses pour assurer le financement de la force physique ; capital culturel ou informationnel, accumulé sous la forme par exemple de statistiques, mais aussi d'instruments de connaissance dotés de validité universelle dans les limites de son ressort, comme les poids, les mesures, les cartes ou les cadastres ; et enfin capital symbolique. Il est ainsi en mesure d'exercer une influence déterminante sur le fonctionnement du champ économique (comme aussi, mais à un moindre degré, sur les autres champs). Cela notamment parce que l'unification du marché des biens économiques (et aussi des biens symboliques – dont le marché des échanges matrimoniaux est une dimension) a accompagné la construction de l'État et la concentration des différentes espèces de capital qu'il a opérée. C'est dire que, plus qu'aucun autre champ, le champ économique est habité par l'État qui contribue, à chaque moment, à son existence et à sa persistance, mais aussi à la structure des rapports de force qui le caractérise. Cela notamment à travers les différentes « politiques » plus ou moins circonstancielles qu'il met en œuvre conjoncturellement (par exemple, les « politiques de la famille » qui, par les lois successorales, la fiscalité, les allocations familiales, l'assistance sociale, agissent sur la consommation – de maisons notamment – et les niveaux de vie) et, plus profondément, à travers les effets structuraux qu'exercent les lois budgétaires, les dépenses d'infrastructure, notamment dans le domaine des transports, de l'énergie, du logement, des télécommunications, la (dé)fiscalisation de l'investissement, le contrôle des moyens de paiement et du crédit, la formation de la main-d'œuvre et la régulation de l'immigration, la définition et l'imposition des règles du jeu économique comme le contrat de travail, autant d'interventions politiques qui font du champ bureaucratique un stimulateur macro-économique contribuant à assurer la stabilité et la prévisibilité du champ économique.

On voit bien, par là, que l'immersion de l'économie dans le social est telle que, si légitimes que soient les abstractions opérées pour les besoins de l'analyse, il faut garder clairement à l'esprit que l'objet véritable d'une véritable économie des pratiques n'est autre chose, en dernière analyse, que l'économie des conditions de production et de reproduction des agents et des institutions de production et de reproduction économique, culturelle et sociale, c'est-à-dire l'objet même de la sociologie dans sa définition la plus complète et la plus générale. L'immensité même de la tâche fait qu'on doit se résigner à perdre en élégance, en parcimonie et en rigueur formelle, c'est-à-dire à abdiquer l'ambition de rivaliser avec l'économie la plus pure, sans renoncer pour autant à proposer des modèles, mais fondés sur la description plutôt que sur la seule déduction, et capables d'offrir des antidotes efficaces au *morbus mathematicus*, dont les penseurs de l'école de Cambridge parlaient déjà à propos de la tentation cartésienne de la pensée déductive[13]. Et se donner le plaisir de découvrir que certains des problèmes qui déconcertent tellement les économistes, comme la question de savoir pourquoi les gens riches ne dépensent pas toute leur fortune avant de mourir ou pourquoi, plus simplement, les jeunes viennent en aide aux vieux, ou l'inverse, trouvent peut-être des commencements de solution dès qu'on quitte l'air raréfié de la théorie pure.

13. E. Cassirer, *La Philosophie des Lumières*, Brionne, Gérard Monfort, 1982, p. 109.

1

Le marché de la maison

Il n'est pas de critique des présupposés de l'économie, pas de mise en cause de ses insuffisances et de ses limites, qui n'ait été exprimée, ici ou là, par tel ou tel économiste. C'est pourquoi, plutôt que de sacrifier, après tant d'autres, à des mises en question aussi inefficaces que stériles, et vouées à paraître ou ignorantes ou injustes, il a fallu se risquer à affronter, avec les armes de la science sociale, un objet typiquement imparti à l'économie, la production et la commercialisation de maisons individuelles, faisant ainsi surgir *comme par surcroît* un certain nombre de questions à propos de la vision anthropologique que la plupart des économistes engagent dans leur pratique.

Les choix économiques en matière d'habitat – tels que acheter ou louer, acheter de l'ancien ou du neuf, et, en ce cas, une maison traditionnelle ou une maison industrielle – dépendent, d'une part, des *dispositions* économiques (socialement constituées) des agents, en particulier de leurs goûts, et des moyens économiques qu'ils peuvent mettre à leur service, et, d'autre part, de l'*état de l'offre* d'habitations. Mais les deux termes de la relation canonique, que la théorie économique néo-classique traite comme des donnés inconditionnés, dépendent à leur tour, de manière plus ou moins directe, de tout un ensemble de conditions économiques et sociales produites par la « politique du logement ». En effet, au travers notamment de toutes les formes de réglementation et d'aide financière destinées à favoriser telle ou telle des manières de réaliser les goûts en matière de logement, aides aux constructeurs ou aux particuliers, comme les prêts, les exonérations, les crédits à bon marché, etc., l'État – et ceux qui sont en mesure d'imposer leurs vues à travers lui – contribue très fortement à *produire l'état du marché* de logements, cela notamment en orientant directement ou indirectement les investissements financiers – et aussi affectifs – des différentes catégories sociales en matière de logement. Ainsi, toute mesure visant à réduire l'offre de location accessible – par une restriction des crédits octroyés à la production d'habitations à faible loyer – renvoie une partie des locataires possibles vers la propriété, qui est elle-même plus ou moins attractive selon l'importance des aides personnelles et les coûts du crédit. Et, de même, une politique comme celle qui a été édictée par la loi de 1977 a constitué le couronnement de tout un ensemble d'actions visant à orienter vers la propriété (c'est-à-dire, dans l'esprit de certains de ses inspirateurs, qui associaient l'habitat collectif et locatif au collectivisme ou au socialisme, vers l'attachement durable à l'ordre établi, donc vers une forme de conservatisme) les « choix » des catégories sociales qui étaient les moins portées jusque-là à satisfaire ainsi leur besoin de logement et à faire de l'accès à la propriété de leur habitation une forme majeure de placement.

Bref, le marché des maisons individuelles (comme, sans doute à des degrés différents, tout marché) est le produit d'une *double construction sociale*, à laquelle l'État contribue pour une part décisive : construction de la demande, à travers la production des dispositions individuelles et, plus précisément, des systèmes de préférences individuels – en matière de propriété ou de location notamment – et aussi à travers l'attribution des ressources nécessaires, c'est-à-dire les aides étatiques à la construction ou au logement définies par des lois et des règlements dont on peut aussi décrire la genèse ; construction de l'offre, à travers la politique de l'État (ou des banques) en matière de crédit aux constructeurs qui contribue, avec la nature des moyens de production utilisés, à définir les conditions d'accès au marché et, plus précisément, la position dans la structure du champ, extrêmement dispersé, des producteurs de maisons, donc les contraintes structurales pesant sur les choix de chacun d'eux en matière de production et de publicité. Et il suffit de pousser plus loin le travail d'analyse pour découvrir encore que la demande ne se spécifie et ne se définit complètement qu'en relation avec un état particulier de l'offre et aussi des conditions sociales, juridiques notamment (règlements en matière de construction, permis de construire, etc.), qui lui permettent de se satisfaire.

Il est difficile de ne pas voir, surtout à propos de l'achat d'un produit aussi chargé de signification que la maison, que le « sujet » des actions économiques n'a rien de la pure conscience sans passé de la théorie orthodoxe et que, très profondément enracinées dans le passé individuel et collectif, à travers les dispositions qui en sont responsables, les stratégies économiques sont le plus souvent intégrées dans un système complexe de stratégies de reproduction, donc grosses de toute l'histoire de ce qu'elles visent à perpétuer, c'est-à-dire l'unité domestique, elle-même aboutissement d'un travail de construction collective, une fois encore imputable, pour une part essentielle, à l'État ; et que, corrélativement, la décision économique n'est pas celle d'un agent économique isolé, mais celle d'un collectif, groupe, famille ou entreprise, fonctionnant comme champ.

L'analyse doit donc s'attacher à décrire la structure du champ de production et les mécanismes qui en déterminent le fonctionnement (au lieu de se contenter du simple enregistrement, demandant lui-même explication, de co-variations statistiques entre des variables et des événements) et aussi la structure de la distribution des dispositions économiques et, plus spécialement, des goûts en matière d'habitation ; sans oublier d'établir, par une analyse historique, les conditions sociales de la production de ce champ particulier et des dispositions qui y trouvent la possibilité de s'y accomplir plus ou moins complètement.

CHAPITRE I

DISPOSITIONS DES AGENTS ET STRUCTURE DU CHAMP DE PRODUCTION*

Nombre des particularités de la production d'habitations, et des relations qui s'établissent entre les entreprises de construction, résultent des caractéristiques particulières de ce produit dans lequel la composante symbolique entre pour une part spécialement forte. En tant que bien matériel qui est exposé à la perception de tous (comme le vêtement), et cela *durablement*, cette propriété exprime ou trahit, de manière plus décisive que d'autres, l'être social de son propriétaire, ses « moyens », comme on dit, mais aussi ses goûts, le système de classement qu'il engage dans ses actes d'appropriation et qui, en s'objectivant dans des biens visibles, donne prise à l'appropriation symbolique opérée par les autres, ainsi mis en mesure de le situer dans l'espace social en le situant dans l'espace des goûts[1]. Elle est en outre l'occasion d'*investissements* à la fois économiques et affectifs particulièrement importants[2] : bien de consommation qui, en raison de son coût élevé, est l'occasion d'une des décisions économiques les plus difficiles et les plus lourdes de conséquences de tout un cycle de vie domestique, elle

* Pour une exposition plus détaillée des données sur lesquelles s'appuient les analyses présentées dans ce premier chapitre, on pourra se reporter à deux articles parus dans *Actes de la recherche en sciences sociales* (81-82, mars 1990) : P. Bourdieu (avec la collaboration de S. Bouhedja, R. Christin, C. Givry), « Un placement de père de famille » (p. 6-33) et P. Bourdieu et M. de Saint Martin, « Le sens de la propriété » (p. 52-64).

1. On sait par exemple l'importance que les membres de la bourgeoisie et de l'aristocratie attachaient, au XIXe siècle, à la qualité sociale de leur *adresse* – ce qui pouvait les conduire à choisir de louer dans un « bon » quartier plutôt que d'acheter dans un quartier moins coté. Et l'on peut voir un indice de cette conscience de donner prise aux jugements des autres dans les « ça m'suffit » ou « ça m'plaît » qu'affichent parfois les pavillons petit-bourgeois.

2. Une des attestations de cet intérêt est le succès de la presse consacrée à la décoration de la maison qui remplit une fonction semblable à celle des manuels de savoir-vivre dans un autre domaine de la pratique.

est aussi un « placement », c'est-à-dire une épargne non financière et un investissement dont on entend qu'il conserve ou augmente sa valeur tout en procurant des satisfactions immédiates[3]. A ce titre, elle est l'élément central d'un *patrimoine* dont on attend qu'il dure au moins autant que son propriétaire, et même qu'il lui survive, à titre d'héritage transmissible.

La mythologie de la « maison »

Mais on ne peut comprendre complètement les investissements de tous ordres, en argent, en travail, en temps et en affects, dont elle fait l'objet que si l'on aperçoit que, comme le rappelle le double sens du mot, qui désigne à la fois le bâtiment d'habitation et l'ensemble de ses habitants, la maison est indissociable de la *maisonnée* comme groupe social durable et du projet collectif de la perpétuer. On sait en effet que, dans certaines traditions culturelles, paysannes ou aristocratiques notamment, le mot « maison » renvoie inséparablement à la demeure matérielle et à la famille qui y a vécu, y vit ou y vivra, entité sociale dont la transcendance par rapport aux personnes individuelles s'affirme précisément dans le fait qu'elle dispose d'un patrimoine de biens matériels et symboliques – notamment un nom, souvent différent de celui de ses membres – qui sont transmissibles en ligne directe[4]. En beaucoup de sociétés, la construction d'une nouvelle maison est, comme dans la Kabylie ancienne, une entreprise collective, mobilisant tout le groupe agnatique dans une corvée volontaire (pour le transport des poutres notamment), qui coïncide avec la fondation d'une nouvelle famille. Et, encore aujourd'hui, le projet de « faire construire » est à peu près toujours associé au projet de « fonder un foyer » (ou de l'augmenter), de bâtir une maison au sens de maisonnée, c'est-à-dire à la création d'un groupe social uni par les liens de

3. Du fait de la pluralité des fonctions économiques qu'elle remplit simultanément, la maison d'habitation pose des problèmes difficiles à la classification comptable.

4. Sur le modèle de la « maison », voir P. Bourdieu, « Célibat et condition paysanne », *Études rurales*, 5-6 (avril-septembre 1962, p. 32-136) et « Les stratégies matrimoniales dans le système des stratégies de reproduction », *Annales*, 4-5 (juillet-octobre 1972, p. 1105-1127) ; E. Claverie et P. Lamaison, *L'Impossible Mariage. Violence et parenté en Gévaudan, XVIIe, XVIIIe et XIXe siècles* (Paris, Hachette, 1982) ; et aussi C. Lévi-Strauss, *Paroles données* (Paris, Plon, 1984, p. 177).

l'alliance et de la parenté, que redoublent les liens de la cohabitation [5].

Ainsi, traiter la maison comme un simple bien capital caractérisé par un taux déterminé d'amortissement et l'achat d'une maison comme une stratégie économique au sens étroit du terme, en faisant abstraction du système de stratégies de reproduction dont elle est un instrument, ce serait dépouiller, sans même le savoir, le produit et l'acte économique de toutes les *propriétés historiques*, efficientes dans certaines conditions historiques, qu'ils doivent à leur insertion dans un tissu historique et qu'il importe d'inscrire dans la science parce qu'elles le sont dans la réalité où plonge son objet. Ce qui s'affirme tacitement à travers la création d'une maison, c'est la volonté de créer un groupe permanent, uni par des relations sociales stables, une lignée capable de se perpétuer durablement, à la façon de la *demeure*, durable et stable, immuable ; c'est un projet ou un pari collectif sur l'avenir de l'unité domestique, c'est-à-dire sur sa cohésion, son intégration, ou, si l'on préfère, sur sa capacité de résister à la désagrégation et à la dispersion. Et l'entreprise même qui consiste à choisir ensemble une maison, à l'aménager, à la décorer, bref, à en faire un « chez soi » que l'on sent « bien à soi », entre autres raisons parce qu'on aime en lui les sacrifices en temps et en travail qu'il a coûtés et aussi parce que, en tant qu'attestation visible de la réussite d'un projet commun accompli en commun, il est la source toujours renouvelée d'une satisfaction partagée, est un produit de la cohésion affective qui redouble et renforce la cohésion affective.

Une analyse anthropologique des investissements dont la maison fait l'objet devrait aussi prendre en compte tout l'héritage de mythologies collectives ou privées (littéraires notamment) qui lui est attaché et qui, comme on le verra, est constamment évoqué, réveillé, réactivé par la rhétorique publicitaire [6]. Mais le rappel des invariants anthro-

5. On observe ainsi que la courbe représentant l'évolution du taux d'épargne non financière (assimilée à l'investissement immobilier) des ménages présente une forme très semblable à la courbe figurant l'évolution du nombre des mariages (cf. L. Crétin et P. L'Hardy, « Les ménages épargnent moins qu'il y a quinze ans », *Économie et statistique*, 219, mars 1989, p. 21-26).
6. On trouvera l'étude d'un exemple de mythologie collective particulièrement liée à l'aire méditerranéenne, mais sans doute toujours inscrite dans l'inconscient européen, dans P. Bourdieu, « La maison kabyle ou le monde renversé », *in* J. Pouillon et P. Maranda (éd.), *Échanges et Communications*.

pologiques qui hantent encore aujourd'hui la représentation dominante ne doit pas conduire à ignorer les variations de la signification et de la fonction de la maison selon les milieux et les moments. L'usage social de la maison comme demeure stable et durable de la maisonnée présuppose la tradition de *sédentarité* (par opposition à toutes les formes de nomadisme, temporaire ou permanent) propre à des économies agraires, favorisant l'enracinement dans le sol et l'immutabilité dans le temps. Il est solidaire d'une vision conservatrice du monde, qui valorise toutes les formes d'enracinement (le *Heimat* et le *heimlich* que l'idéologie *völkisch* oppose à l'« errance » et au déracinement) et qui exalte les rapports sociaux enchantés, conçus sur le modèle d'une famille intégrée, de la « communauté » *(Gemeinschaft)* agraire idéalisée.

Lié à la famille comme *maisonnée*, à sa permanence dans le temps, qu'il vise à garantir et qu'il suppose, l'achat de la maison est donc à la fois un investissement économique – ou, du moins, une forme de thésaurisation, en tant qu'élément d'un patrimoine durable et transmissible – et un investissement social, dans la mesure où il enferme un pari sur l'avenir ou, plus exactement, un *projet de reproduction* biologique et sociale. La maison a partie liée avec la famille comme unité sociale tendant à assurer sa propre reproduction biologique : elle entre comme condition permissive dans les plans de fécondité ; et aussi sa reproduction sociale : elle est un des principaux moyens par lesquels l'unité domestique assure l'accumulation et la conservation d'un certain patrimoine transmissible. Il s'ensuit que les transformations des traditions en matière de constitution ou de dissolution de l'unité domestique (et en particulier l'accroissement de la fréquence des divorces ou le déclin de la cohabitation entre générations différentes) sont de nature à affecter, plus ou moins directement, les stratégies en matière de logement, et en particulier les choix en faveur de la location ou de l'accession à la propriété.

Les dispositions plus ou moins inconscientes qui portent à constituer pratiquement la maison comme demeure stable d'une maisonnée permanente font que, sans doute par l'effet d'une contamination métonymique du contenant par le contenu, du mode de production par le produit, la plupart des agents écono-

---

Mélanges offerts à Claude Lévi-Strauss à l'occasion de son 60e anniversaire (Paris-La Haye, Mouton, 1970, p. 739-758).

miques ont, en ce qui concerne la maison, une préférence en matière de technologie de fabrication dont on ne trouve l'équivalent que pour certains produits alimentaires et, plus généralement, pour tous les biens de luxe : attachés à un mode de production dit traditionnel qui est conçu comme une garantie non seulement de qualité technique mais aussi d'*authenticité* symbolique, ils sont presque toujours enclins à privilégier la maison « faite main », à l'ancienne, réellement ou sur le mode du simili (la « maison de maçons[7] » en parpaings, produite selon un mode d'organisation industriel), possédée en propriété individuelle et située dans un environnement authentiquement ou fictivement campagnard (lotissement) – cela au détriment de la maison industrielle (ou du logement dans un immeuble collectif). Et, comme on le verra plus loin, ce besoin d'habiter socialement constitué est particulièrement développé chez les consommateurs les plus imprégnés des traditions successorales visant à perpétuer la maison, notamment par le privilège accordé à l'aîné des descendants.

Les propriétés du produit ne se définissent complètement que dans la relation entre ses caractéristiques objectives, tant techniques que formelles, et les schèmes inséparablement esthétiques et éthiques des habitus qui en structurent la perception et l'appréciation, définissant ainsi la *demande réelle* avec laquelle les producteurs doivent compter. Et les séductions ou les contraintes économiques qui conduisent aux décisions d'achat observées ne s'instaurent comme telles que dans la relation entre un certain état de l'offre proposée par le champ de production et un certain état des exigences inscrites dans les dispositions des acheteurs, ainsi conduits à contribuer aux contraintes qu'ils subissent. En conséquence, il faut penser en termes tout à fait nouveaux l'offre et la demande, et leur relation. En effet, à un moment donné, l'*offre* se présente comme un *espace différencié et structuré d'offreurs concurrents dont les stratégies dépendent des autres concurrents* (et non comme une somme agrégée d'offreurs indépendants), et c'est parce qu'elle est elle-même structurée (notamment par l'intervention de l'État) qu'elle peut satisfaire, et exploiter, la *demande*, elle aussi différenciée et structurée, qu'elle a, pour une part, contribué à créer.

7. Le slogan publicitaire « Une maison de maçons » a été lancé par l'entreprise Bouygues pour promouvoir des maisons industrielles.

S'il n'est pas faux de dire que la production produit la consommation, c'est que l'offre, par le seul fait qu'elle tend à annuler tout ou partie des autres manières possibles de satisfaire le besoin d'habiter (par exemple la location de maisons individuelles), contribue à imposer une manière particulière de satisfaire ce besoin, sous apparence de respecter les goûts du consommateur-roi ; et que, parallèlement, les entreprises capables d'organiser leur activité de manière à donner à une production industrielle de série les apparences d'une production artisanale de tradition ne peuvent réussir que dans la mesure où elles parviennent à faire payer très cher au consommateur son désir plus ou moins fantasmatique d'une maison individuelle, durable, transmissible et « faite main ». (C'est sans doute par là que le marché de la maison participe de la logique caractéristique du marché des œuvres d'art, où les préférences s'appliquent aussi à une technologie dominée par le culte de l'authenticité de la *« manifattura »*, que garantit la signature, attestation que l'œuvre est faite de la main du maître, c'est-à-dire « de main de maître ».)

La publicité n'est si efficace que parce qu'elle flatte les dispositions préexistantes pour mieux les exploiter, soumettant le consommateur à ses attentes et à ses exigences sous apparence de les servir (à l'inverse d'une politique qui se servirait d'une connaissance réaliste des dispositions pour travailler à les transformer ou à les déplacer vers d'autres objets)[8]. A cette fin, elle use d'effets qu'il faut, au risque de choquer, appeler « poétiques ». Comme la poésie, en effet, et avec des moyens tout à fait semblables, elle joue des *connotations* du message, usant systématiquement du pouvoir que détient le langage poétique d'évoquer les expériences vécues « propres à chacun des individus, variables avec les individus, variables aussi chez le même individu selon les moments[9] ». Elle mobilise des mots ou des images capables de faire resurgir les expériences associées à la maison dont on peut dire, sans contradiction, qu'elles sont communes et singulières, banales et uniques. Elles sont communes pour la part qu'elles doivent à une tradition culturelle et, en particulier, aux structures

8. On voit là tout ce qui est impliqué dans le passage, aujourd'hui très fortement encouragé dans les services publics, éducatifs et culturels notamment, de l'usager (auditeur, spectateur, élève, étudiant, etc.) au *client*.

9. A. Martinet, *To Honor Roman Jakobson*, cité par G. Mounin, *La Communication poétique*, Paris, Gallimard, 1971, p. 25.

cognitives héritées – celles, par exemple, que dégage l'analyse structurale de l'espace intérieur de la maison ou du rapport entre l'espace domestique et l'espace public. Elles sont uniques pour la part qu'elles doivent à la forme socialement spécifiée qu'a revêtue, pour chacun de nous, la rencontre, au cours d'une histoire singulière, des mots et des êtres domestiques.

C'est ce que fait apparaître très clairement l'analyse de son expérience de lecteur d'annonces immobilières que propose Marc Augé[10]. En explicitant les expériences subjectives que les annonces font surgir dans son esprit (celui d'un citadin, homme et cultivé), il livre les mécanismes sur lesquels s'appuie le discours publicitaire (comme, plus généralement, tout discours poétique) pour évoquer l'univers des connotations privées : d'une part, la mémoire enchantée des expériences originaires, qui sont à la fois situées et datées, donc uniques, et translocales et transhistoriques (dans la mesure où chaque enfance contient aussi quelque chose de toutes les enfances) ; d'autre part, le jeu des associations littéraires qui créent la séduction des mots évocateurs et des images suggestives au moins autant qu'elles l'expriment. L'effet symbolique de l'annonce est le produit d'une collaboration entre l'auteur, qui puise dans son patrimoine culturel des mots et des images capables de réveiller chez son lecteur des expériences uniques, et le lecteur, qui contribue à conférer au texte inducteur le pouvoir symbolique ou, mieux, le *charme* qu'il exerce sur lui : fort de toutes ses expériences antérieures du monde ordinaire et aussi du monde littéraire, ce dernier projette sur le texte-prétexte l'aura de correspondances, de résonances et d'analogies qui lui permettent de se reconnaître en lui ; et c'est parce qu'il *se retrouve,* comme on dit, dans la petite mythologie privée du monde domestique qui lui est proposée qu'il peut la faire sienne, se l'approprier en se laissant posséder par elle : « Le système des annonces, au total, fonctionne comme un piège sélectif dont les mécanismes serviraient à orienter les différentes catégories de victimes vers leurs chambres de capture respectives[11]. » La magie et le charme des mots participent directement de la magie et du charme des choses qu'ils évoquent : le plaisir que le lecteur éprouve à habiter ses maisons de paroles, « vieux prieurés », « anciens moulins », « relais de poste » ou

10. M. Augé, *Demeures et Châteaux*, Paris, Éditions du Seuil, 1989.
11. *Ibid.*, p. 79.

« manoirs du XVIIIe » n'est qu'une anticipation symbolique du plaisir d'habiter, de se sentir « chez soi » dans un univers de choses qui est toujours indissociable de l'univers des mots nécessaires pour les appeler et les dominer, en un mot, les *domestiquer*.

La maison est l'objet de tout un ensemble d'activités qu'il faut bien appeler (d'un adjectif emprunté à Ernst Cassirer) « mythopoiétiques », qu'elles soient verbales, comme les échanges de propos enchantés sur les aménagements accomplis ou à accomplir[12], ou pratiques, comme le bricolage, lieu d'une véritable création poétique dont la limite est le palais du Facteur Cheval : ces interventions démiurgiques concourent à transmuer le simple objet technique, toujours neutre et impersonnel, souvent décevant et inadéquat, en une sorte de réalité insubstituable et sacrée, un de ces *churingas* dans lesquels, comme dans les tableaux, les albums ou les tombeaux de famille, la lignée affirme et célèbre son unité et sa continuité[13].

L'espace des acheteurs et la genèse sociale des préférences

Mais l'analyse anthropologique – ou phénoménologique – de la signification de la maison risque de faire oublier que, en ce domaine comme ailleurs, les expériences et les attentes sont différenciées, et selon un principe qui n'est autre que la position occupée dans l'espace social[14]. Le désir de possession lui-même,

12. On peut se faire une idée de ce formidable travail d'appropriation, qui a son équivalent dans l'ordre du discours, en regardant attentivement les photographies des aménagements intérieurs ou extérieurs que leurs propriétaires ont apportés à des maisons Phénix, in *Les Honneurs de la maison. Six photographes dans la maison*, Témoignages réalisés sous la direction de Lucien Clergue, Paris, Pandora, 1982.
13. A la façon des *churingas*, ces objets de pierre ou de bois décoré représentant le corps physique d'un ancêtre déterminé qui, chez les Arandas, sont solennellement attribués, à chaque génération, au vivant considéré comme la réincarnation de l'ancêtre, et que l'on sort périodiquement, pour les inspecter et les honorer, les albums de famille et tous les biens précieux, archives de famille, bijoux de famille, portraits de famille, qui se transmettent de génération en génération, comme le nom propre, et parfois certains prénoms, doivent leur caractère sacré au fait que, en attestant physiquement l'ancienneté et la continuité de la lignée, ils consacrent son unité sociale, toujours indissociable de la permanence dans le temps (cf. P. Bourdieu, *Un art moyen. Essai sur les usages sociaux de la photographie*, Paris, Éditions de Minuit, 1965).
14. C'est ce qui fait la limite de l'anthropologie philosophique qui survit encore aujourd'hui, notamment en Allemagne, et de la plupart des tentatives des ethnologues pour transporter, sans mise en question critique, leurs instruments et leurs habitudes de pensée hors de leurs terrains traditionnels d'application.

dans lequel s'accomplit la représentation enchantée de la maison comme demeure, n'a pas l'universalité que lui accorde tacitement l'analyse phénoménologique (ou ethnologique). Et il est tout à fait remarquable que les voies par lesquelles il se satisfait aient subi une profonde mutation. En effet, le lien entre la maison et l'héritage, donc la famille, s'est affaibli : tandis que la part faite à la transmission directe de cette catégorie de patrimoine qu'est la maison est en déclin (parmi les propriétaires récents, ceux qui doivent leur logement à un héritage ou une donation ne représentaient plus, en 1984, que 9 % de l'ensemble[15]), l'achat à crédit constitue le mode d'acquisition de la résidence principale le plus fréquent et le poids des annuités moyennes de remboursement pèse de plus en plus sur le budget des ménages qui deviennent propriétaires de plus en plus jeunes et sans attendre d'hériter le logement de leurs parents, d'ailleurs voué à la vente dans la grande majorité des cas.

A la différence de ce qui s'observait dans les générations plus anciennes, où c'est presque toujours par l'héritage ou grâce à une lente accumulation d'épargne que l'on accédait à la propriété, les propriétaires des générations plus récentes voient dans l'accession à la propriété un moyen de se loger tout en constituant un patrimoine immobilier, tandis que l'épargne diminue régulièrement (passant de 18 % en 1970 à 12 % en 1987 – sans contrepartie sous la forme d'un accroissement des crédits des ménages, restés stables pendant la même période)[16]. Mais, plus profondément, la statistique montre clairement que les préférences varient selon différents facteurs : le capital économique, le capital culturel, la structure du capital pris dans son ensemble, la trajectoire sociale, l'âge, le statut matrimonial, le nombre d'enfants, la position dans le cycle de vie familial, etc.

Le souci de prendre en compte le *système des facteurs déterminants* oblige à s'affranchir des limitations inhérentes aux monographies consacrées à des populations *préconstruites* (les ménages à faibles ressources, les retraités, les auto-constructeurs ou « castors », les accé-

15. C. Taffin, « L'accession à tout prix », *Économie et statistique*, 202, septembre 1987, p. 5-16. La transmission directe est cependant beaucoup plus importante que ne le laissent paraître ces chiffres : l'aide de la famille s'exerce en effet sous des formes diverses (prêts gratuits, don de terrains, apport partiel, etc.).
16. Cf. L. Crétin et P. L'Hardy, « Les ménages épargnent moins qu'il y a quinze ans », *op. cit.*

dants, etc.), et à échapper aux simplifications caractéristiques des *explications partielles* dont se contentent le plus souvent les analyses statistiques. Ainsi, l'enquête que l'INSEE mène à intervalles réguliers sur des échantillons importants (29 233 ménages en 1984, 23 606 en 1978) appréhende la situation du logement, son évolution, le système de financement, les principales caractéristiques des ménages, etc., mais elle laisse échapper des facteurs explicatifs aussi importants que la trajectoire sociale sur plusieurs générations (ou, au moins, la profession du père) ; et l'analyse qui en est proposée n'accorde pas leur juste poids à des facteurs tels que le capital culturel ou technique (lorsque la division du travail entre des chercheurs attentifs à des facteurs ou à des populations différentes – les nouveaux accédants pour l'un, le secteur locatif pour un autre, etc. – ne vient pas interdire en fait les comparaisons et la synthèse)[17].

De l'analyse secondaire d'un ensemble de tableaux réalisés à notre demande à partir des données issues de l'enquête sur

17. Une des tentatives les plus systématiques avait été conduite par Pierre Durif, que l'on retrouvera ci-dessous parmi les initiateurs de la réforme du financement du logement, et Sylvie Berniard à partir de l'enquête sur le logement de 1967 rapprochée en particulier de l'enquête de 1963 (cf. P. Durif et S. Berniard, « Les Français et la maison individuelle », *Économie et statistique*, 7, décembre 1969, p. 3-16 ; P. Durif, « Propriétaires et locataires en 1967 », *Économie et statistique*, 3, juillet-août 1969, p. 41-56). L'enquête menée en 1986 par Catherine Bonvalet et son équipe dans le cadre de l'Institut national d'études démographiques (INED) sur l'histoire résidentielle de la génération des personnes nées entre 1926 et 1935 et demeurant dans la région parisienne (n = 1987 individus) visait à saisir, dans un premier temps, les circonstances et les facteurs de l'arrivée à Paris, du « parcours logement » et de la constitution du patrimoine immobilier au cours du cycle de vie, ainsi que les projets de retraite et de déménagement : faisant une large part à l'étude des facteurs démographiques et sociaux, elle accorde beaucoup moins d'attention au capital économique, au capital culturel ou à l'effet de la politique et de l'offre de logements (C. Bonvalet, A. Bringé, B. Riandey, *Cycle de vie et changements urbains en région parisienne. Histoire résidentielle d'une génération*, Paris, INED, juin 1988, 179 p. et annexes). L'étude sur l'origine géographique et familiale, la vie professionnelle, le logement et les modes de vie qui a été réalisée au Credoc par Nicole Tabard et son équipe auprès de 1 000 ménages de l'Essonne comprenant au moins un enfant de moins de 20 ans, a été centrée dans un premier temps sur la construction d'une typologie socio-professionnelle des communes et quartiers du département et sur l'analyse des relations entre, d'une part, la morphologie des communes ou quartiers de résidence et les comportements et pratiques des ménages en matière de logement et, d'autre part, entre la trajectoire sociale et géographique des enquêtes et leur localisation spécifique dans l'Essonne (N. Tabard *et al.*, *Relations entre la structure socio-économique de l'espace, la production de l'environnement et les conditions de logement, Analyse de l'enquête Essonne*, Paris, Credoc, janvier 1987, 124 p.).

le logement menée par l'INSEE en 1984[18], il ressort que les chances d'accéder à la propriété dépendent du *volume du capital* possédé, qui intervient sans doute au titre de condition permissive, mais que la propension à acheter plutôt qu'à louer dépend surtout de la *structure de ce capital*, c'est-à-dire du poids relatif du capital économique et du capital culturel.

Le taux de propriétaires d'une maison n'augmente qu'assez peu avec le revenu : il passe de 35,2 % pour la tranche de revenus la plus faible à 43,1 % pour la plus élevée. Au contraire, le taux de propriétaires d'un appartement varie fortement : il passe de 8,1 % pour les revenus les plus faibles à 22,1 % pour les plus élevés. Lorsqu'on ne prend en compte que ceux qui ont emménagé depuis moins de trois ans dans le logement qu'ils occupent au moment de l'enquête, et non l'ensemble des propriétaires et locataires, on remarque que la part des propriétaires passe de 8,9 % en 1978 chez ceux qui ont des revenus les plus faibles à 35,4 % chez ceux qui ont les revenus les plus élevés, la part des propriétaires de leur appartement croissant aussi fortement avec le montant des revenus[19].

Tout se passe comme si un volume minimal de capital économique était nécessaire pour former le projet de devenir propriétaire ou comme si, en dessous d'un certain seuil, on n'osait pas envisager l'achat d'un logement : lorsqu'on leur demande les différentes raisons qui les empêchent d'acheter un appartement ou une maison, 45 % des employés et 42 % des ouvriers retiennent comme raison principale le manque de moyens financiers contre seulement 24 % des membres des professions intermédiaires, des cadres supérieurs et membres des professions libérales[20]. La crainte de l'endettement dans un contexte où on ne sait pas « ce que l'avenir réserve » est aussi mentionnée plus souvent par les employés (15 %) que par les autres catégories (8 %). Les artisans, commerçants, chefs d'entreprise sont, quant à eux, beaucoup plus nombreux (18 %) que les cadres supérieurs et les professions intermédiaires (2 %) ou que les ouvriers

18. L'interprétation des statistiques s'est constamment nourrie des indications et des hypothèses dégagées d'un ensemble d'entretiens approfondis (n = 45) que nous avons réalisés auprès de propriétaires de maisons individuelles de la région parisienne et du Midi de la France (voir Annexes, p. 99-107).

19. M. Villac, G. Balland, L. Touchard, « Les conditions de logement des ménages en 1978 », *Les Collections de l'INSEE*, série « Ménages », 85, 1980.

20. SOFRES, *Les Français et l'immobilier*, mars 1986.

selon la catégorie socio-professionnelle du chef de ménage en 1984

	PROPRIÉTAIRE			LOCATAIRE			AUTRES	TOTAL
	M. I.	Appt	total	M. I.	Appt	total		
Agriculteurs	61,3	3,7	65	8,9	7,6	16,5	18,5	100
O. S.	28,3	3,8	32,1	14,7	47,3	62	5,9	100
O. Q.	39,1	6,4	45,5	10,4	38,8	49,2	5,3	100
Contremaîtres	55,3	9,3	64,6	8,9	19,8	28,7	6,7	100
Employés services	21,7	7,6	29,3	5,3	47,6	52,9	17,9	100
Retraités ouvriers	47,4	7,9	55,3	8,7	25,2	33,9	10,8	100
Artisans	54,6	11,5	66,1	6,6	22,4	29	4,8	100
Commerçants	44,4	14,1	58,5	9	25,9	34,9	6,6	100
Retr. art. com.	50,2	19,5	69,7	3,1	19,3	22,4	7,9	100
Police	25,8	4,5	30,3	8,7	37,5	46,2	23,4	100
Employés commerce	21,5	6,1	27,6	5,6	57,2	62,8	9,6	100
Employés bureau	23,9	13,2	37,1	5,6	50,4	56	6,8	100
Employés public	28,4	8,4	36,8	5	51,6	56,6	6,6	100
Retr. employés	39,1	13,1	52,2	4,8	34	33,8	9	100
Interm. entreprise	36,3	15,4	51,7	6,6	35,7	42,3	6	100
Interm. public	36	11,2	47,2	6,9	38,5	45,4	7,4	100
Techniciens	43,4	13,7	57,1	6	32,2	38,2	4,6	100
Instituteurs	39,8	13,8	53,6	5,2	30,5	35,7	10,8	100
Retraités interm.	52,0	18,2	70,2	3,9	20,8	24,7	5,1	100
Chefs d'entreprise	50	26,3	76,8	1,9	16,7	18,6	4,6	100
Cadres du privé	36,1	22,4	58,5	8,8	27,7	36,5	5	100
Ingénieurs	41,8	18,3	60,1	9,7	25,4	35,1	4,8	100
Cadres du public	32,5	17,4	49,9	10,1	29,6	39,7	10,5	100
Professeurs	33,9	15,8	49,7	6,5	32,7	39,2	11,1	100
Prof. libérales	42,3	23,5	65,8	6,5	24,1	30,6	3,6	100
Prof. artistiques	20,6	16,6	37,2	9,1	44,7	53,8	8,9	100
Retraités cadres	46,6	31,1	77,7	3,3	16,3	19,6	2,8	100
Autres	27,2	9,5	36,7	5,8	38,3	44,1	19,3	100
Ensemble	39,7	11,1	50,8	7,8	32,9	40,7	8,6	100

M. I. : maison individuelle. Appt : appartement.
Source : Enquête INSEE, 1984. Tableau réalisé à notre demande.

(1 %) à indiquer que l'investissement immobilier n'est plus assez rentable.

Tout incline donc à conclure que la *structure du capital* joue un rôle déterminant dans le choix entre l'achat et la location : en effet, si l'on laisse de côté les retraités, c'est parmi les catégories qui sont sensiblement plus riches en capital économique qu'en capital culturel, et qui dépendent principalement du capital économique pour leur reproduction, que les proportions des propriétaires sont les plus élevées – soit, en 1984, 76,8 % chez les chefs d'entreprise, 66,1 % chez les artisans et 65 % chez les agriculteurs. On sait que, de façon générale, les patrons de l'industrie et du commerce investissent plus que toutes les autres catégories, et à tous les sens du terme, dans la *possession de biens matériels* : maison, voitures de luxe. Tout permet de supposer que le fait que ces catégories à très forte hérédité professionnelle dépendent très fortement de l'*héritage économique* pour leur reproduction les prédispose à penser le logement comme élément d'un patrimoine transmissible et à en faire le *placement de père de famille* par excellence (et aussi, pour certains, un véritable placement spéculatif).

A l'inverse, la part des propriétaires est nettement plus faible dans les catégories à fort capital culturel. Au sein du champ du pouvoir, selon une logique déjà observée en maint autre domaine, les chefs d'entreprise, plus souvent propriétaires, s'opposent aux professeurs, aux professions artistiques et aux cadres du secteur public, plus souvent locataires, la position intermédiaire étant occupée par les cadres du privé, les ingénieurs (plus proches des cadres du public et des professeurs) et les professions libérales (plus proches des patrons). A l'intérieur des classes moyennes, on retrouve une structure analogue, avec à un pôle les artisans et les commerçants, plus souvent propriétaires, et à l'autre, les instituteurs et les intermédiaires du secteur public (les employés des administrations et des entreprises étant beaucoup moins souvent propriétaires que les autres catégories).

Tandis que le taux de propriétaires est à peu près indépendant du revenu dans les fractions plus riches en capital économique qu'en capital culturel, il lui est étroitement lié dans les fractions qui sont plus riches en capital culturel qu'en capital économique, dont on sait qu'elles ont eu recours plus que d'autres au crédit pour financer leur accession à la propriété : 88 % des chefs d'entreprise possédant moins de 100 000 F de revenus annuels en 1984 sont propriétaires d'une maison contre 44,5 % de ceux qui ont entre 100 000 et 200 000 F (ce qui est sans doute lié au fait que les chefs d'entreprise aux revenus les plus bas habitent plus souvent dans des communes rurales ou de petites agglomérations)[21]. De même, chez les artisans, la part des propriétaires est de 56,5 % pour les détenteurs de revenus inférieurs à 50 000 F, de 54 % pour les détenteurs des revenus moyens et de 54,5 % pour ceux qui ont des revenus supérieurs à 100 000 F. Les petits commerçants et les agriculteurs dotés des revenus les plus élevés sont un peu plus souvent propriétaires de leur maison que ceux qui disposent des revenus les plus faibles (chez les membres des professions libérales, qui cumulent capital économique et capital culturel, le fait d'être propriétaire ou locataire, d'une maison ou d'un appartement, est indépendant du montant des revenus). A l'inverse, les variations sont particulièrement fortes chez les instituteurs et les professions intermédiaires de la fonction publique : moins de 10 % des instituteurs aux revenus les plus faibles (qui sont aussi les plus jeunes) sont propriétaires d'une maison, contre plus de 60 % des détenteurs de revenus supérieurs à 150 000 F, et l'on observe des variations semblables dans les professions intermédiaires de la fonction publique. De même, parmi les ingénieurs et les cadres (des secteurs public ou privé), le taux de propriétaires croît fortement avec le revenu.

Quant au *capital culturel*, il n'exerce pratiquement pas d'effets visibles sur le taux de propriétaires à l'intérieur de chaque catégorie sociale, quel que soit le revenu. Toutefois, dans les catégories inférieures, il semble qu'un minimum de capital scolaire, marqué par la possession d'un CEP ou d'un CAP, soit la condition nécessaire de l'accès à la propriété (sans doute en liaison avec des dispositions ascétiques marquées aussi par une faible fécondité), la probabilité d'être propriétaire étant plus faible parmi les ouvriers, les employés, les techniciens ou les professions intermédiaires dépourvus de diplômes que chez les détenteurs d'un CEP ou un CAP, eux-mêmes plus souvent propriétaires de leur maison que les membres des mêmes catégories qui sont détenteurs d'un BEPC ou d'un baccalauréat[22].

21. Dans cette catégorie, le taux de propriétaires est aussi indépendant de l'âge.
22. Le taux de propriétaires d'un appartement semble plus lié au diplôme que le taux de propriétaires d'une maison – cela, au moins, dans certaines catégories.

La catégorie des détenteurs de CEP ou CAP permet de saisir les effets d'une espèce particulière de capital culturel qui trouve un point d'application particulièrement visible dans le cas de l'accession à la propriété, le *capital technique* (de « bricoleur »), partiellement acquis à l'école et plus ou moins bien repéré par la possession d'un CAP (cf. Annexe : Capital technique et dispositions ascétiques, p. 104). Ainsi, situés au sommet de la hiérarchie des travailleurs manuels, dont ils possèdent, sans doute au plus haut degré d'excellence, les capacités techniques, les contremaîtres et les agents de maîtrise[23] peuvent mettre les capacités partiellement acquises à l'école, certifiées par des titres scolaires tels que le CAP ou le BEP et renforcées au cours de la carrière professionnelle, au service des dispositions ascétiques qui sont sans doute au principe de leur ascension professionnelle et les portent à consentir de nombreux sacrifices pour se doter d'une maison en partie ou en totalité (avec les « castors ») fabriquée par eux-mêmes, souvent avec l'aide de collègues ou de membres de leur famille.

Parmi les acquéreurs récents de maisons qui sont les premiers propriétaires des résidences qu'ils habitent, les ouvriers non qualifiés de l'industrie et de l'artisanat, les ouvriers qualifiés de la manutention, les employés de commerce, les professions intermédiaires de la fonction publique (autant de catégories situées dans le secteur « gauche » de l'espace social, du côté du « public ») sont les plus nombreux (selon l'enquête réalisée par l'INSEE en 1984) à dire qu'ils ont choisi un modèle de maison sur catalogue (plus de 48 % dans chacun de ces groupes) ; les agriculteurs, les artisans, les petits commerçants, les chefs d'entreprise et les membres des professions libérales (catégories qui s'appuient, pour leur reproduction, sur le capital économique) sont les moins nombreux à avoir utilisé ce mode de construction (moins de 25 % dans chacun de ces catégories).

On sait en outre que la propension à attacher plus d'importance à l'aspect technique et moins à l'aspect symbolique de la maison croît à mesure que l'on descend dans la hiérarchie sociale. L'analyse des données provenant de l'enquête effectuée

---

Mais sans doute faut-il voir là un effet de *l'urbanisation,* les propriétaires d'appartements étant plus fréquents dans les grandes agglomérations qui comptent plus de diplômés.

23. Les contremaîtres aux revenus les plus faibles (moins de 65 000 F par an) sont beaucoup plus souvent propriétaires de leur logement (39,5 %) que les employés (16,5 %) ou les cadres moyens (8,2 %) dotés des mêmes ressources.

Le mode de construction de la maison (nouveaux propriétaires)*

	a tout construit lui-même	plan établi par lui-même ou par profess.	maison sur catalogue	promoteur	**total**
Agriculteurs	4,2	75,8	18,3	1,7	100
OS	8,4	31,8	48,1	1,7	100
OQ	9,4	34,9	43,6	12,1	100
Contremaîtres	12,5	36,8	35,9	14,8	100
Retraités ouvriers	9,9	55,5	29,2	6,3	100
Artisans	25,5	49,3	19,7	5,4	100
Commerçants	10,6	56,0	24,0	9,5	100
Retr. art., comm.	9,9	52,7	27,9	9,4	100
Policiers, militaires	3,6	35,7	38,8	21,9	100
Employés commerce	5,1	36,1	49,9	8,9	100
Employés adm., entrep.	3,2	33,2	46,1	17,6	100
Employés public	4,8	36,5	38,3	20,4	100
Retraités employés	3,3	60,0	34,9	1,8	100
Interm. entreprise	3,2	40,7	38,6	17,4	100
Interm. public	1,5	27,3	48,4	22,8	100
Techniciens	6,2	41,7	34,1	18,0	100
Instituteurs	4,3	52,8	26,9	16,1	100
Retraités interm.	4,1	48,0	43,0	5,0	100
Chefs d'entreprise	18,1	49,5	21,6	10,8	100
Cadres du privé	0,9	47,7	33,1	18,3	100
Ingénieurs	5,8	39,3	32,9	21,9	100
Cadres du public	1,3	40,0	38,8	19,9	100
Professeurs	8,0	47,8	25,9	18,3	100
Prof. libérales		75,1	19,0	5,9	100
Retraités cadres	2,3	72,2	22,7	2,8	100
Ensemble	7,6	42,0	37,1	13,2	100

* On a exclu du calcul les « sans objet », c'est-à-dire les ménages qui ne sont pas les premiers propriétaires de la maison.

Source : Enquête INSEE, 1984. Tableau réalisé à notre demande.

en 1984 par l'Institut français de démoscopie auprès d'un échantillon représentatif de 998 personnes fait apparaître une opposition particulièrement forte en ce qui concerne les représentations de la maison préfabriquée entre, d'un côté, les individus situés au sommet de la hiérarchie économique (les détenteurs des revenus les plus élevés), sociale (les cadres supérieurs et les membres des professions libérales) et culturelle (les individus ayant les diplômes les plus élevés et ayant fait des études supérieures) et, de l'autre, ceux qui ont les revenus les plus faibles, qui sont ouvriers ou inactifs et qui n'ont fait que des études primaires[24]. Les premiers ont la représentation la plus négative de la maison préfabriquée : ils sont les plus nombreux à penser que les gens font construire une telle maison faute de pouvoir se payer une maison traditionnelle ou pour être déchargés de toutes les formalités administratives. Les seconds estiment plus souvent que l'on peut avoir de bonnes raisons de choisir une maison préfabriquée et que ceux qui font ce choix ont le goût des choses modernes ; ils pensent que ce type de maison est plus solide, plus facile à personnaliser. Tout semble donc confirmer que, comme on a pu l'observer dans d'autres domaines de la pratique, les plus démunis économiquement et surtout culturellement adhèrent, sans en faire, évidemment, un véritable parti, à une esthétique que l'on pourrait appeler *fonctionnaliste*, affranchie (par défaut) des préventions liées au niveau culturel : considérant la maison comme un instrument qui doit être commode, sûr, solide, vite disponible, éventuellement aménageable, ils en ont une vision techniciste, renforcée par la compétence technique qu'ils peuvent mettre au service de sa transformation. Et tout porte à croire que, parmi les salariés, ce sont les ouvriers qualifiés, les techniciens ou les petits ingénieurs qui, sans doute parce qu'ils sont plus éloignés de la représentation dominante de la maison, soit du fait de leur culture technique, soit du fait de leur origine sociale, ou les deux à la fois, sont les plus attentifs à l'intérêt que présentent les maisons industrielles et les moins sensibles en tout cas (relativement) à tout ce que promeuvent les promoteurs de « résidences » aux noms évocateurs.

L'effet de la *taille de l'agglomération* est bien connu. Mais l'essentiel est qu'il se spécifie selon le volume et la structure du capital possédé. L'écart entre les classes sociales s'accroît quand on passe des communes rurales aux grandes agglomérations tant pour le fait de posséder son logement que pour le fait d'habiter en maison individuelle[25].

24. Cf. G. Ballester, *Maison préfabriquée*, Paris, Institut français de démoscopie, novembre 1984.

25. M. Villac, G. Balland, L. Touchard, « Les conditions de logement des ménages en 1978 », *op. cit.*, p. 161-166. Outre la taille de l'agglomération, il faudrait pouvoir prendre en compte la région. Pierre Durif avait montré qu'il existait en 1968 des disparités régionales très marquées, notamment entre la France de l'Ouest et la France de l'Est : la proportion de maisons individuelles dépassait alors la moyenne dans tout l'Ouest de la France et était particulièrement élevée dans le Nord, l'habitat collectif était par contre plus important dans le Centre,

Nicole Tabard montre que les écarts entre les cadres ou professions libérales et les ouvriers sont plus marqués dans l'Essonne que dans l'ensemble de la France[26]. La « démocratisation » apparente de l'accès à la propriété d'une maison individuelle est essentiellement imputable au fait que les fractions supérieures de la classe ouvrière résident plus souvent dans une commune rurale ou, quand elles habitent dans une agglomération, dans les zones périphériques. L'analyse de l'enquête de 1984 confirme que la part de propriétaires de maisons individuelles varie, à l'intérieur de chaque catégorie, en raison inverse de la taille de la commune. Les ouvriers ne peuvent pratiquement accéder à la propriété que dans les communes rurales. Les contremaîtres, au contraire, peuvent posséder des maisons, même dans l'agglomération parisienne (à raison de 31,6 %).

De façon générale, la part des propriétaires, toujours faible parmi les gens âgés de moins de 35 ans, croît avec *l'âge*. Tout semble indiquer que l'accès à la propriété est de plus en plus tardif à mesure que l'on descend dans la hiérarchie sociale – les contremaîtres exceptés, qui, dès 30 à 34 ans, comptent 50 % de possesseurs de maisons. Ainsi ce n'est que dans la catégorie des plus de 50 ans que les propriétaires l'emportent sur les locataires parmi les ouvriers non qualifiés, l'accès à la propriété coïncidant souvent avec le moment de la retraite. En fait, l'âge lui-même ne prend son sens que comme un moment du *cycle de vie domestique* : la question de l'achat d'une maison se pose avec une force particulière à certaines étapes de ce cycle, en relation avec le souci de « fonder », comme on dit, une « famille », c'est-à-dire au moment du mariage ou dans les années qui le suivent, en liaison avec l'apparition des enfants.

Les couples mariés sont, selon l'enquête de l'INED, ceux qui, à tout âge, « choisissent » le plus d'être propriétaires de leur résidence principale et recourent pour cela à l'emprunt (les 9/10e des accédants à la propriété sont des couples mariés). Par contre, lorsque les célibataires, chez qui on rencontre deux fois moins de propriétaires à 50 ans que parmi les couples mariés, deviennent propriétaires, c'est surtout par héritage ou achat au comptant. Le taux de propriétaires

---

l'Est et surtout le Sud-Est (cf. P. Durif et S. Berniard, « Les Français et la maison individuelle », *op. cit.*, spécialement p. 5-7).

26. N. Tabard et *al.*, *op. cit.*

parmi les divorcés est également faible, le divorce s'accompagnant souvent d'un repli sur le secteur locatif[27].

Dans la génération des Parisiens nés entre 1926 et 1935, la majorité de ceux qui ont acheté leur logement avaient déjà constitué leur famille avant d'accéder à la propriété. Cette accession a eu lieu plus tôt dans le cycle de vie familial pour les cadres supérieurs que pour les ouvriers ou employés. C'est, semble-t-il, que les premiers sont plus en mesure de mener de front les charges que représentent l'éducation des enfants et le remboursement des prêts pour le logement[28]. Il est probable que, pour les générations suivantes, l'accession à la propriété, qui s'est faite de plus en plus jeune, a contraint les couples, y compris dans les classes populaires et moyennes, à faire face à la fois aux charges d'éducation et aux remboursement des prêts.

La part des membres des fractions salariées des classes moyennes (employés, cadres moyens, mais aussi contremaîtres) et des classes aisées qui sont propriétaires d'une maison croît le plus souvent avec le nombre des enfants à charge. A l'inverse, chez les manœuvres, les ouvriers spécialisés, les ouvriers qualifiés et les employés de commerce, la relation est plus complexe, dans la mesure où la propension à acquérir une maison est indissociable d'une ambition d'ascension sociale qui est inséparable d'une restriction de la fécondité : on observe ainsi que, dans ces catégories, les ménages qui ont deux enfants sont plus souvent propriétaires d'une maison que ceux qui n'en ont pas, ou qui n'en ont qu'un, et que ceux qui en ont trois ou plus[29].

En fait, comme c'est le cas aussi pour l'ensemble des consommations, on ne pourrait rendre compte plus complètement des différences constatées en matière de logement qu'en faisant intervenir non seulement le volume et la structure du capital (qui commandent l'action de facteurs tels que la taille de l'agglomération de résidence ou la taille de la famille) mais aussi *l'évolution dans le temps* de ces deux caractéristiques, que l'on peut saisir notamment à travers l'origine sociale et géographique et qui se retraduisent souvent dans les changements de logement ou du

27. C. Bonvalet *et al.*, *op. cit.*, p. 121.
28. *Ibid.*, p. 125-126.
29. Sur le lien entre la restriction de la fécondité et l'ambition d'ascension, cf. P. Bourdieu et A. Darbel, « La fin d'un malthusianisme ? », *in* Darras, *Le Partage des bénéfices* (Paris, Éditions de Minuit, p. 117-129), et P. Bourdieu, *La Distinction. Critique sociale du jugement (op. cit.)*.

statut d'occupation du logement. Bien que l'on ne dispose pratiquement pas de données statistiques sur les effets de l'origine sociale (presque jamais prise en compte dans les enquêtes), en dehors des indications fournies par les entretiens, tout permet de supposer que l'accession à la propriété (le plus souvent grâce au crédit) a été surtout le fait des « parvenus » qui étaient aussi des « nouveaux venus » dans la société urbaine, provinciaux « montés à Paris » ou dans les grandes villes qui ont acquis des maisons dans les nouveaux quartiers de la périphérie ou des banlieues (tandis que les anciens résidents avaient plus de chances d'habiter, souvent en locataires, les vieux quartiers centraux)[30].

Les chances d'être propriétaire ou locataire ne sont pas les mêmes selon que l'on est fils ou fille de parents propriétaires ou de parents locataires de leur résidence principale. L'étude comparative des locataires et des accédants à la propriété d'une même génération (39 ans au moment de l'enquête) résidant dans les Alpes-Maritimes fait apparaître que les filles de propriétaires ont deux chances sur trois de devenir propriétaires (et cela dès 39 ans) alors que les filles de locataires ont un peu moins d'une chance sur deux[31]. (La répartition des fils de propriétaires et de locataires est *grosso modo* la même.) L'origine sociale (saisie ici de façon indirecte et grossière) contribue sans doute à structurer les stratégies résidentielles des ménages mais seulement au travers de tout un ensemble de médiations telles que le type d'agglomération, le moment du cycle de vie, la profession et l'origine du conjoint, etc.

Les fractions salariées des classes moyennes, grandes utilisatrices du crédit bancaire, et les fractions supérieures de la classe ouvrière représentent une part importante des « accédants » récents à la propriété. Selon l'enquête réalisée par l'INSEE en 1984, les instituteurs, les cadres du secteur public, les techniciens, les professions intermédiaires du secteur public et du secteur privé, les ouvriers qualifiés sont, entre tous les propriétaires de maisons, les

30. Cette hypothèse trouve confirmation dans les premiers résultats publiés de l'enquête que Nicole Tabard a menée dans l'Essonne et qui devrait permettre de préciser la connaissance des effets de la trajectoire sociale. Elle fait en particulier apparaître les liens entre l'origine sociale – notamment pour les cadres et membres des professions libérales – et le fait de résider dans une commune plus ou moins « huppée ».

31. Cf. P. Culturello, *De la location à l'accession,* Nice et Marseille, GERM-CERCOM, 1989 (Rapport de recherches pour la CNAF).

plus nombreux à occuper une maison relativement neuve, achevée en 1975 et après. Si le recours au crédit pour acheter une maison s'est généralisé, c'est cependant dans ces mêmes catégories (auxquelles il faut ajouter les ingénieurs et les contremaîtres) que, selon cette même enquête, il est le plus fréquent (cf. p. 54).

Les fractions salariées des classes moyennes sont aussi parmi les plus nombreuses, lorsqu'elles ne sont pas déjà propriétaires d'une maison, à souhaiter le devenir ou, lorsqu'elles sont propriétaires d'appartements et envisagent de déménager, à déclarer souhaiter acheter une maison. Ainsi, l'accession à la propriété de maisons a connu son accroissement le plus marqué dans la région de l'espace social définie par le primat du capital culturel sur le capital économique, c'est-à-dire dans toutes les catégories supérieures (ingénieurs, cadres supérieurs) et moyennes (techniciens, cadres moyens, employés) des salariés du secteur public ou semi-public (à l'exception toutefois des professions artistiques et intellectuelles), et aussi dans les régions supérieures de la classe ouvrière (contremaîtres, ouvriers qualifiés) et même dans une fraction non négligeable des ouvriers spécialisés et des manœuvres.

Il s'ensuit que le processus global d'accroissement du taux de propriétaires s'accompagne d'une *homogénéisation* des deux secteurs qui s'opposent dans la dimension horizontale de l'espace social, c'est-à-dire du point de vue de la structure du capital : des catégories qui étaient peu portées jusque-là à faire de l'achat de leur habitation une forme majeure de placement et qui auraient offert une clientèle naturelle à une politique visant à favoriser la création de logements publics (maisons individuelles ou immeubles) destinés à la location sont entrées, grâce au crédit et aux aides du gouvernement, dans la logique de l'accumulation d'un patrimoine économique, faisant ainsi une part, dans leurs stratégies de reproduction, à la transmission directe de biens matériels ; cependant qu'au même moment des catégories qui ne comptaient jusque-là que sur l'héritage économique pour reproduire leur position devaient s'appuyer sur le système scolaire pour opérer les reconversions imposées par les rigueurs de la concurrence. (Ces deux mouvements complémentaires et convergents ont sans doute contribué à réduire l'écart entre la « droite » et la « gauche » de l'espace social, et du champ politique, en remplaçant les différentes oppositions qui divisaient la réalité et la représentation du monde social, propriété et location, libéralisme et étatisme, privé et

Les « premiers propriétaires » de maisons en 1984

	premier propriétaire	non premier propriétaire	total
Agriculteurs	31,2	68,8	100
OS	49,8	50,2	100
OQ	63,9	36,1	100
Contremaîtres	67,6	32,4	100
Employés service	50,1	49,9	100
Retraités ouvriers	33,8	66,2	100
Artisans	59,2	40,8	100
Commerçants	53,8	46,2	100
Retr. art., comm.	39,7	60,3	100
Policiers, milit.	62,3	37,7	100
Employés commerce	48	52	100
Employés adm., entrep.	56,9	43,1	100
Employés public	59,1	40,9	100
Retraités employés	38	62	100
Interm. entreprise	63,9	36,1	100
Interm. public	62,5	37,5	100
Techniciens	68,3	31,7	100
Instituteurs	61,7	38,3	100
Retraités interm.	44,7	55,3	100
Chefs d'entreprise	63,2	36,8	100
Cadres du privé	56,9	43,1	100
Ingénieurs	66,6	33,4	100
Cadres du public	66,6	33,4	100
Professeurs	46	54	100
Prof. libérales	28,8	71,2	100
Prof. artistiques	24,1	75,9	100
Retraités cadres	47,1	52,9	100
Autres	30,5	69,5	100
Ensemble	50,5	49,5	100

Source : Enquête INSEE, 1984. Tableau réalisé à notre demande.

public, par des oppositions atténuées entre des formes mixtes. C'est dire, en passant, qu'on ne peut comprendre les choix individuels, en matière politique, mais aussi économique – avec par exemple l'accroissement des investissements dans l'éducation ou des consommations culturelles – que si l'on prend en compte les structures objectives et leur transformation.)

Dans la première période de forte croissance de la production de logements qui va de 1950 à 1963-1964, les cadres supérieurs et moyens se sont tournés en très grand nombre vers la propriété, cependant que la proportion de propriétaires de logements augmentait presque aussi vite chez les ouvriers et les employés (mais qui partaient d'un taux beaucoup plus bas) et sensiblement moins vite chez les membres des professions libérales et les patrons, gros ou petits[32]. Après le fléchissement des années 1964 à 1968, qui affecte toutes les catégories sociales, mais tout particulièrement les ouvriers, la diffusion de la propriété reprend un rythme relativement rapide (moins toutefois que dans les années 1950), surtout parmi les cadres supérieurs et moyens et aussi les contremaîtres et les ouvriers qualifiés (tandis que les employés, les ouvriers spécialisés et les manœuvres restent à un taux très bas et que les patrons et les membres des professions libérales ont alors un accroissement plus faible que toutes les autres catégories). Après 1974, la progression de la propriété de logements se ralentit à nouveau tandis que la propriété de maisons individuelles se maintient et connaît même un léger accroissement au cours des années 1980 ; cela parce que, à la fin des années 1970, arrivent en masse sur le marché, créé par les nouvelles formes d'aide et de crédit, de nouveaux produits proposés par les grandes entreprises de construction industrielle ou semi-industrialisée et propres à attirer de nouveaux acheteurs, recrutés pour la plupart parmi les ouvriers qualifiés, les employés et les cadres moyens[33].

L'apparente démocratisation de l'accès à la propriété que suggère l'augmentation du taux de propriétaires (il passe de 35 % en 1954 à 45,5 % en 1973, 46,7 % en 1978, et se poursuit ensuite, pour atteindre 51,2 % en 1984) dissimule des différences considérables selon la localisation du logement (l'opposition entre le banlieusard et le citadin ayant remplacé l'opposition

32. C. Topalov, *Le Logement en France*, Paris, Presses de la FBSP, 1987, spécialement p. 305-314. Le taux d'agriculteurs, patrons de l'industrie et du commerce, propriétaires de leur logement, déjà très élevé en début de période, augmentait beaucoup plus lentement.

33. La logique de l'exploitation de plus en plus intensive d'un « gisement » en voie de se tarir a sans doute conduit les entreprises bancaires à reculer les limites des risques raisonnables. La crise a, de ce fait, frappé durement les emprunteurs des classes populaires. Ainsi 21 des 51 dossiers de ventes de maisons prononcées de 1981 à 1983 aux tribunaux de grande instance de Rennes et de Saint-Malo à la suite d'un contentieux entre un accédant à la propriété et un prêteur concernaient des ouvriers dont 9 travaillaient dans le bâtiment et les travaux publics, 5 concernaient des employés, 3 des agriculteurs – les catégories socio-professionnelles étaient inconnues pour 20 cas (cf. Agence d'urbanisme et de développement intercommunal de l'agglomération rennaise, *Les accédants à la propriété en difficultés financières*, Rennes, février 1986).

Le mode d'accession à la propriété d'une maison ou d'un appartement

	Propriétaires de maisons					Propriétaires d'appartements				
	héritage donation	achat comptant	crédit	autres*	total	héritage donation	achat comptant	crédit	autres*	total
Agriculteurs	37,5	22,9	38,8	0,8	100	54,1	18,3	27,6	-	100
OS	13,2	13,1	71,9	1,8	100	16,1	15,2	65,2	3,5	100
OQ	7,6	4,7	84,1	3,6	100	8,2	10,3	75,7	5,8	100
Contremaîtres	5,5	4,7	85,8	4	100	6,9	9,3	76,1	7,8	100
Employés service	19,4	19	61,7	-	100	22,2	22,3	53,1	2,4	100
Retr. ouvriers	21,1	35,1	39,3	4,4	100	17,2	42,2	35,9	4,7	100
Artisans	10,9	11,7	75,8	1,6	100	13,7	11,2	68,6	6,5	100
Commerçants	9,5	16,1	72,7	1,8	100	25,2	16	53,4	5,3	100
Retr. art., comm.	19,5	46,2	31,3	3	100	20,5	49,8	28,6	1,2	100
Policiers, milit.	5,3	10,1	81,4	3,2	100	8	12,4	75,2	4,4	100
Employés commerce	12,1	13,8	69,7	4,4	100	11,8	35,7	52,5	-	100
Empl. adm., entr.	9,4	9	78,3	3,3	100	7,2	11,5	78,6	2,7	100
Employés public	7,4	9,8	80,8	2	100	14,2	8,3	74,9	2,6	100
Retr. employés	20,8	37,3	38,9	3	100	7,5	49,1	40,6	2,8	100
Interm. entrepr.	5,5	5,2	86,4	2,9	100	6,5	6,8	85,3	1,4	100
Interm. public	5,7	7,1	85,1	2,1	100	7,4	10,3	78,5	3,8	100
Techniciens	4,2	3,9	87,9	4	100	1,8	7,4	86	4,7	100
Instituteurs	2,9	7,5	89	0,6	100	11,6	11,5	76,9	-	100
Retraités interm.	15,8	33,1	48,9	2,2	100	7,5	40,5	48,7	3,3	100
Chefs d'entreprise	3,1	11,3	83,1	2,5	100	14,2	29,5	56,3	-	100
Cadres du privé	2,8	8,1	88,1	0,9	100	7,1	9,7	81,4	1,8	100
Ingénieurs	4,4	4,7	88,9	2	100	1,5	12,8	83,3	2,3	100
Cadres du public	5,5	5,5	88,4	0,6	100	3,2	7,9	85,5	3,4	100
Professeurs	6,8	11,4	78,3	3,5	100	4,1	10,8	83,2	1,9	100
Prof. libérales	7,7	15,8	76	0,5	100	4	9,8	84,2	2	100
Prof. artistiques	2,3	10,2	87,5	-	100	7,6	17,9	74,5	-	100
Retraités cadres	16,6	34,6	47,4	1,4	100	5	43,1	50,6	1,3	100
Autres	28,6	37	31,2	3,2	100	21,9	34,1	42,6	1,4	100
Ensemble	14,1	18,7	64,4	2,8	100	10,8	23,6	62,5	3,1	100

entre le campagnard et le citadin) et selon les caractéristiques même de ce logement (confort, etc.) qui, lorsqu'elles se combinent, déterminent des écarts énormes dans les *modes de vie* associés à l'habitat ou imposés par lui. Les différences concernent d'abord les coûts réels, non seulement en argent, à travers le crédit, mais aussi *en temps*: en temps de travail pour aménager la maison, dans le cas par exemple des contremaîtres qui consacrent leurs soirées et leurs dimanches au « bricolage », en temps d'attente pour devenir propriétaire ou pour être « vraiment installé », enfin et surtout en *temps de trajet* pour se rendre au travail.

Dans la région parisienne, l'accession à la propriété du logement s'est souvent accompagnée d'un déplacement vers la grande banlieue. C'est ainsi que, dans la génération des personnes nées entre 1926 et 1935 et habitant la région parisienne, 25 % habitaient Paris avant d'accéder à la propriété contre 14 % seulement après l'acquisition de leur logement. Parmi ceux qui ont quitté Paris, près des deux tiers (63 %) regrettent le quartier où ils étaient et auraient préféré y rester[34]. C'est l'éloignement du centre ville (plus que l'éloignement du lieu de travail) que déplorent de plus en plus les propriétaires de maisons. Entre 1978 et 1984, la proportion de propriétaires de maisons individuelles qui se plaignent d'être loin du centre ville a plus que doublé, passant de 10 à 20 % des accédants et de 11 à 24 % des autres propriétaires, alors qu'elle restait relativement stable pour les propriétaires d'appartements (de 9 à 10 % pour les accédants, de 7 à 10 % pour les autres propriétaires)[35].

Si les dépenses en transport sont particulièrement élevées pour les propriétaires des fractions salariées des classes moyennes et supérieures, les coûts en temps de travail pour achever la maison ou pour subvenir à son entretien par des travaux divers sont particulièrement forts pour les ouvriers[36]. Les formes d'énergie consommées dans les couches populaires en maison individuelle sont moins chères qu'en appartement, parce qu'elles « incorporent du travail domestique ». Par contre, pour les autres classes sociales, la dépense d'énergie

34. Cf. C. Bonvalet, op. cit., p. 131.
35. Cf. M. Eenschooten, « Le logement de 1978 à 1984. Toujours plus grand et toujours mieux », *Économie et statistique*, 206, janvier 1988, p. 33-43.
36. N. Tabard, *Consommation et inscription spatiale. Synthèses et perspectives*, Paris, Credoc, 1984.

domestique varie du simple au double entre appartement et maison individuelle, et davantage encore dans les catégories aisées[37].

Les différences portent aussi sur les *profits* d'usage et de commercialisation éventuelle. Les maisons possédées sont évidemment de valeur très inégale, du fait de leur qualité technique ou esthétique et surtout de leur localisation : elles sont très inégalement spacieuses et confortables ; elles sont très différemment aménagées et situées à des distances très inégales *par rapport aux équipements publics ou privés*, scolaires, culturels, commerciaux, etc., et par rapport au lieu de travail. Ainsi, les ouvriers agricoles, les ouvriers non qualifiés de l'industrie et de l'artisanat sont propriétaires des maisons les plus petites, les chefs d'entreprise et les membres des professions libérales possèdent les maisons les plus spacieuses. En 1984, 73 % des membres des professions libérales, 71,5 % des chefs d'entreprise propriétaires occupaient une maison le plus de 120 m^2, contre 14 % des ouvriers non qualifiés, 16 % des ouvriers agricoles, 17,5 % des contremaîtres propriétaires. Les différences séparant les différentes catégories sociales sont du même ordre si l'on considère le nombre de pièces. En 1975, la proportion de logements inconfortables parmi ceux qu'occupaient les ouvriers propriétaires était 8,6 fois plus élevée que pour les membres des professions libérales et cadres supérieurs de même statut d'occupation[38].

Ainsi, cette analyse des données statistiques permet, en dépit des limites inhérentes à leur mode de recollection, de dessiner une première esquisse du système des facteurs explicatifs qui, avec des poids différents (que seule pourrait préciser une analyse de régression des données pertinentes recueillies par une enquête spéciale à propos d'une même population représentative), orientent les choix que les agents économiques peuvent opérer dans les limites qu'assignent à leurs dispositions d'une part l'état de l'offre d'habitations (lié au fonctionnement du champ de production) et d'autre part les moyens économiques dont ils dispo-

37. Cet ensemble d'effets collatéraux négatifs du changement de logement explique le fait, en apparence paradoxal, que l'accès à la propriété d'un appartement moderne soit vécu souvent, et très logiquement, comme une régression, malgré tous les efforts déployés pour *se contenter* (ce décalage paradoxal entre l'expérience des agents et l'amélioration apparente, liée au passage du bidonville au HLM, de leurs conditions de logement m'était apparu en toute clarté dans l'enquête que j'avais menée en Algérie dans les années 1960 – cf. P. Bourdieu, *Algérie 60*, *op. cit.*, p. 83-114).

38. Cf. C. Topalov, *op. cit.*, p. 315.

sent et qui, au même titre que l'état de l'offre, dépendent eux-mêmes très étroitement de la « politique du logement ».

La logique spécifique du champ de production [39]

Pour comprendre la logique du marché des maisons individuelles, il faut poser deux principes méthodologiques de construction de l'objet qui sont en même temps des hypothèses sur la nature même de la réalité étudiée. Premièrement, les relations objectives qui s'instaurent entre les différents constructeurs placés en concurrence pour la conquête de parts de ce marché constituent un champ de forces dont la structure à un moment donné est au principe des luttes visant à le conserver ou le transformer. Deuxièmement, les lois générales de fonctionnement qui valent pour tous les champs, et, plus spécialement, pour tous les champs de production économique, se spécifient selon les propriétés caractéristiques du produit.

Mieux que les notions de « secteur » ou de « branche » d'industrie qui désignent communément des *agrégats* d'entreprises produisant le même produit et que l'on assimile parfois à un agent unique orienté vers une fonction commune sans s'interroger ni sur l'homogénéité des ensembles considérés ni, omission plus grave, sur les relations entre leurs composantes, la notion de champ permet de prendre en compte les différences entre les entreprises (dont l'ampleur varie sans doute très fortement selon les « branches ») et aussi les relations objectives de complémentarité dans la rivalité qui les unissent et les opposent à la fois ; donc de comprendre la logique de la concurrence dont le champ est le lieu et de déterminer les propriétés différentielles qui, fonctionnant comme *atouts spécifiques*, définis dans leur existence et leur efficacité mêmes en relation avec le champ, déterminent la position que chaque entreprise occupe dans l'espace du champ, c'est-à-dire dans la structure de la distribution de ces atouts.

Parmi les propriétés spécifiques qui font de la maison un produit tout à fait singulier, c'est sans doute la très forte charge

39. L'enquête sur laquelle repose cet ouvrage ayant été menée à la fin des années 1980, les données recueillies portent sur une période antérieure aux années 1990. Le choix de se centrer sur cette période se justifie par l'ampleur et l'importance des transformations structurales qui la caractérisent et par le fait qu'une économie par essence historique ne peut raisonner en dehors d'un cadre spatio-temporel défini.

symbolique dont elle est investie et sa relation déterminante à l'espace qui expliquent les caractéristiques particulières du champ de production, et en particulier la prédominance écrasante des entreprises « nationales » (malgré la présence d'un tout petit nombre d'entreprises internationales) et la persistance de petites entreprises artisanales aux côtés de grandes entreprises de production industrielle. Du fait de la dimension symbolique du produit, la production de maisons se situe à mi-chemin entre deux formes opposées d'activité productive : d'un côté, la production d'œuvres d'art, où la part de l'activité de production consacrée à la fabrication du produit matériel est relativement faible et impartie à l'artiste lui-même tandis que la part objectivement consacrée à la promotion-création symbolique de l'œuvre (par les critiques, les marchands, etc.) est beaucoup plus importante ; de l'autre, la production de biens matériels tels que le pétrole, le charbon ou l'acier, où l'appareil de fabrication prend une place prépondérante tandis que la part de l'investissement symbolique reste très faible. On a évidemment affaire à un continuum ; et l'on pourrait marquer toute une série de positions intermédiaires telles que, par exemple, du côté de la production d'œuvres d'art, la haute couture, activité semi-artistique qui connaît déjà une division du travail de fabrication et des stratégies de promotion et de vente assez proches de celles qui ont cours dans le domaine de la production d'habitations, ou, du côté de l'industrie lourde, la production d'automobiles, où l'activité de production symbolique du produit, avec le design, la création de marques, de modèles, etc., tient une place plus importante.

La maison est aussi un produit *doublement lié à l'espace* et à un lieu de l'espace : conçue comme un bien immeuble, immobile, c'est une demeure qui, dans sa définition dominante, est et doit être construite sur place (et non « préfabriquée ») ; d'autre part, elle est prise dans la logique des traditions locales, à travers les normes architecturales et techniques imposées par les règlements administratifs et surtout par les goûts des acheteurs éventuels pour les styles régionaux. Tout cela fait que des *micro-marchés à base locale,* partiellement arrachés à la concurrence générale, peuvent se perpétuer, notamment parce que, au moins dans les régions rurales, encore très fortement attachées à la représentation traditionnelle de la maison, et sans doute bien au-delà, la préférence est donnée aux artisans locaux, l'achat d'une maison industrielle ne pouvant apparaître, on l'a vu, que comme un effet de l'indigence ou comme une excentricité incompréhensible.

Les caractéristiques particulières du produit et des dispositions qui contribuent à le façonner, dans sa réalité même, en imposant la définition dominante de ce qu'il doit être, font que l'on peut trouver côte à côte, sur ce marché divisé en secteurs à base géographique, un petit nombre de très grandes sociétés industrielles ou semi-industrielles vendant sur catalogue des maisons qui ne représentaient malgré tout que 10 % du marché de la maison individuelle en 1981, quelques grands promoteurs réalisant des « villages » (en même temps que des bureaux, des centres commerciaux et des immeubles d'habitation), un grand nombre d'entreprises moyennes construisant entre une vingtaine et plusieurs centaines de maisons par an dans une ou parfois plusieurs régions, et une multitude de PME (une par canton en moyenne) construisant quelques maisons par an et parfois de petits lotissements[40].

Selon une autre source, l'enquête réalisée en 1983 par l'UCB (Union de crédit pour le bâtiment de la Compagnie bancaire) sur les constructeurs de maisons, les entreprises produisant au moins vingt maisons par an en 1982 construisaient 38 % des maisons tandis que des sociétés de promotion immobilière (privée et publique) bâtissaient 26 % des maisons (sous forme d'habitat groupé) en même temps que d'autres édifices (bureaux, centres commerciaux, etc.). Le reste des constructions, soit 36 %, était produit par de petites entreprises du bâtiment et de petits artisans locaux réalisant quelques mai-

40. « Maison individuelle : promoteurs et constructeurs résistent bien », *Le Moniteur des travaux publics et du bâtiment*, 9, 2 mars 1984, p. 37. Il en résulte que le « secteur » se caractérise par l'emploi d'une main-d'œuvre nombreuse, les frais de personnel dans les entreprises du bâtiment et du génie civil de plus de 50 salariés représentant 38 % du chiffre d'affaires hors taxe en 1981 et 90 % de la valeur ajoutée (cf. J.-J. Granelle et M. Pelège, *Construction, croissance et crise. Réflexions pour une relance*, Paris, Éditions du Moniteur, 1985). Cela dit, les progrès de l'industrialisation totale ou partielle (au niveau des composants utilisés) font que le coût de la fabrication proprement dite tient de moins en moins de place dans la construction des immeubles (surtout des immeubles ou résidences de grand standing), tandis que la part des frais annexes, prix du terrain, honoraires du notaire, et surtout coûts de commercialisation et frais financiers s'accroît (cf. P. Madelin, *Dossier I comme immobilier*, Paris, A. Moreau, 1974, p. 265-268 ; et aussi *Le Moniteur des travaux publics et du bâtiment*, supplément Magazine 17, 28 avril 1980 : « Le prix des terrains évolue constamment à la hausse. La charge foncière globale a augmenté de 20 % en 1978 à 30 % début 1980, du coût final de l'opération »).

sons par an, par des particuliers faisant construire par l'intermédiaire d'un architecte ou d'un bureau d'études ou construisant eux-mêmes (seuls ou organisés en mutuelle comme les castors) ou avec l'aide d'artisans – au noir ou non (l'auto-construction représente près de 10 % des maisons produites) [41].

Les constructeurs de maisons individuelles, entreprises du bâtiment, bureaux d'études et constructeurs spécialisés, souvent désignés par le terme de constructeurs de maisons sur catalogue, se différencient aussi très fortement selon l'aire géographique de leur marché : 69 % d'entre eux sont cantonnés dans un ou deux départements, 28 % opèrent dans une dizaine de départements (deux ou trois régions de l'INSEE), 4 % dans 4 à 9 régions et 1 % seulement sur l'ensemble du territoire national. 45 % des constructeurs ont une autre activité (travaux d'aménagement et de restauration, promotion d'immeubles, réalisation de lotissements) en dehors de la construction. En conséquence, il n'est pas facile de trouver ce qu'ont en commun un grand promoteur parisien, lié aux groupes bancaires, un franchiseur qui envoie chaque jour ses techniciens assister de petits artisans locaux, un grand constructeur dont les équipes de vente établissent des plans de financement tandis qu'il sous-traite la production, la filiale d'un grand groupe du bâtiment qui produit du gros œuvre en série, l'entreprise familiale à base régionale qui prend en charge tous les aspects des maisons qu'elle produit ou la petite entreprise locale qui, parmi d'autres activités, construit quelques maisons.

Ainsi, il est sans doute peu de « secteurs » de la production économique où les différences entre les entreprises soient aussi marquées : pour la taille d'abord, qui varie depuis les grandes unités de production jetant annuellement sur le marché des milliers de maisons (plus de 4 000 en moyenne en 1984 pour les quatre premières) jusqu'aux petits artisans dont la production annuelle se compte par unités (au début des années 1980, 93 % des entreprises occupaient moins de 10 salariés et moins de 100 entreprises employaient 1 000 salariés ou plus) ; pour le mode de financement, depuis les grands constructeurs plus ou moins complètement soumis à des banques jusqu'aux artisans propriétaires de

41. *UCB, Regards sur une profession : les constructeurs de maisons individuelles*, Paris, UCB, 1983. La réalité est beaucoup plus complexe que ne le laisse croire cette classification. Où classer par exemple les associations d'architectes tels que les Architectes-bâtisseurs ?

leur entreprise ; pour le mode de fabrication et les stratégies de commercialisation, etc. Pourtant, ces producteurs totalement incomparables en apparence sont engagés dans le même champ et entrent dans une concurrence moins inégale qu'on ne pourrait le croire (notamment parce qu'elle est circonscrite par les effets de la distance géographique, qui favorise le fonctionnement des marchés locaux, et aussi par la différenciation de la demande).

La structure du champ des constructeurs

Faute de pouvoir réunir toutes les données nécessaires sur l'ensemble des producteurs de maisons, on a, dans un premier temps, limité l'analyse aux sociétés constructrices de maisons individuelles et aux promoteurs les plus importants pour leur chiffre d'affaires[42]. Cela en s'appuyant sur le palmarès établi par *Le Moniteur des travaux publics et du bâtiment* du 18 octobre 1985 qui présente les 400 premières entreprises de l'ensemble de la construction et du cadre de vie (parmi lesquelles une quarantaine seulement sont des sociétés de construction et de promotion) classées selon leur chiffre d'affaires et sur les annuaires de l'UNCMI (Union nationale des constructeurs de maisons individuelles) et de la FNPC (Fédération nationale de la promotion et de la construction). On a en outre introduit dans l'analyse, à titre d'exemples-témoins, et pour les besoins de la comparaison, 5 entreprises plus petites.

Outre les 4 grands groupes, Phénix, Maison Bouygues, Bruno-Petit, Groupe Maison Familiale (GMF) et leurs filiales, Maison Évolutive, Alskanor, Bâti-Volume pour Phénix, France Construction, STIM SA et Bâtir pour Maison Bouygues, Pavillon moderne de Sologne, SIF et Cie pour Bruno-Petit, on a retenu les constructeurs et promoteurs suivants : Cogedim, Seeri, Sinvim et Cie, Promogim SA, Férinel, Meunier-Promotion, Kaufman and Broad, Saci, Laguarrigue-Le Clair Logis, Bâti-Service Promotion, Lemoux Bernard, Ast Construction, Sonkad, Établissements Émile Houot, Kiteco, Maisons Mondial Pratic, EPIB-SA, Prisme, Entreprise Vercelletto, Iéna Industrie, Bâti Conseil, Socarel, GTM-MI, GTM et Cie, Breguet.

42. Bien que la maison individuelle ait fait l'objet de nombreuses publications, il n'existe aucune étude sur l'ensemble des constructeurs (si l'on excepte quelques données confidentielles comme le Baromètre UCB).

Les cinq petits constructeurs retenus sont : Nord France Habitation, Sergeco, Maison Occitane, AMI, OMI-France. (Des entretiens ont été réalisés auprès de responsables et de vendeurs des sociétés suivantes : Phénix, Maison Bouygues, Nord France Habitation, Sergeco, Kaufman and Broad, Bruno-Petit.)

On a cherché à rassembler le maximum d'informations objectives concernant ces entreprises auprès des deux syndicats qui les regroupent (l'UNCMI et la FNPC), auprès des entreprises elles-mêmes et dans la presse spécialisée (avec en particulier les enquêtes réalisées par l'équipe Performances et stratégies du *Moniteur des travaux publics et du bâtiment*). La société Ribourel n'a pu être retenue dans l'analyse, les informations à son propos étant trop incomplètes. D'autre part, à côté des 26 sociétés de construction ou de promotion incluses dans l'analyse à titre d'éléments actifs, on a dû traiter en éléments supplémentaires 18 sociétés pour lesquelles les renseignements disponibles étaient trop pauvres.

Pour chacune de ces 44 sociétés, on a retenu les informations concernant l'ancienneté (date de création) ; le statut juridique (société anonyme, société à responsabilité limitée, société de franchise) et l'organisation de l'entreprise (secteur principal d'activité – promotion ou villages groupés, construction de maisons à l'unité –, existence de filiales, nombre de marques représentées – à ne pas confondre avec le nombre de modèles, une société pouvant avoir une seule marque, cas le plus fréquent, ou plusieurs) ; le lieu du siège social (Paris, région parisienne, province) et l'extension du réseau d'implantation et de vente (sur la France entière, sur une ou plusieurs régions, etc.) ; le volume global du personnel employé ; l'importance et la qualité de l'activité économique (capital ; chiffre d'affaires ; résultat net comptable obtenu en 1984 ; nombre de maisons mises en chantier – à défaut du nombre de maisons livrées, plus sûr, mais non communiqué – ; part représentée par les exportations dans le chiffre d'affaires) ; le mode de contrôle de la société (contrôle exercé par la famille, par les banques, par les grandes entreprises du bâtiment), et la diversification de ce contrôle[43]. Toutes les informations ont été collectées pour l'année de référence 1984. On s'est efforcé de recueillir des données permettant de mesurer le dynamisme relatif des différentes sociétés : évolution du nombre de maisons mises en chantier comme l'évolution du chiffre d'affaires entre 1983 et 1984 ou, mais au titre d'éléments supplémen-

43. Le contrôle par des sociétés étrangères n'a pas été pris en compte à ce stade de la recherche.

taires, l'évolution du chiffre d'affaires entre 1979 et 1984 et l'évolution du nombre de maisons mises en chantier entre 1983 et 1984, ainsi que le nombre de filiales et la part revenant à l'exportation dans le chiffre d'affaires des sociétés (activité de façon générale peu importante), autant d'informations qui faisaient défaut pour un nombre relativement important de sociétés.

Il n'a pas été possible d'obtenir un certain nombre d'informations nécessaires en toute rigueur à la construction d'un modèle du champ, notamment sur la structure du personnel employé et sur le recrutement des membres de l'équipe dirigeante et du conseil d'administration, le type de produit et le mode de fabrication, la part des investissements consacrés à la recherche, dans le secteur commercial, dans la production.

On a rencontré ici toutes les questions bien connues des spécialistes des entreprises sur la définition et les limites de la firme, sur le traitement des filiales : fallait-il par exemple inclure les filiales nées d'un souci de diversification commerciale ou des firmes qui, comme France-Terre pour Bruno-Petit (il en est le PDG), ou France-Lot pour GMF, permettent aux entreprises de construction de tourner la loi qui interdit aux constructeurs de vendre le terrain en même temps que la maison (cela sans avoir de lien juridique avec le holding) ? Comment traiter les franchiseurs (au nombre de trois dans l'échantillon : Lemoux Bernard, Sonkad, Kiteco) qui exploitent une marque en s'appuyant sur de petites entreprises locales auxquelles ils fournissent une assistance technique ? Chacun des indicateurs recueillis pose des problèmes qui découlent souvent de la difficulté de déterminer l'identité de la firme : par exemple, la date de création pose la question des fusions et des absorptions (avec passage de la marque d'une unité à une autre). Plus généralement, on s'est heurté au problème de la comparabilité des données : par exemple, certains constructeurs considèrent le nombre de maisons vendues, d'autres le nombre de maisons livrées ou construites. Autrement dit, les données rassemblées au terme d'un énorme travail de dépouillement des annuaires syndicaux, des bilans d'activité, des palmarès de la presse, complété par l'interrogation directe des entreprises elles-mêmes, de journalistes, de services administratifs, etc., sont très incomplètes et la disproportion est immense entre les résultats obtenus par l'analyse et le travail investi [44].

44. Cette première analyse, menée successivement sur les 44 sociétés de construction ou de promotion, et sur les 30 sociétés de construction, n'ayant donné que des résultats très décevants, et, en un sens, trop prévisibles, elle ne

L'opposition majeure selon la taille des entreprises, mesurée à différents indicateurs grossièrement corrélés, le chiffre d'affaires, le capital, le nombre de maisons mises en chantier, le volume du personnel employé, qui correspondait, *grosso modo*, à une opposition selon l'aire d'activité (nationale, régionale ou locale) et la localisation (parisienne ou provinciale), masquait une opposition secondaire, orthogonale à la précédente, qu'un second ensemble d'analyses fondées sur les données tirées de l'enquête menée par l'INSEE en 1987 sur la structure du personnel employé par les différentes entreprises de construction, permet de mettre au jour. La structure de l'emploi, et en particulier la part respective des ouvriers et des artisans, des techniciens et des ingénieurs, ou des employés et des cadres, est un indicateur assez sûr des orientations de l'entreprise, et du primat accordé à la production ou à la commercialisation du produit.

Plutôt que de cumuler des indicateurs plus ou moins disparates (comme dans l'analyse précédente), on a pris le parti de refaire l'analyse à propos du même échantillon de constructeurs (décrit ci-dessus) mais en se limitant aux informations sur le volume global du personnel employé et sur sa distribution selon les positions dans la division du travail et dans l'espace géographique qui sont collectées dans l'enquête sur la structure des emplois réalisée chaque année par le Service des études et de la statistique du ministère des Affaires sociales et de l'Emploi et gérée par l'INSEE. Ces données étant couvertes par le secret statistique, on n'a pu y avoir accès qu'après avoir constitué un dossier de demande et comparu devant le Comité du secret statistique et après avoir redécouvert ou reconstitué (au prix d'une recherche souvent très difficile) le numéro d'accès au fichier pour chacune des entreprises retenues. Pour respecter l'engagement que nous avons pris de ne publier aucune donnée concernant telle ou telle entreprise nommément désignée, nous avons remplacé le nom des entreprises dans le diagramme par le numéro d'ordre qui leur était attribué dans les tableaux statistiques, mais nous avons rappelé dans le commentaire les autres propriétés des entreprises distribuées selon les facteurs fondamentaux pris en compte par l'analyse.

---

sera pas reproduite ici. Elle est présentée en détail dans *Éléments d'une analyse du marché de la maison individuelle*, Paris, Centre de sociologie européenne, 1987, p. 53-60.

Le champ des constructeurs de maisons individuelles

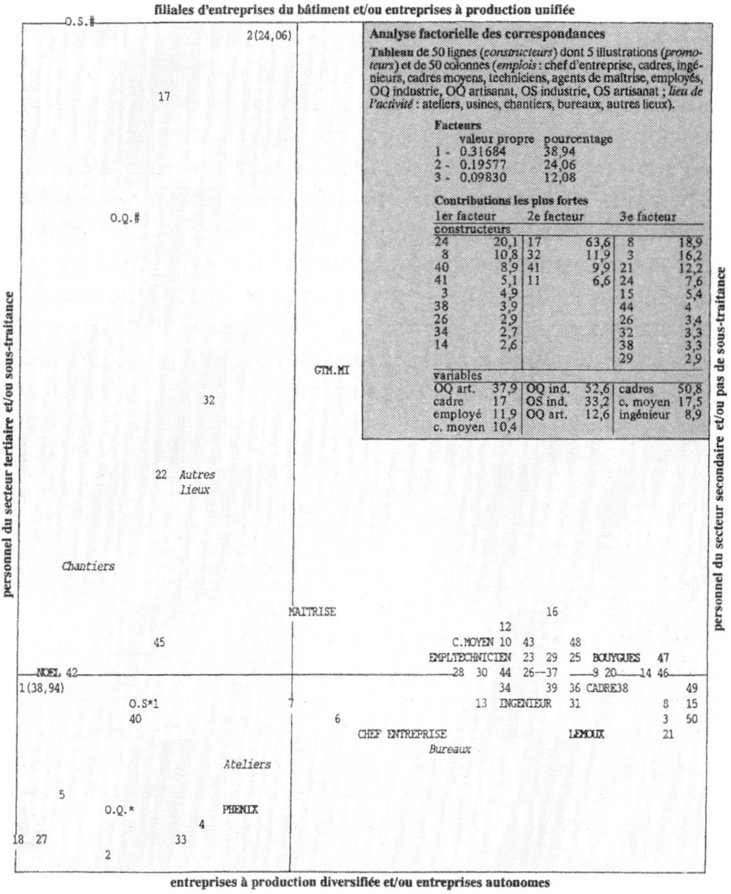

Analyse factorielle des correspondances

Tableau de 50 lignes (*constructeurs*) dont 5 illustrations (*promoteurs*) et de 50 colonnes (*emplois* : chef d'entreprise, cadres, ingénieurs, cadres moyens, techniciens, agents de maîtrise, employés, OQ industrie, OQ artisanat, OS industrie, OS artisanat ; *lieu de l'activité* : ateliers, usines, chantiers, bureaux, autres lieux).

Facteurs

	valeur propre	pourcentage
1 -	0.31684	38,94
2 -	0.19577	24,06
3 -	0.09830	12,08

Contributions les plus fortes

1er facteur		2e facteur		3e facteur	
constructeurs					
24	20,1	17	63,6	8	18,9
8	10,8	32	11,9	3	16,2
40	8,9	41	9,9	21	12,2
41	5,1	11	6,6	24	7,6
3	4,9			15	5,4
38	3,9			44	4
26	2,9			26	3,4
34	2,7			32	3,3
14	2,6			38	3,3
				29	2,9
variables					
OQ art.	37,9	OQ ind.	52,6	cadres	50,8
cadre	17	OS ind.	33,2	c. moyen	17,5
employé	11,9	OQ art.	12,6	ingénieur	8,9
c. moyen	10,4				

L'opposition principale s'établit entre des grandes sociétés nationales de promotion ou de construction de maisons individuelles, toutes liées à des groupes bancaires, ou des franchiseurs donnant la priorité à la conception et à la diffusion, et des entreprises petites et moyennes à implantation régionale ou locale, à capital familial (donc peu liées au marché financier), construisant des maisons industrialisées ou à ossature bois ou métal et réunissant tous les corps de métier. D'un côté *(à droite sur le diagramme)*, on a des entreprises qui – comme le manifeste la structure des emplois, où les ouvriers et les artisans sont pratiquement absents, et les ingénieurs ou les techniciens très faiblement représentés, à l'inverse des cadres et des employés – ont un secteur financier et des départements études ou recherches et publicité très importants – ce sont avant tout des entreprises commerciales et financières sous-traitant la fabrication. Les constructeurs situés à ce pôle de l'espace, quoique très hétérogènes à première apparence, tant du point de vue de la structure du capital et du statut juridique (filiales de grands groupes financiers ou du bâtiment et des travaux publics, grandes entreprises familiales) que pour le nombre de mises en chantier, qui va de 30 pour Gestion immobilière à plus de 4 000 pour GMF et Maison Bouygues, ont en commun une structure de l'emploi qui privilégie les employés, les cadres (moyens ou supérieurs) et les ingénieurs (au détriment des ouvriers et des artisans) et qui s'explique par le recours massif à la sous-traitance, lui-même fondé sur le retour à une fabrication dite traditionnelle, associée à une fonction commerciale extrêmement développée. Elles ont en commun d'avoir leur siège social dans la région parisienne (à l'exception de Férinel dont le siège est à Roubaix mais qui a une filiale dans la région parisienne), d'avoir été créées entre 1965 et 1975 – à l'exception de la SACI (1951) – et d'être liées par leur capital (qui se situe dans la moyenne des entreprises de l'échantillon) à des groupes bancaires, des compagnies d'assurances, de grandes entreprises du bâtiment (américaines, dans le cas de Kaufman and Broad).

L'exemple le plus significatif est celui de Bruno-Petit Construire : peu de temps avant l'enquête, Bruno-Petit a abandonné son mode de fabrication industrialisé, fondé sur l'utilisation de panneaux préfabriqués de béton alvéolé, pour revenir aux parpaings (cela tout en conservant dans la filiale exploitant Maison Bruno-Petit une partie du personnel maison très qualifié qu'exigeait le procédé ancien, ce qui lui a permis de réduire le temps d'intervention entre les différentes séquences du gros œuvre) ; parallèlement, il a développé son service commercial et multiplié les petites filiales régionales. D'une façon plus générale, le resserrement du marché au début des années 1980 et l'intensification de la concurrence des petits artisans ont incité les producteurs à renforcer leur force de vente (au détriment de la recherche de l'innovation technique) et à essayer de se rapprocher géographiquement de la clientèle.

Des caractéristiques tout à fait semblables se retrouvent chez les franchiseurs qui ont un nombre d'employés très réduit (de 10 à 15 dans les trois entreprises de notre échantillon), tous cadres ou techniciens. Détenant un capital qui, rapporté au volume de la production, est extrêmement réduit (et détenu en majorité par le propriétaire), ces entreprises commerciales « offrent d'abord un financement » et leurs produits sont tout à fait traditionnels.

Toutes les sociétés situées au pôle opposé *(à la gauche du diagramme)* ont une implantation régionale plus ou moins large et leur siège est souvent en province (Metz pour Ast, Mamers pour Vercelletto, Alençon pour Laguarrigue, Gérardmer pour Houot). Il s'agit de PME indépendantes et souvent anciennes (Vercelletto, 1903; Houot, 1927; Laguarrigue et André Beau, 1957) qui sont dépourvues de tout lien avec des groupes financiers ou de grosses entreprises du bâtiment. Fondées sur un capital familial, elles portent souvent le patronyme de leur PDG. Elles ont en commun de refuser tout recours à la sous-traitance pour le gros œuvre et d'employer des procédés de construction industrialisés (panneaux préfabriqués, dalles de béton, ossatures bois ou métalliques, etc.), qui, pour certains, sont de leur invention et qui exigent une main-d'œuvre spécialisée (des « ouvriers maison ») à effectifs stables (ce qui exclut la sous-traitance et le recrutement à mesure des besoins). Si l'on ajoute qu'elles sont très dépendantes d'entreprises fournissant les éléments de construction, on voit que ces entreprises à organisation très rigide, dont Phénix est une figure typique, ne sont guère préparées à offrir des produits « personnalisés » et moins encore à s'ajuster aux aléas du marché. Pourtant, c'est de leur côté que se situe l'*innovation technique* et même esthétique.

Ainsi, Houot, SA à capital familial fondée en 1927, est une vieille entreprise très intégrée de menuiserie industrielle qui se met, en 1957, à construire des maisons à ossature bois avec un procédé de construction spécifique. Vercelletto, SA à capital familial fondée en 1903, est une entreprise ancienne de maçonnerie qui exploite la marque Ouest-Construction avec un procédé de fabrication à base de béton armé banché qui nécessite l'emploi d'une main-d'œuvre très qualifiée pour le montage du gros œuvre. Socarel, SA fondée en 1967, exploite un système à procédé, une maçonnerie de blocs de ciment et compte une forte proportion d'ouvriers maison dans son personnel. Phénix elle-même, SA fondée en 1945, la plus ancienne des entreprises à ne faire que de la maison individuelle et aussi la plus industrialisée (avec ses filiales), emploie un système industrialisé d'ossature métallique et dalles de béton qui ne peuvent être montées sur le chantier que par des « ouvriers maison » – ce qui exclut tout recours à la sous-traitance.

Le deuxième facteur distingue deux catégories d'entreprises que le premier facteur confond : d'un côté *(en haut sur le diagramme)* des filiales de grands groupes à vocation exclusivement régionale, c'est-à-dire des sous-traitants intégrés (par opposition aux sous-traitants extérieurs de Maison Bouygues par exemple) entièrement spécialisés dans la construction de maisons individuelles, de l'autre *(en bas sur le diagramme)* des petites entreprises locales intégrées, de type familial, à la production plus diversifiée. Tandis que les premières comportent une forte proportion d'ouvriers d'industrie ou d'artisans (selon le procédé de fabrication), chargés de fabriquer ou de construire le gros œuvre, et une faible proportion d'employés, les fonctions commerciales étant assurées par les maisons mères, les secondes sont des PME intégrées, qui assurent elles-mêmes toutes les phases de la production, depuis le gros œuvre jusqu'au service après-vente.

L'analyse des *structures de l'emploi* des différentes entreprises, véritable révélateur des choix économiques les plus fondamentaux, permet ainsi de distinguer trois grandes classes d'entreprises de production de maisons qui, étant dotées d'atouts très inégaux, sont vouées à des avenirs très différents dans la concurrence qui les oppose. D'abord, les entreprises *(situées en bas et à droite dans le diagramme)* qui, grâce à toute une série d'innovations organisationnelles, dominent le marché de la maison individuelle : au prix du tour de force consistant à produire sans maçons propres des « maisons de maçons », elles parviennent à fabriquer industriellement des produits d'apparence traditionnelle ; en outre, grâce à un gros investissement dans le commercial et, tout spécialement, dans la publicité, elles savent donner à la fabrication industrielle de produits de série les dehors de l'artisanat traditionnel et exploiter le mythe de la maison comme demeure en se servant de caractéristiques réelles du mode de fabrication traditionnel, mais détournées de leur sens originel. (Ce système fondé sur l'encadrement moderne d'une production traditionnelle évoque le mode de production fondé sur l'encadrement par les entreprises agro-alimentaires – laiteries ou fromageries notamment – de tout petits paysans ainsi assujettis à la discipline « industrielle » et convertis en sous-traitants de fait.)

Typique de la catégorie, l'entreprise Maison Bouygues est créée le 5 février 1979 ; elle connaît un développement extrêmement rapide puisque, en dix ans, elle prend la première place sur le marché de la maison individuelle : de 3 maisons livrées et 31 millions de chiffre d'affaires en 1979, à 3 500 et 1 milliard 200 millions en 1987. Une stratégie publicitaire relativement simple mais très cohérente, conçue par l'agence Synergie, soutient pendant toute cette période une réussite commerciale exceptionnelle. Pendant les premières années d'existence de Maison Bouygues, la publicité insiste sur la notoriété et l'image de marque qu'il faut imposer. Ainsi, la toute première annonce, réalisée en février 1979, impose le logo, la couleur rouge franc et le slogan « maison de maçons ». On voit déjà se profiler à gauche du logo une silhouette (au trait, en noir et blanc), celle du maçon, debout, dans une pose familière, un pied posé sur deux parpaings empilés *(photo 1, p. 72)*. Cette annonce met également l'accent sur la spécificité d'un produit « traditionnel » – par opposition aux maisons « industrielles » des principaux concurrents, Phénix notamment – et affiche clairement son « positionnement » sur le marché comme producteur « moyen-bas de gamme ». Dans les années 1980-1981, le personnage du maçon prend de plus en plus d'importance : il s'agit désormais d'un véritable « gaston » et non plus d'une silhouette ; il se colore et grandit jusqu'à atteindre la hauteur du logo ; le personnage est sympathique et inspire confiance. Le slogan « maison de maçons » s'impose et englobe tous les autres messages *(photo 2, p. 72)*. La formule définitive est trouvée : logo rouge, slogan, maçon, texte blanc sur fond bleu roi qui deviendront les modes de reconnaissance permanents de la marque. L'ouverture d'une septième filiale en 1980 justifie la parution d'annonces dans la presse magazine *(Télé 7 jours, Match, Parents, Maison individuelle)*. Depuis lors, à chaque stade de la vie de l'entreprise correspond une « stratégie média » adaptée : en 1981, création d'une neuvième filiale (Maison Bouygues couvre plus de 75 % du territoire) et campagnes radio ; en 1982, le milliard de chiffre d'affaires est atteint, la treizième filiale ouverte et Maison Bouygues s'ouvre à l'affichage national. En 1983, un nouveau thème, « les jeunes mariés », s'adresse aux jeunes ménages, part importante de la clientèle *(photo 3, p. 73)*. Le maçon est remplacé (dans la même pose) par le jeune marié, le slogan

UNE MARQUE QUI S'IMPOSE

1

2

Une maison
de maçons.
Oui, vous pouvez.
MAISON
BOUYGUES
RN 372. Dammarie-les-Lys.

3

SPÉCIAL
RENTRÉE
PUB TV :
COUP D'ENVOI
LE 10
SEPTEMBRE !
MAISON
BOUYGUES

5

Découvrez les nouvelles
maisons "Imagination".
MAISON
BOUYGUES
Une maison de maçons 100% avantageuse.

4

demeure mais l'accent est mis sur l'accessibilité. En 1984, la marque est bien implantée et l'entreprise se situe au deuxième rang sur le marché de la maison individuelle. Après avoir consacré cinq ans au développement de sa notoriété et de son image de marque, Maison Bouygues lance une nouvelle gamme : la maison Grand-Volume. La stratégie publicitaire change : il faut faire rêver le consommateur avec le « séjour cathédrale » et la mezzanine. Sur la lancée de Grand-Volume, 1985 est l'année « Imagination » (du nom d'un des modèles proposés à la clientèle). Cette campagne est fondée sur l'exploitation de photos d'intérieur mais l'affichage national présente toujours le maçon, en gros plan cette fois, de plus en plus grand, la truelle à la main droite et le pouce de la main gauche levé *(photo 4, p. 73).*

Avec l'ouverture de la télévision au secteur de la maison individuelle et le rachat de TF1 par Bouygues, l'activité du secteur marketing se concentre autour du petit écran. Dans le domaine de la publicité audiovisuelle et malgré des investissements inférieurs de moitié à ceux de Phénix, Maison Bouygues l'emporte en 1986 auprès des téléspectateurs avec un film, *L'Ami de la famille*, très orienté sur le produit (visite très détaillée d'une maison) et fortement identifié à la marque (« gaston » assis avec la famille dans la pose et le rôle d'un ami, logo, musique...) *(photo 5, p. 73).* Le rachat de TF1 coïncidera naturellement avec une forte présence publicitaire sur cette chaîne, la création d'un concours organisé par TF1 et *Télé-Star.* Cette forte implantation à la télévision s'est accrue avec le sponsoring accordé, à partir de 1986, à l'équipe de football de Bernard Tapie, l'OM, dont les matches sont diffusés dans les émissions spécialisées et les journaux télévisés : dessiné sur le maillot des joueurs marseillais, le logo orange est reconnaissable de loin et, en gros plan, la lisibilité est parfaite. Devenu le leader de la maison individuelle en France, Maison Bouygues confie en 1987 sa publicité à l'agence RSCG (Roux, Séguéla, Cayzac et Goudard).

Quant à la seconde classe, celle des entreprises intégrées et organisées autour de la mise en œuvre d'un procédé de fabrication industriel, qu'elles soient proches des précédentes par la taille et l'importance de leur activité, comme Phénix, la plus ancienne et la plus puissante de la catégorie, ou moins importantes, tant pour le nombre de maisons produites que pour le volume de leur capital ou de leur personnel, elles sont soumises aux contraintes techniques extrêmement rigides de la production intégrée, qui se retraduisent en contraintes sociales, au travers de la nécessité d'entretenir en permanence un personnel maison hautement spécialisé. Obligées d'aller en tout temps à contre-courant de la demande ordinaire de maisons-demeures, elles sont en quelque sorte prisonnières des conditions organisationnelles qui ont fait un moment leur avance sur le plan technologique. Étant les moins préparées à répondre à la nouvelle situation créée par la crise et le rétrécissement du marché, elles connaissent souvent des situations difficiles. Et si les plus grandes conservent les atouts liés aux économies d'échelle et à la diversification des aléas que leur assure leur taille, bon nombre d'entre elles, notamment parmi les plus petites, ont été réduites au statut de filiales de grands groupes.

Reste enfin l'ensemble des petites et moyennes entreprises familiales et intégrées produisant selon le mode traditionnel. Offrant un produit « fait main », par les artisans, maçons et menuisiers, les plus traditionnellement associés à l'idée d'« authenticité », dans des matériaux – pierre, bois, parpaing, ciment, etc. – représentatifs de l'idée de permanence et de stabilité, et selon des techniques de fabrication éprouvées, tout comme les « plans » qui, bien qu'ils soient imposés par les clients agissant en architectes spontanés, reproduisent presque toujours des modèles inconscients, elles ont pour elles toute la logique traditionnelle de la demande la plus traditionnelle. Mais on peut se demander si, dans un domaine où l'art de produire les apparences joue un rôle si important, les grandes entreprises qui sont tournées vers la production industrielle de l'apparence de la maison traditionnelle ne parviendront pas, en ce domaine comme ailleurs, à l'emporter sur ces petites entreprises qui produisent réellement du traditionnel plus ou moins adultéré (une part importante des éléments qu'elles utilisent sont des produits industriels) et qui ne pourront survivre qu'en acceptant de s'intégrer, au titre de sous-traitants ou de franchisés, dans de vastes entreprises capables de produire de manière industrielle l'image attendue de leurs produits « traditionnels ». Cela dit, les petites entreprises artisanales sont en un sens indispensables au fonctionnement de tout le système, auquel elles fournissent sa justification symbolique. A travers les « maisons bourgeoises » qu'elles exécutent souvent dans un style local qui est le produit d'une reconstitution historique plus ou moins approximative – manoirs, mas, demeures, etc. –, elles continuent à donner vie, et figure concrète, au modèle dominant de la maison traditionnelle que tant d'acheteurs portent dans leur inconscient comme une sorte d'idéal, et cela bien au-delà des limites de la clientèle capable de se l'offrir.

Les stratégies publicitaires

Le poids relatif qu'une entreprise accorde à la fonction commerciale est sans doute un des indicateurs les plus puissants et les plus significatifs de sa position dans le champ des constructeurs. Ceux-ci sont en effet placés devant l'alternative suivante : soit travailler à transformer les schèmes de perception ou d'appréciation socialement constitués (les goûts) que les acheteurs potentiels appliqueront à leur produit, à sa réalité physique d'objet livré à la perception, mais aussi aux matériaux dont il est fait et aux procédés de fabrication que sa configuration sensible livre ou trahit à l'inspection d'un client anxieux ou inquiet – notamment en désarmant les préjugés contre la maison industrielle et en rompant les associations ordinaires entre la maison et l'ancien, le traditionnel, pour leur substituer des associations nouvelles ou insolites, entre la maison et le moderne, l'avant-garde, la recherche technique, le confort, etc. ; soit, à l'inverse, s'efforcer de combler l'écart entre l'impression spontanément suscitée par le produit et l'apparence qu'il s'agit de lui faire produire. Les grandes entreprises industrielles n'ayant jamais choisi véritablement la voie de la subversion et du modernisme assumé et proclamé, elles se distinguent surtout par l'ampleur de l'action symbolique de transfiguration que leurs services commerciaux et en particulier les publicitaires, mais aussi les vendeurs, accomplissent en vue de combler le décalage éventuel entre le produit offert et perçu et le produit attendu, et de convaincre le client que le produit proposé est fait pour lui et qu'il est fait pour ce produit.

A mesure que croît la taille de l'entreprise, la bureaucratisation et la part du personnel commercial s'accroissent. Le personnel travaillant sur les chantiers, de majoritaire devient minoritaire, la part des administratifs croît légèrement et la part des commerciaux fortement (soit de 10,5 % à 12,5 %, 18 %, 21,5 % et 23,2 % lorsqu'on va des entreprises qui construisent de 20 à 50 maisons à celles qui en construisent de 50 à 100, de 100 à 250, de 250 à 1 000, et enfin aux plus grandes qui en construisent plus de 1 000). Plus la société grandit et plus la constitution d'un large réseau de vendeurs paraît s'imposer : le bouche à oreille ne peut suffire et il faut faire plus de place à la prospection et à la publicité. Cependant, le nombre de ventes réalisées par chaque vendeur diminue avec la taille, tandis que le nombre de commandes annulées s'accroît (en 1984, près de 40 % des commandes enregistrées par les vendeurs des plus grandes sociétés ont été résiliées ensuite par les clients contre un peu moins de 10 % dans les plus petites entreprises). On comprend que la question du recrutement et de la formation des vendeurs devienne prioritaire pour les plus grandes sociétés de construction, d'autant plus que les vendeurs sont extrêmement mobiles (six à huit mois d'emploi en moyenne chez un même constructeur selon *Le Moniteur des travaux publics et du bâtiment*). Plusieurs constructeurs (Bruno-Petit, Phénix) ont créé des écoles de vente internes. D'autres cherchent à améliorer leurs méthodes de recrutement.

Comme le poids du secteur commercial, le recours aux différents moyens de prospection commerciale et de publicité croît avec la taille des entreprises. Ainsi, la part des constructeurs qui, selon l'enquête UCB de 1983, déclarent faire fréquemment de la publicité dans les journaux passe de 48 % pour les plus petits (ceux qui construisent de 20 à 49 maisons) à 69 % pour les constructeurs de 50 à 99 maisons, 72 % pour les constructeurs de 100 à 249 maisons, 74 % pour les constructeurs de 250 maisons et plus ; la part de ceux qui organisent des stands dans les foires et expositions passant de 26 % à 44 %, 59 % et 74 %. Les écarts seraient beaucoup plus importants si l'on pouvait prendre en compte la part des constructeurs qui font de la publicité dans les grands hebdomadaires, à la radio ou à la télévision. Les sociétés dont la taille est la plus importante organisent de grandes « campagnes publicitaires » et recourent à une gamme très large de moyens de prospection : dépliants distribués dans les boîtes aux lettres, prospectus, catalogues publicitaires, brochures, publicité dans les quotidiens régionaux, nationaux, les hebdomadaires, les revues, affiches, stands d'exposition dans les salons et les foires, maisons-témoins exposées soit dans des centres ou « villages », soit en des points stratégiques (grands magasins, gares, etc.), messages publicitaires à la radio et depuis peu (1985) à la télévision (c'est parmi les clients des plus grandes sociétés de construction que la part de ceux qui disent avoir connu la société de construction par la publicité, la radio ou le journal est la plus forte). A l'opposé, les petites entreprises s'appuient surtout sur les réseaux de relations d'interconnaissance et les annonces dans les journaux locaux.

On sait que, comme toute action symbolique, la publicité ne réussit jamais aussi bien que lorsqu'elle flatte, excite ou réveille des dispositions préexistantes qu'elle exprime et auxquelles elle donne ainsi l'occasion de se reconnaître et de s'accomplir. On comprend que toutes les entreprises puisent à peu près également dans le trésor des mots et des thèmes les mieux faits pour induire les représentations les plus traditionnelles de la maison et de la maisonnée, évoquant par exemple la supériorité de la propriété sur la location (« acheter coûte moins cher que louer ») ou les charmes de la *nature* : cela sans doute pour insérer la maison dans un ensemble d'associations attrayantes, mais aussi et surtout pour faire oublier l'éloignement de la résidence proposée par rapport au centre de la ville ou au lieu de travail, en invitant à faire de nécessité vertu et à convertir la relégation dans une lointaine banlieue en retour électif à la campagne *(photo 3, p. 86)*.

Les procédés utilisés sont à peu près toujours les mêmes : l'un des plus courants consiste à comparer deux situations radicalement opposées, celle de l'accédant et celle du non-accédant ; un autre propose un dialogue fictif entre le client potentiel et le professionnel qui présente son produit en donnant l'illusion d'un rapport direct et personnel ; un autre encore, très employé pour masquer les propriétés indésirables du produit, consiste à utiliser ce qu'on pourrait appeler le coup du prestidigitateur, qui vise à attirer l'attention sur des avantages réels ou présumés, des qualités ou des facilités offertes, etc., pour cacher les inconvénients ou les désagréments. Et la publicité immobilière ne recule pas toujours devant les arguments financiers ou techniques douteux ou les déformations grossières à propos de l'environnement de la maison ou de la maison elle-même. Plusieurs grands constructeurs sont tombés sous le coup de la loi du 27 décembre 1973 dont l'article 44. 1 interdit « toute publicité comportant [...] des allégations, indications ou prétentions fausses ou de nature à induire en erreur lorsque celles-ci portent sur un ou plusieurs éléments ». Ainsi la société Maison Bouygues a été condamnée en 1983 par la Chambre criminelle pour avoir diffusé un catalogue annonçant des « maisons sur mesure », alors qu'en réalité il n'est offert que des maisons correspondant à des « types déterminés », et « une vraie charpente de compagnons », « alors que les matériaux utilisés sont confectionnés industriellement et préfabriqués et que les charpentes ne sont pas assemblées suivant les techniques ancestrales ».

Les différentes entreprises ont aussi d'autant moins besoin de recourir à la publicité et à la rhétorique de l'ancestralité et de la sécurité que leur produit et leur mode de production en sont plus proches en réalité. Et si les stratégies publicitaires croissent en intensité avec la taille des entreprises, c'est surtout leur forme qui change lorsqu'on va de celles qui, même si elles doivent faire des concessions aux apparences – comme l'imitation du crépi sur les panneaux préfabriqués –, s'appuient surtout sur les qualités techniques de leur produit, à celles qui, comme Maison Bouygues, fondent leur stratégie sur la production des apparences d'un produit et d'un mode de production « traditionnels ». L'utilisation des différents thèmes et des différents procédés rhétoriques varie en effet selon la position dans le champ. La stratégie qui consiste à attribuer au produit vendu les « qualités » du producteur est sans doute plus fréquente dans les publicités des sociétés les plus grandes et les plus anciennes. S'appuyant sur le présupposé que seule une maison solide peut fabriquer des maisons solides ou qu'une maison solide ne peut fabriquer que des maisons solides, donc que les maisons fabriquées par une maison ancienne et durable sont nécessairement solides et durables, on s'efforce, dans une logique qui est celle de la participation magique, de contaminer le produit par le producteur. Ainsi, Maison Bouygues étant une société récente, on invoquera l'ancienneté du Groupe Bouygues comme garantie de la qualité des maisons du même nom, en supposant que l'acheteur aura peu de chance d'avoir aperçu le glissement : « Maison Bouygues bénéficie de l'expérience de 30 années du Groupe Bouygues, et de toute sa puissance d'achat. Ainsi, Maison Bouygues a réussi à réduire le coût des maisons de maçons[45]. »

Les grandes sociétés de construction cherchent avant tout à désarmer les résistances ou les inquiétudes de leurs clients les plus démunis (« Devenir propriétaire d'une maison Grand-Volume est plus facile que vous ne le pensez »). En vantant leurs services, leur assistance financière, juridique, administrative, etc., en insistant sur les garanties qu'elles assurent, elles visent à créer la confiance. « Quel que soit votre problème, crédit (nouveaux prêts PAP et APL), terrain (service conseil terrain), admi-

45. Brochure publicitaire : « Une maison de maçons, oui, vous pouvez », 1984, 46 p.

nistratif ou autre, nos spécialistes vous documenteront avec précision. Vous pourrez ainsi connaître vos possibilités d'acquérir une maison individuelle dans le secteur de votre choix » (Maisons Alskanor, 1979). Si elles tendent parfois à dramatiser un peu la situation d'achat (« C'est l'achat le plus sérieux de votre vie » – GMF ; « Quand on décide de faire construire, on engage un peu de sa vie » – Bruno-Petit), c'est pour mieux faire valoir leur capacité à tout prendre en charge et appeler à la remise de soi que justifie leur réputation : « Chacun ressent bien qu'une maison de maçons est incomparable. En plus, Maison Bouygues vous apporte tous les avantages d'un grand constructeur et supprime toute inquiétude sur les prix, la garantie, la qualité » (Maison Bouygues, 1984). La « charte Phénix », la « loi Bruno-Petit », ou les garanties proposées par GMF ou Maison Bouygues sont censées protéger les clients « quoi qu'il arrive ».

C'est parce que les stratégies publicitaires sont déterminées pour une large part par la concurrence que, paradoxalement, elles tendent à se rapprocher : les différents constructeurs lancent à peu près au même moment des campagnes qui utilisent plus ou moins le même argumentaire (« la maison personnalisée », « devenez propriétaire », etc.). On ne peut comprendre par exemple nombre des arguments invoqués par Maison Bouygues si l'on ne voit pas que cette société, dans son effort pour ravir la première place à Maison Phénix, a pris résolument le parti de produire en série du traditionnel tandis que, dans l'autre sens, Phénix continue à invoquer des justifications techniques ou financières plus ou moins « modernistes » tout en faisant des concessions, tant dans le produit que dans sa promotion publicitaire, aux demandes traditionnelles : « Le sérieux et la compétence Maison Bouygues permettent aujourd'hui de proposer des maisons individuelles à chacun, même à ceux dont les moyens financiers sont modestes. Votre maison Bouygues ne sera pas préfabriquée [sous-entendu : comme le sont les maisons Phénix], ce sera une maison de maçons bâtie par les meilleurs ouvriers de votre région[46]. »

L'avantage qu'assure aux entreprises les plus modernes le recours à des techniques industrielles de préfabrication légère et l'utilisation de composants industrialisés, tels que cloisons ou

46. Francis Bouygues, Texte introductif à une brochure de présentation de la société Maison Bouygues, 1984.

huisseries, se trouve compensé, donc limité, par l'engouement de la clientèle pour les modes de fabrication traditionnels qui, même s'ils incluent de plus en plus l'usage d'éléments industrialisés, procurent une image rassurante de solidité. La prégnance de l'image de la maison de maçons est si forte que les constructeurs de maisons industrielles doivent tous recourir à des stratégies de camouflage visant à dissimuler les composantes industrielles et dans la réalité (avec les façades maçonnées ou en briques, à fonction purement décorative, ou la mise en valeur des poutres et de toutes les caractéristiques qui désignent une maison traditionnelle) et dans le discours destiné à les faire valoir, qui emprunte la rhétorique du « local », du « traditionnel », du « style régional », etc.

La situation était, en un sens, relativement claire, aussi longtemps que la distribution entre les firmes des atouts techniques – liés au degré d'industrialisation – variait en raison inverse de la distribution des atouts symboliques – liée au degré de conformité au modèle du produit et du mode de production artisanaux. Une rupture décisive de cette sorte d'équilibre qui laissait toutes leurs chances aux petites entreprises artisanales et familiales a été introduite par l'innovation organisationnelle consistant à fonder des entreprises de construction capables de produire industriellement du simili-traditionnel, notamment en convertissant en parti symbolique une particularité de leur organisation – le recours massif à la sous-traitance ou à la franchise – et de concilier ainsi les inconciliables, c'est-à-dire les avantages techniques de la production de série et les avantages symboliques de la fabrication artisanale[47].

Les difficultés que fait surgir la contradiction entre les procédés de fabrication industriels et les attentes de la clientèle se livrent en toute clarté dans les discours et les images publicitaires des entreprises moyennes à base locale qui offrent des produits fondés sur

47. Le même type d'effets, qui ne peuvent se comprendre que dans une perspective structurale, s'observe dans le domaine de la production éditoriale où des producteurs ou des diffuseurs d'une littérature « commerciale » produite industriellement et destinée à la grande consommation peuvent mimer (ou singer) les inventions authentiques de l'avant-garde, par des artifices de marketing, qui s'appuient souvent sur l'adhésion de bonne foi, liée à des effets d'*allodoxia*, de certains critiques mal informés (cf. P. Bourdieu, « Une révolution conservatrice », *Actes de la recherche en sciences sociales*, 126-127, mars 1999, p. 3-28).

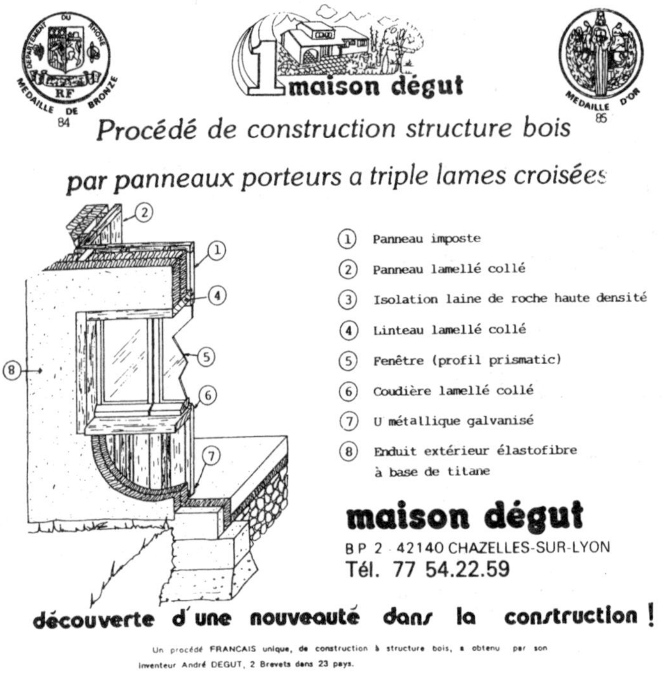

Feuillet publicitaire, Maison Dégut, 1986.

un procédé industriel. Ainsi la publicité pour la Maison Dégut s'appuie pour l'essentiel sur des arguments techniques tels que la résistance des « panneaux porteurs à triple lame croisée » (« une tenue de 17 tonnes au MI avant flambage d'un panneau de 2 m 50 de haut par 1 mètre de large »), qui sont présentés en coupe et dont la fabrication est décrite en détail, ou encore leur efficacité en matière d'isolation et de ventilation et aussi de confort psychologique et biologique (« la maison structure bois A. Dégut est saine parce qu'elle ne détruit pas le champ continu des radiations atmosphériques nécessaires à l'équilibre biologique de l'individu »). Mais, d'un autre côté, elle invoque d'emblée les prestiges du noble et de l'ancien pour justifier un procédé couronné par des médailles d'or et de bronze et sanctionné

Feuillet publicitaire, Maisons Houot, 1986.

par des brevets : « Le procédé A. Dégut s'inspire des traditions d'autrefois (boiseries de châteaux) qui ont fait leurs preuves depuis 500 ans. » Et elle garantit que « l'aspect extérieur est rustique, grâce à l'enduit élastofibre à base de titane ». La collision sémantique est évidente et l'entreprise de faire-valoir n'a pas d'autre recours que de se projeter dans l'avenir lointain où l'avancée technologique d'aujourd'hui sera convertie en « tradition de demain ».

Même contradiction, mais livrée, si l'on peut dire, à l'état brut, sans euphémisation ni transfiguration, dans la publicité des Maisons Émile Houot, petite entreprise familiale qui, créée en 1957 et sise à Gérardmer, construit des villages et des maisons individuelles en Lorraine et dans le nord des Alpes. L'image présente ici sans phrases – l'entreprise n'a pas de slogan publicitaire propre – la vérité du processus : la maison fabriquée en usine selon une technique industrielle (le procédé Houot) arrive « direct d'usine » ; elle vient du ciel, totalement terminée, prolongée aux quatre coins par les lignes conventionnelles qui, comme dans les bandes dessinées de Superman, servent à exprimer la vitesse du vol. Elle est applaudie à grands cris (« Bravo les maisons Houot ! ») par le cercle de famille qui, chien compris, l'attend dans le décor convenu d'un « salon » petit-bourgeois bizarrement campé en plein air. On ne peut pas trahir plus clairement le contraste entre le produit industriel, issu d'un autre monde, qu'il faut à la fois évoquer et faire oublier en le transfigurant, et le côté « famille », qui s'affirme, au premier plan, dans sa définition sociale la plus conforme : le couple uni, le père calé dans son fauteuil, un journal à la main, la mère assise, dans une pose de roman-photo, sur l'accoudoir, le bras (sans doute) passé autour de son épaule, les deux enfants – un garçon debout, le bras levé en direction de l'objet volant, en annonciateur de la modernité, et une fille assise –, reproduction en miroir du couple parental, dont ils sont séparés par une table basse et un bouquet, symbole, en nombre de traditions, du printemps de la vie qui recommence... La construction iconographique est celle qui est mise en œuvre pour exprimer le *miracle* et, si l'on ne craignait le pédantisme d'une référence que certains trouveront déplacée, s'agissant de cet art de bande dessinée de bas étage, on pourrait invoquer l'analyse d'Erwin Panofsky à propos des Rois Mages de Rogier Van der Weyden : la maison Émile Houot occupe à peu près la place du petit enfant entouré d'un halo de rayons dorés dont on sait immédiatement, parce qu'on engage dans la perception du tableau une vision perspective de l'espace, qu'il flotte dans l'air, comme une apparition[48].

La contradiction, qui trouve sa résolution symbolique dans la rhétorique du miracle, tout à fait ajustée aux fins du message publicitaire, conduit souvent à la confusion de l'intention expressive. Ainsi, la publicité pour les Maisons de l'Avenir, petite entreprise à vocation régionale qui, créée en 1967 et située à Rennes, recourt à une fabrication industrielle lourde, mêle les images habituelles de la maison réalisée, entourée d'arbres et peuplée d'enfants, avec des photographies des opérations de fabrication qui évoquent l'industrie plutôt que l'artisanat traditionnel. Le procédé industriel qui se veut traditionnel, comme l'indique le nom, bizarrement construit, de « superparpaing » par lequel on le désigne, n'apparaît que sur la face cachée du dépliant.

Toutes ces contradictions, et les collisions sémantiques qu'elles suscitent dans le discours, disparaissent dans le cas des entreprises qui ont recours à des procédés de construction traditionnels, que ce soit au travers d'une organisation qui est celle de la production de série fondée sur la sous-traitance, ou au travers de formes plus ou moins modernisées d'artisanat traditionnel. Une

48. E. Panofsky, *Essais d'iconologie. Les thèmes humanistes dans l'art de la Renaissance* (trad. C. Herbette et B. Teyssèdre), Paris, Gallimard, 1967 (1re éd. 1939), p. 24-25.

entreprise comme Sergeco, qui, créée en 1962, à Paris, propose des maisons individuelles dites « moyenne gamme », bâties sur mesure selon les méthodes les plus traditionnelles avec des matériaux traditionnels, brique creuse, cuivre pour la robinetterie, etc., peut mobiliser sans problèmes tout l'arsenal symbolique de la maison-demeure : depuis le slogan, « nos maisons sont faites pour durer », jusqu'à la page de couverture, intitulée, de manière sans doute délibérément ambiguë, « une maison à aimer », et représentant une maison, traitée dans le style des livres d'enfant, qui pousse dans une fleur, comme les bébés naissent dans les choux *(photo 1, p. 86)*. L'harmonie est parfaite entre l'évocation de la fabrication – deux maçons en train de monter un mur de briques – et l'évocation de la maison finie (non reproduite ici), la première étant donnée pour une garantie de « longue vie » de la seconde, c'est-à-dire, entre autres, du « bien-être de la famille » et du rendement à long terme du placement judicieux qu'elle a fait.

Quant aux publicités pour Maisons Sprint, petite entreprise

Dépliant publicitaire, Maisons de l'Avenir, 1986.

1

Dépliant publicitaire, Sergeco, 1986.

2

Dépliant publicitaire, Maisons Sprint, 1986, p. 12.

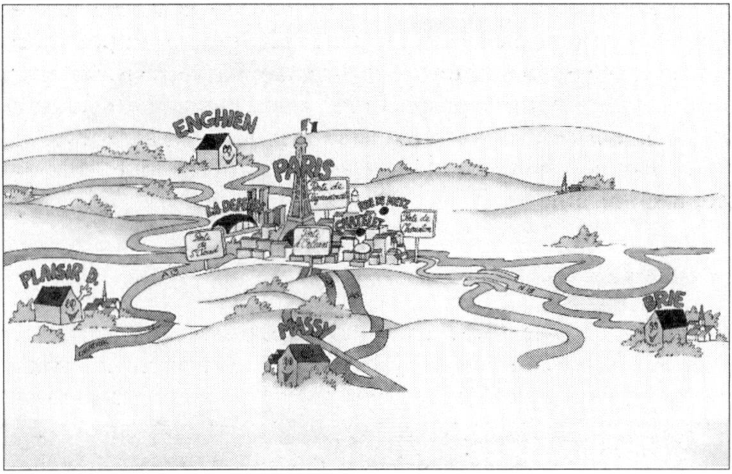

3

Sergeco, catalogue, 1983-1984, p. 5.

régionale créée en 1966 à Marseille, rien, si ce n'est le nom, évocateur de rapidité, ne vient y contrarier l'évocation enchantée de l'image la plus traditionnelle de la maison : d'un côté, les assurances associées à l'idée de « grande entreprise », non seulement « l'expérience » et la gestion rationnelle, avec « les outils informatiques pour gérer les chantiers, coordonner les efforts, optimiser les achats », mais aussi l'activité « pluridisciplinaire » unissant des spécialistes aux noms évocateurs de scientificité, « ingénieur béton, thermicien, géologue, géomètre », non seulement la carte professionnelle de membre de l'UNCMI et le contrôle de la SOCOTEC, société de contrôle technique du bâtiment, mais aussi la caution d'une grande banque et la protection d'un grand groupe d'assurance ; de l'autre, toutes les garanties associées au mode de fabrication traditionnel, depuis l'« authentique tour de main » du « compagnon » que l'on voit occupé à ajuster un carrelage jusqu'aux « finitions raffinées et harmonieuses » *(photo 2, p. 86).* L'illustration peut faire la part belle aux artisans, carreleurs, plâtriers, couvreurs, maçons, et aux matériaux dits « nobles » qu'ils utilisent, le discours qui l'accompagne peut invoquer la rareté du produit proposé (« chaque année, nous ne construisons qu'un nombre limité de maisons ») et son ajustement parfait aux goûts du client (« un art de vivre sur mesure ») et il peut puiser sans retenue, pour exalter ces « maisons faites de main de maître », dans le trésor des stéréotypes simili-poétiques qui font le discours à prétention littéraire sur la maison : mystère, charme, nature, proportions, tradition, région, terroir, demeure, espaces, volumes, patio, mezzanine, pergola, barbecue, coin cheminée, poutre de bois, terre cuite, tuile ronde, coin du feu, histoire, âme.

La crise et l'effet de champ

Les rapports de force entre les entreprises dépendent de la conjoncture économique globale, qu'au demeurant ils *réfractent* selon leur logique spécifique. L'effet de champ ne se voit jamais aussi bien qu'à l'occasion de la crise qui, autour des années 1980, frappe le marché de la maison : du fait qu'elles doivent compter, dans leurs stratégies de fabrication et de commercialisation, avec la demande de constructions « traditionnelles » et « personnalisées » à laquelle les petits producteurs artisanaux sont censés donner satisfaction, les grandes entreprises industrielles, qui ne peuvent abaisser leurs coûts qu'en accroissant la production au prix d'une standardisation du produit, doivent multiplier les stratégies techniques (comme la diversification des modèles), organisationnelles (comme l'organisation à grande échelle d'une fabrication d'allure artisanale), ou symboliques (comme le recours à une rhétorique du traditionnel, de l'original, de l'unique), pour limiter ou masquer les effets de la production de série. Beaucoup d'entreprises nationales sont ainsi conduites à abandonner leur politique de production intégrée et industrialisée pour adopter des stratégies de production qui étaient celles des petites entreprises artisanales ou semi-artisanales et revenir à des procédés de fabrication traditionnels en s'appuyant sur la sous-traitance.

Les constructeurs nationaux les plus importants, notamment Phénix, ont été les premiers touchés et ont connu pour la plupart une diminution de leur activité (chute particulièrement forte dans le cas de Phénix qui, après avoir construit plus de 16 000 maisons à la fin des années 1970, n'en produisait plus que 8 000 en 1984, 7 200 en 1985, 6 200 en 1986). Sans doute le renouvellement très rapide des entreprises est-il une des caractéristiques majeures de ce champ : selon l'enquête menée par l'UCB, au printemps 1983, auprès de 80 % des constructeurs ayant mis en chantier au moins 20 maisons en 1982, 59 % des constructeurs étaient des nouveaux venus qui avaient créé leur entreprise depuis moins de dix ans (c'est-à-dire après 1976) ou qui, plus rarement, construisaient moins de 20 maisons en 1976. Il s'agissait presque toujours d'entreprises locales, petites ou moyennes, les producteurs les plus importants étant aussi les plus anciens (Phénix, par exemple, créé en 1945, GMF en 1949) ; mais on observait aussi quelques cas d'ascension très rapide : ainsi Maison Bouygues, créée en 1979, se situait dès 1982 au deuxième rang sur le marché de la maison individuelle vendue sur catalogue ; et de même, les Architectes-bâtisseurs, créés en 1981, avaient réussi, dès 1984, à regrouper environ 400 architectes organisés en petites sociétés. Mais si les créations sont nombreuses, surtout dans les années 1970 et même dans les années 1980, les fermetures et les dépôts de bilan le sont plus encore puisque, selon l'enquête UCB, on est tombé de 1 100 constructeurs en 1976 à 800 seulement en 1982. Après une période de forte expansion – le nombre de maisons mises en chantier était passé de 107 000 en 1962 à 281 000 en 1979 –, la construction de maisons individuelles connaît depuis 1980 un déclin très marqué, le nombre de mises en chantier n'étant plus que de 192 000 pour 1985 – cela bien que cette diminution soit plus tardive et aussi moins forte que celle de la construction d'immeubles collectifs.

La crise a modifié le rapport de force en faveur des petites entreprises. « Les petits et moyens constructeurs ont mis à profit la situation pour damer le pion aux grands, descendus sur leurs territoires. Plus proches de leur clientèle, connaissant ses attentes, ses goûts, les PME ont musclé ces dernières années leurs forces de vente et ont, pour la plupart, au plus fort de la crise, réalisé des scores honorables. Par exemple, en 1984, Vercelletto à Mamers réalisait 350 mises en chantier (contre 250 en 1983) ; Cleverte à Lyon, 226 (contre 158) ; Maison Chapel à Brignoles, 107 (contre 60) ; les Maisons Archambault à Tours, 50 (contre 22). Ce répit a été, semble-t-il, de courte durée car en 1985, d'une manière générale, les petits et moyens constructeurs marquent eux aussi le pas ; beaucoup accusent même une chute sensible d'activité. En outre, les majors, qui ont tiré les leçons de la guerre, font volte-face depuis le début de l'année, calquant désormais leur stratégie sur celle des PME[49]. » Pour soutenir la lutte contre les petits et moyens constructeurs, les grands se réorganisent et, par la création de filiales régionales ou par des formes originales de sous-traitance, se dotent de structures apparentées à celles des PME pour essayer de se rapprocher des consommateurs et de leurs attentes. Ainsi Bruno-Petit subdivise ses marques Bruno-Petit et Chalet Idéal en PME plus autonomes, cédant à leurs nouveaux dirigeants une part minoritaire du capital. De même, Maison Phénix se dote de structures plus petites dans les différentes régions. Cette diversification interne des grandes entreprises va de pair avec une forte tendance à la concentration : en 1982, la part de marché des constructeurs réalisant plus de 250 maisons par an, qui représentent 5 % de l'ensemble, est de 50 % des maisons construites par l'ensemble des constructeurs et celle des seuls constructeurs nationaux, qui ne comptent que pour 1 % des constructeurs, est de 33 %.

49. « La maison individuelle se personnalise », *Le Moniteur des travaux publics et du bâtiment*, 2 mai 1986, p. 30-34 ; cf. aussi « Des constructeurs sur mesure », *Le Moniteur des travaux publics et du bâtiment*, 30 avril 1987, p. I-XVIII.

Certaines des plus grandes entreprises tentent de concilier la standardisation de la production et la personnalisation du produit par des stratégies techniques et commerciales qui visent à offrir des combinaisons singulières d'éléments plus ou moins standardisés et à proposer tout un éventail de méthodes de construction (l'innovation la plus efficace étant l'organisation de masse, grâce à la sous-traitance, d'une fabrication traditionnelle : la « maison de maçons ») et toute une gamme de formules de vente (maisons livrables clés en mains, maisons prêtes à finir, en kit ou agrandissables, etc.). Ainsi Claude Pux, alors président de l'Union nationale des constructeurs de maisons individuelles (UNCMI), cite une enquête qui recense 985 modèles pour 34 constructeurs en 1984 et annonce que ce nombre continuera d'augmenter. Certains constructeurs ne proposent plus que des maisons personnalisées et renoncent à leur catalogue. *Le Moniteur des travaux publics et du bâtiment* du 2 mai 1986 titre : « La maison individuelle se personnalise. Les constructeurs nationaux ont trouvé un nouveau cheval de bataille : "les projets personnalisés". Une contre-offensive en direction des petits et moyens constructeurs qu'accompagne leur régionalisation. » Et le responsable du budget publicitaire des Maisons Phénix expose la nouvelle stratégie commerciale dans un entretien (de 1987) : « Il y a quelques années, tous les constructeurs vendaient des maisons sur catalogue. Tous les outils de vente ont évolué. On ne veut plus vendre comme ça. Les gens maintenant veulent une maison personnalisée. Si vous enfermez les gens dans un catalogue, ils ont l'impression de choisir parmi des maisons proposées. On lutte contre ça, on veut que la personne ait la sensation de véritablement construire sa maison et de choisir complètement ce qu'elle veut. Première évolution : les maisons n'ont plus de nom chez Phénix. Ça fait un an que c'est enclenché. Chaque vendeur aura des visuels de maison (photos) qu'il pourra montrer aux clients, des maisons qu'il a réalisées ou réalisables. Il n'y aura plus de catalogue. Il y aura un dossier projet de construction. On leur présentera des fiches avec des visuels de maisons sans noms, ce sera la maison à combles aménageables par exemple, avec peut-être une proposition de plan qui sera modifiable. On établira pour chaque client un dossier de projet de construction. On n'imposera rien à la personne au départ. C'est un travail assez proche de celui de l'architecte. Il faut répondre à la motivation des gens qui veulent choisir. Tous les constructeurs se battent sur la maison personnalisée, ils sont conscients que la demande a évolué. » Ainsi, le fait que le langage de la « personnalisation » qui s'était imposé depuis longtemps dans l'ordre bancaire à propos du crédit vienne aussi à s'appliquer, sous l'effet de la crise, au produit lui-même n'a pu que contribuer à renforcer considérablement la cohérence et l'efficacité symbolique du dispositif commercial mis en œuvre par les entreprises.

Cette diversification n'est pas exclusive d'une standardisation évidente des produits de la même entreprise et d'une homogénéisation des produits des entreprises occupant des positions voisines dans le champ. C'est ce que dit bien une vendeuse de Kaufman and Broad : « Par rapport aux concurrents, c'est blanc bonnet et bonnet blanc [...]. On a les mêmes entreprises, on utilise les mêmes matériaux et puis on essaie de donner des plus... » Si le premier effet résulte directement de la nécessité technique d'abaisser les coûts, le second semble être, pour une part au moins, l'effet de la concurrence qui conduit les plus grandes entreprises à offrir à leurs clients des produits capables de rivaliser avec ceux qui connaissent la plus grande réussite chez leurs concurrents les plus directs (dans la circulation de l'information, un rôle majeur revient sans doute aux clients eux-mêmes, qui, en se servant de ce qu'ils ont appris auprès d'un constructeur pour mettre à l'épreuve les autres, informent les vendeurs sur les arguments de vente proposés par les concurrents). Le fait que les entreprises concurrentes ne cessent de s'épier, voire de s'espionner mutuellement, ou de se plagier[50], ou qu'elles recourent au débauchage de cadres ou de vendeurs qui est l'occasion d'un transfert de capital technique incorporé, n'est sans doute pas pour rien dans l'apparition à peu près simultanée de modèles semblables dans des sociétés occupant des positions voisines, comme Phénix, en déclin, et Bouygues, en ascension[51] :

50. La société Breguet-Construction a été condamnée à la fin de 1973 pour avoir copié les modèles de la société américaine Kaufman and Broad, se dotant ainsi à peu de frais de nombreux modèles qui avaient été longuement testés par Kaufman (cf. P. Madelin, *Dossier I comme Immobilier, op. cit.*, p. 226 ; il cite de nombreux autres exemples de procès, de débauchages de cadres, de plagiats de modèles).

51. Une secrétaire commerciale de la société Bouygues qui avait travaillé auparavant neuf ans chez Phénix et que son ancien directeur de ventes, passé de Phénix à Bouygues, a fait entrer chez Bouygues, explique : « Bouygues a été un peu lancé par mon ancien patron régional Phénix [...]. Le directeur régional de Maison Bouygues a quitté Phénix. Il a donc lancé Maison Bouygues Ile-de-France, qui a très bien marché, et lui, il a amené certains de ses collègues avec lesquels il travaillait bien. » Elle rappelle ensuite que plusieurs vendeurs de Phénix qu'elle connaissait sont partis chez Bouygues.

par exemple la maison « Grand-Volume » qui fut un grand succès de Maison Bouygues, lors de son lancement, en 1984, précédait de très peu la maison « Spacio » qui connut, à la même époque, un échec cuisant chez Phénix.

Mais en fait, dans les luttes à court terme qui les conduisent à se prendre mutuellement des idées, des procédés, des personnels, etc., les concurrents engagent les atouts qu'ils peuvent lancer dans la bataille, *tout le passé de la relation structurale étant présent dans chaque moment de cette relation* – notamment, dans le cas de la rivalité entre Phénix et Bouygues, à travers la structure même de l'emploi au sein de l'entreprise et toutes les formes d'inertie et d'hystérésis qui en résultent. Si l'on s'en tient aux grandes tendances, on peut dire que la crise a assuré le triomphe de la demande la plus traditionnelle sur le plan technique et esthétique : parpaings pour les murs, fermettes industrielles pour la charpente, bois pour les menuiseries extérieures (avec les fenêtres à petits carreaux style « Ile-de-France », très chères et peu solides). Le rétrécissement du marché s'est retraduit dans un *rétrécissement de la dispersion sociale* de la clientèle. Or on sait que les plus grandes entreprises industrielles, et tout spécialement Phénix qui dominait le marché, avaient pratiqué une politique de production de masse visant à abaisser les coûts par la standardisation du produit et l'accroissement des ventes fondé sur la conquête des catégories sociales les moins favorisées (les grands producteurs nationaux, qui concentrent une part importante de la production de maisons individuelles, mettaient en chantier surtout des pavillons de 4 à 6 pièces, d'une surface habitable de 50 à 120 m^2 de plain-pied et sans sous-sol, tandis que les constructeurs régionaux offraient des maisons plus vastes, de 5 à 8 pièces et de 110 à 120 m^2, à des prix au mètre carré plus élevés). Il s'ensuit que l'affaiblissement de la demande des catégories les moins solvables a touché d'abord les entreprises les plus grandes et a redonné l'avantage aux constructeurs régionaux, qui se sont toujours adressés à une clientèle plus aisée[52]. Les constructeurs spécialisés dans le « bas de gamme »

52. Une analyse des demandes de permis de construire présentées à la mairie de Taverny dans le Val-d'Oise permet de vérifier directement la prééminence des petits et moyens constructeurs locaux. Sur les 32 demandes de construction de maisons individuelles présentées en 1984 et les 30 présentées en 1985 (et qui représentent moins de 20 % des demandes de tous ordres : construction d'immeubles, de boutiques, démolitions, etc.), seule une faible fraction (moins

(Maison Phénix, Maison Mondial Pratic) ont réagi en essayant de conquérir des clientèles plus favorisées. Mais, inversement, des sociétés importantes, qui produisaient surtout à destination d'une clientèle aisée, n'ont pu maintenir leur position qu'en diversifiant leur activité : c'est le cas de Kaufman and Broad qui, spécialisé dans la construction de « villages » pour cadres et ingénieurs, doit se lancer dans la construction d'appartements, de bureaux, de résidences pour retraités ; ou encore de la Société des constructions modernes Laguarrigue qui bâtissait en 1982 pour une clientèle plutôt aisée et qui, pour tenter de limiter les effets de la crise et la diminution de son activité, propose des maisons moins chères pour une clientèle plus modeste (avec la gamme Record dont le premier prix était en 1986 de 221 000 F pour 73 m ^{2} habitables).

Les stratégies de l'entreprise comme champ

Mais pour rendre compte de manière plus complète et plus précise du rapport de force entre les entreprises et de son évolution au cours du temps, c'est-à-dire des stratégies qu'elles mettent en œuvre pour le transformer ou le conserver, notamment en face de la redistribution des atouts déterminée par la crise, il faut changer d'échelle et passer du champ des entreprises pris dans son ensemble à chacune des entreprises qui, au moins pour les grandes, sont des unités relativement autonomes fonctionnant aussi comme des champs. Il est clair en effet que l'entreprise n'est pas une entité homogène susceptible d'être identifiée à un sujet rationnel, l'« entrepreneur » ou le « management », orienté vers une fonction objective unique et unifiée. Elle est déterminée (ou orientée) dans ses « choix » non seulement par sa position dans la structure du champ de production mais aussi par sa structure interne qui, produit de toute son histoire antérieure, oriente encore son présent. Divisée en organisations principalement tournées vers la production, la recherche, le marketing, le financement, etc., elle est composée d'agents dont les intérêts spécifiques sont liés à chacune de ces organisations et de ces fonctions, et qui peuvent entrer en conflit pour de multiples raisons, en particulier pour le pouvoir de décider des orienta-

de 25 %) revient à des constructeurs nationaux (Phénix, Bâti-Service, Maison Bouygues, les Nouveaux Constructeurs et Alskanor).

tions de l'entreprise. Ses stratégies se déterminent à travers d'innombrables décisions, petites ou grandes, ordinaires ou extraordinaires, qui, en chaque cas, sont le produit de la relation entre d'un côté des intérêts et des dispositions associés à des positions dans les rapports de force au sein de l'entreprise et de l'autre des capacités de faire valoir ces intérêts ou ces dispositions qui, elles aussi, dépendent du poids des différents agents concernés dans la structure, donc du volume et de la structure de leur capital. C'est dire que le « sujet » de ce que l'on appelle parfois la « politique de l'entreprise » n'est autre chose que le champ de l'entreprise ou, plus précisément, la structure du rapport de force entre les différents agents qui en font partie ou, du moins, entre ceux d'entre eux qui détiennent le plus grand poids dans la structure et qui prennent dans la décision une part proportionnée à leur poids individuel. Les études de cas destinées à étudier la genèse d'une décision restent à peu près dépourvues de sens aussi longtemps qu'elles s'en tiennent aux manifestations phénoménales de l'exercice du pouvoir, c'est-à-dire aux discours ou aux interactions, ignorant la structure des rapports de force entre les institutions et les agents (souvent constitués en corps) qui sont en lutte pour le pouvoir de décider, c'est-à-dire les dispositions et les intérêts des différents dirigeants et les atouts dont ils disposent pour les faire triompher.

Les stratégies des dirigeants engagés dans la lutte de concurrence au sein du champ du pouvoir d'une entreprise et les visions de l'avenir, prévisions, projets ou plans, qu'ils travaillent à imposer dépendent notamment du volume et de la structure de leur capital, plutôt économique (actions, etc.) ou plutôt scolaire, et, plus spécialement, à ce niveau, de l'espèce de capital scolaire qu'ils possèdent et aussi de la position – elle-même liée aux propriétés précédentes – qu'ils occupent dans l'entreprise (directeur financier, directeur commercial, directeur du personnel, ingénieur de production, etc.). Si l'on sait que, dans les sociétés les plus grandes, et les plus bureaucratisées, l'orientation vers l'une ou l'autre des fonctions majeures de l'entreprise, financières, commerciales, techniques, est étroitement liée à l'espèce de capital scolaire possédé, et, du même coup, à des trajectoires sociales et scolaires génératrices de dispositions spécifiques (et aussi de capital social, lié à l'appartenance à des corps), on comprend que les luttes qui se déroulent au sein des équipes dirigeantes à l'occasion des décisions ordinaires ou extraordinaires, et tout spécialement lors des crises de succession, doivent beaucoup au souci que peuvent avoir les différents dirigeants, et, à travers eux, les différents corps (ingénieurs des Mines ou des Ponts, inspecteurs des Finances, anciens de HEC, etc.), de promouvoir les activités avec lesquelles ils ont partie liée et de maintenir ou d'améliorer par là leur position en perpétuant ou en transformant l'équilibre entre les fonctions auxquelles leurs intérêts sont attachés.

C'est ainsi qu'on ne peut comprendre les stratégies des différentes entreprises engagées dans la lutte pour la domination du marché de la maison individuelle et, en particulier, celles des plus grandes, comme Maisons Bouygues et Maison Phénix, que si l'on prend en compte toute leur histoire sociale et en particulier l'évolution, à l'intérieur de chacune d'elles, des rapports de force entre les différentes catégories de dirigeants – qui, lorsqu'ils en ont le pouvoir, peuvent sacrifier *les « intérêts » de l'entreprise* à la satisfaction de leurs *intérêts au sein de l'entreprise.* Pour saisir par exemple les raisons ou les causes qui ont fait que l'entreprise Maison Phénix, tel un bateau continuant sur son erre, a persévéré si longtemps, malgré la crise qui la frappait, dans la direction que lui avait donnée son fondateur, il faudrait reconstruire l'histoire de l'évolution de la structure des rapports entre ceux qui, parmi les dirigeants, entendaient lutter pour maintenir le cap et ceux qui, au contraire, souhaitaient engager l'entreprise dans une autre direction.

Petite société d'ingénieurs qui, au départ, travaillait principalement pour l'Électricité de France, Maison Phénix connaît un accroissement rapide et se trouve placée, à la fin des années 1960, en situation de quasi-monopole sur le marché de la construction industrielle de maisons individuelles. Si son déclin n'est visible qu'à partir de 1980, on en trouve des signes beaucoup plus tôt, dès le milieu des années 1970, lorsque Maison Phénix doit faire face à une crise de succession. Lors du départ à la retraite d'André Pux qui avait la légitimité et l'autorité du fondateur (« quand il disait : "vous continuez à faire les maisons comme avant, vous ne changez rien", les gens n'osaient rien dire » ou : « "Commencez par gagner de l'argent, après vous aurez le droit de parler", il avait l'autorité pour le dire »), les groupes financiers n'ont pas tardé à prendre le contrôle du capital. Le nouveau PDG, Roger Pagezy, ingénieur des Mines, est le représentant d'un grand groupe, Pont-à-Mousson. Claude Pux, le fils du fondateur, qui a lancé, à partir de 1965, le secteur commercial de la société, mais qui ne dispose d'aucun titre scolaire de prestige ni, semble-t-il, du soutien de son père, tente de s'appuyer sur les filiales régionales pour s'imposer auprès du nouveau PDG. Mais l'autonomie de ces filiales, qui avait d'abord été encouragée (49 % de leur capital avaient été vendus à leur PDG, tandis que 49 % étaient gardés par la société mère et 2 % détenus par Claude Pux), se restreint par la suite (les présidents de filiales régionales seront remplacés et le groupe rachètera en 1982 leur capital). Les effets de la crise de succession sont d'autant plus graves qu'elle survient à un moment où les concurrents se développent, consentent des investissements publicitaires importants et occupent de plus en plus de terrain.

Départ du fondateur, crise de succession, conflits entre siège et filiales régionales, accroissement de la concurrence, déclin général de l'activité dans la branche à partir de 1980, ce sont là autant de facteurs qui provoquent, entre autres choses, une perte de la *confiance dans l'entreprise*, dans la valeur de ses produits. L'échec que connaît le modèle « Spacio », proposé par Phénix, au moment où le modèle « Grand-Volume » de Bouygues, quoique techniquement et financièrement très semblable, remporte un très grand succès, ne peut pas être dissocié de tout l'univers des relations au sein de l'entreprise (où les syndicats ont fait leur apparition, au milieu des années 1980) : tandis que l'« esprit maison » avait fortement dépéri chez Phénix, où les vendeurs « démoralisés » semblaient ne plus *croire en leur produit*, chez Bouygues, les vendeurs, qui étaient soumis à un contrôle très strict (« on vous talonne plus », disait une transfuge de Phénix) et qui adhéraient plus fortement à leur entreprise, se montraient plus « agressifs » et plus efficaces. A travers les stratégies commerciales (le parti du traditionnel – la « maison de maçon » chez Bouygues par rapport au moderne honteux de Phénix) et les dispositions de ceux qui sont chargés de les exécuter, et en particulier les vendeurs, c'est toute la politique sociale de l'entreprise, les rapports entre les services commerciaux et les services chargés de la publicité et de la recherche, etc., qui passent en quelque sorte dans les pratiques, avec les conséquences que l'on sait. Preuve que c'est bien toute l'entreprise, avec sa structure et son histoire, et, à travers elle, toute la structure et l'histoire du champ, qui sont présents, à chaque moment, dans chacune des stratégies, irréductibles au décret instantané d'un calculateur rationnel.

La crise de succession sera suivie de plusieurs autres, et Phénix ne cessera d'aller de réorganisation en réorganisation, de difficultés en difficultés. En 1979, Saint-Gobain-Pont-à-Mousson cède 45 % de sa participation au capital de la société à plusieurs investisseurs dont le plus important est désormais la Compagnie générale des eaux, ce qui entraînera des changements dans l'équipe dirigeante. En 1984-1985, nouvelle réorganisation. Maison Phénix connaît de nombreux échecs, notamment dans ses différentes tentatives de développement ou d'achat de sociétés à l'étranger (auxquelles on devra d'ailleurs renoncer). Tous les atouts spécifiques qui lui avaient permis d'occuper une position dominante dans le champ, le capital technique (le procédé de construction relativement économique qui avait fait son succès étant disqualifié par les concurrents), mais aussi le capital symbolique que représentaient, tant à l'intérieur de l'entreprise qu'au-dehors, l'autorité et la légitimité du fondateur, l'esprit d'entreprise fortement développé et la croyance dans le produit se sont peu à peu affaiblis sans que personne ait su ou pu inventer et surtout imposer les nouveaux atouts qu'aurait pu procurer une reconversion du mode de production. Sans doute parce que chacune des innovations techniques ou commerciales aurait supposé un bouleversement de la hiérarchie des différentes fonctions et des différents secteurs de l'entreprise, technique et commercial notamment, donc une redéfinition révolutionnaire des systèmes d'intérêts associés aux différentes positions.

Ainsi, l'espace différencié et structuré de l'*offre*, c'est-à-dire des entreprises de production de maisons (ou de leurs agents, depuis les dirigeants jusqu'aux vendeurs) qui, pour maintenir ou améliorer leur position dans la structure, doivent déployer des stratégies de production – donc des produits, des maisons – et de commercialisation – notamment des publicités – dépendant elles-mêmes de la position que leur assurent leurs atouts, entretient une relation d'*homologie* avec l'espace différencié et structuré de la *demande*, c'est-à-dire l'espace des acquéreurs de maisons. L'ajustement de l'offre et de la demande n'est pas le résultat de l'agrégation miraculeuse d'innombrables miracles opérés par des calculateurs rationnels capables d'accomplir le choix le plus conforme à leurs intérêts. Il n'y a, contrairement aux apparences, rien de naturel ni d'évident dans le fait que les acheteurs les plus démunis se trouvent renvoyés vers les sociétés offrant les produits les plus frustes, surtout esthétiquement, tandis que les autres se portent « spontanément » vers les entreprises qui occupent dans l'espace des producteurs de maisons des positions homologues à leur position dans l'espace social, c'est-à-dire vers les producteurs et les produits les mieux faits pour satisfaire leur goût du confort, de la tradition, de l'originalité, bref leur sens de la distinction. Si cet ajustement s'opère, c'est que la correspondance entre les caractéristiques sociales des acheteurs et celle des entreprises, donc de leurs produits, de leurs personnels, en particulier de leurs vendeurs (les sociétés qui proposent des maisons dites de bas de gamme à la clientèle la plus défavorisée – ouvriers, employés – ont les vendeurs les moins diplômés, qui sont souvent d'anciens ouvriers), ou de leurs publicités (étroitement liées à la qualité sociale de la clientèle, elle-même souvent liée à la position de la société dans le champ), est au principe de toute une série d'effets stratégiques pour l'essentiel non voulus et semi-inconscients. Et l'on est ainsi conduit à substituer au mythe de la « main invisible », clé de voûte de la mythologie libérale, la logique de l'orchestration spontanée des pratiques, fondée sur tout un réseau d'homologies (entre les produits, les vendeurs, les acheteurs, etc.). Cette sorte d'orchestration sans chef d'orchestre est au principe d'innombrables stratégies que l'on peut dire sans sujet, parce qu'elles sont plus inconscientes que proprement voulues et calculées, comme celle qui consiste, pour un vendeur, à identifier ses intérêts à ceux de ses clients ou à se donner lui-même comme garant de la transaction (« j'ai la même ») – et qui ne peut être concevable, et surtout efficace symboliquement, que sur la base d'une affinité, garantie par l'homologie des positions, entre les habitus des acheteurs et des vendeurs.

ANNEXES

I Entretiens

I Deux « nouveaux propriétaires »

M. et Mme P., qui habitent depuis 1977 une maison Phénix dans un lotissement composé de 134 maisons au Perray-en-Yvelines, dans la région parisienne, sont de ces « nouveaux accédants » à la propriété qui, ne disposant que d'un capital économique très faible mais d'un capital culturel ou scolaire relativement plus élevé, ont acquis terrain et maison en recourant à plusieurs crédits. M. P., né à Tarbes, d'un père qui a été successivement peintre en bâtiment, puis magasinier-livreur, est venu dans la région parisienne parce qu'il ne trouvait pas de travail dans sa région ; sa femme est née en Bretagne, ses parents étaient gardiens d'immeubles. Ils ont été locataires d'un appartement pendant les trois premières années de leur mariage mais avaient « toujours le but d'acheter une maison, une maison individuelle ». M. P. qui, âgé de 35 ans au moment de l'entretien (en 1985), est doté d'un CAP d'électricité et d'un CAP de diéséliste, a occupé différents postes dans l'industrie automobile, chez Citroën, puis chez UNIT, ensuite chez IVECO, enfin chez Renault Véhicules Industriels où il est électricien automobile ; Mme P., qui a 32 ans et qui a mené des études secondaires sans obtenir le baccalauréat, a été secrétaire pendant onze ans dans une société immobilière. A la naissance de leur fille, âgée de 2 ans, elle a cessé de travailler ; elle pense reprendre un emploi lorsque l'enfant ira à l'école.

Au moment de l'achat, leurs ressources ne leur permettaient qu'un choix restreint ; ils se sont « retrouvés » chez Phénix à Coignières. Les autres propriétaires du lotissement sont pour la plupart assez proches d'eux socialement et ils n'auraient eu que de faibles chances de devenir propriétaires dans une autre conjoncture et un autre état du marché : ce sont des ouvriers « assez aisés », des employés de bureau, des PTT, de banques, de compagnies d'assurances, quelques cadres moyens et techniciens, un instituteur ; deux collègues de M. P. habitent aussi le lotissement. Les maisons ont été vendues très rapidement, en deux semaines, en 1977 ; les vendeurs n'ont « pas eu besoin de bousculer » les clients.

M. et Mme P. ont beaucoup cherché leur maison, ont « regardé partout », ont visité des maisons-expositions, et la Foire de Paris ; ils avaient toutes les revues spécialisées, envoyaient les bons et recevaient de la documentation : « C'était surtout vraiment juste des catalogues descriptifs, ils ne donnaient pas d'endroits, pas de lieu de maison. » N'ayant que très peu d'apport personnel (environ 40 000 F en 1976), il leur fallait trouver tout à la fois un terrain et une maison qui ne soient pas trop chers. S'ils avaient acheté d'abord le terrain, puis quelques années après la maison, cela aurait été « dur, parce que ça fait deux fois des prêts » : « Nous, on se disait : "Si on nous prête de l'argent pour acheter un terrain, on n'a plus d'argent pour acheter la maison." Et comme il faut construire dans les trois ou quatre ans, on ne pouvait pas. Alors, autant trouver quelque chose où tout se fasse ensemble, le terrain et la maison. »

On leur a proposé un terrain à Gallardon : « On ne voulait pas, c'est tout perdu comme coin, il y a un train le matin, un train le soir, même si maintenant ça s'est un peu construit. Donc, ça s'est terminé chez Phénix à Coignières. Et là, ils nous ont dit : "On n'a pas de terrain dans le coin, on n'a rien, mais si vous voulez, dans un an on va faire un village de maisons Phénix au Perray-en-Yvelines." Bon pour nous, ça faisait 15 km plus bas [que Trappes, où ils souhaitaient habiter], mais bon. » Six ou sept mois plus tard, ils ont reçu « un courrier les conviant chez Phénix à Coignières », leur proposant de venir voir la maison-témoin. Ils se sont donc rendus chez Phénix mais n'ont pas acheté le premier jour. C'est M. P. qui raconte : « On nous a proposé un quatre pièces à côté de la déviation de l'autoroute. Nous, on était venus avant, on avait tout vu, le terrain, et on avait dit : "On ne veut pas là-bas près de l'autoroute", elle n'était pas faite encore, il n'y avait que le remblai [...] ; sur les plans ça ne figurait pas, enfin presque pas, il y avait juste un trait là, sur le plan, et personne ne disait que c'était la déviation de la nationale 10 sur laquelle il y a pas mal de circulation. Le seul terrain qu'on nous a proposé, c'était celui près de la déviation. « Il n'y en a pas d'autres ? » on a demandé. Il y en avait d'autres avec des terrains un peu biscornus, on n'en voulait pas non plus [...]. Alors, ce jour-là, il n'y avait rien. Alors, on est revenus après, et on nous a proposé un cinq pièces. Mais nous, on voulait un quatre pièces au début, et on s'est retrouvé avec un cinq pièces vu qu'on voulait pas... ». Et il ajoute : « Enfin, sa situation était bien, elle était parfaite, mais il y avait une pièce de trop. Bon, c'était un petit peu plus cher au départ. » La maison avec le terrain coûtait 270 000 F en 1977 : « Le prix de départ, c'était pas cher du tout », précise Mme P. Et son mari en convient : « C'était relativement pas cher par rapport aux autres ». Cependant, le prix qu'ils paieront en fait sera beaucoup plus élevé : « Mais, attention, on va rembourser le double ! »

Tout était fait pourtant pour leur donner le sentiment que cette maison était « bon marché ». A la réservation en 1976, ils n'ont eu à payer que 2 500 F. « On pouvait se désister, et on perdait juste 500 F de dossier. Donc, disons, c'était pas risqué », explique M. P. Leur apport personnel étant de 40 000 F, il leur fallait demander des crédits. Le Crédit foncier leur a consenti un prêt : « dans les 126 000 F » ; ils avaient aussi 50 000 F sur un plan d'épargne logement. « Et puis, parce que ça ne suffisait pas », ils ont aussi sollicité un prêt de la société où travaillait Mme P., 50 000 F. Un ancien collègue de M. P. qui avait acheté une maison Phénix s'en disait « content ». M. P. n'avait donc pas de préjugés défavorables. « On » leur avait bien dit que les maisons Phénix, c'était « sonore, c'était pas du costaud parce que c'était des plaques de béton, enfin du préfabriqué. Alors, ça me chagrinait un petit peu tout ça », raconte Mme P. qui ajoute un peu plus tard : « Mais pour nous à l'origine, c'était pas cher, et dans un endroit qui nous convenait. » Et M. P. précise : « On aurait bien voulu autre chose, mais on ne pouvait pas payer. » Faisant de nécessité vertu, ils se sont dit : « Bon, c'est pas plus mal qu'autre chose. » Tous deux ont beaucoup travaillé pour aménager leur maison : terrasse, travaux d'isolation, double vitrage, jardin potager, pelouse sur un terrain qui était en friche au départ. Évidemment, « les maisons sont un peu trop rapprochées les unes par rapport aux autres » ; et ils déplorent la sonorité des cloisons, la dimension réduite du garage, l'absence de sous-sol et de coin pour bricoler, le bruit de la chaudière... La gare est loin : le vendeur leur avait assuré qu'une nouvelle gare serait construite en face du lotissement, mais elle a été reconstruite sur l'emplacement de l'ancienne gare. Le terrain autour de la maison est de mauvaise qualité : lorsqu'ils ont construit, « ils ont enlevé la terre qu'ils ont revendue et après ils ont ramené du goudron, enfin toutes les saletés qu'ils ont récupérées », et ajouté seulement 10 cm de terre végétale. Il leur est beaucoup plus difficile d'énumérer ce qui leur plaît dans la maison ; ils ont au moins une satisfaction : leur maison n'est pas une maison sur catalogue, elle n'existe pas sur le catalogue Phénix, un architecte a conçu des maisons spécialement pour ce programme.

Ils savent qu'ils resteront peut-être toujours dans cette maison mais ils espèrent bien pouvoir changer d'ici cinq ou six ans, avoir « autre chose de mieux ». « Notre but, dit Mme P., c'est toujours d'avoir une maison pour nous, surtout seuls » ; « 100 m^2, c'est suffisant », ajoute son mari qui voudrait beaucoup avoir un sous-sol : « Pour moi, c'est la liberté. » Ils ne veulent plus de maison Phénix, ni de construction industrialisée ; « l'idéal, ce serait de faire faire ça par un artisan, en lui disant : "Moi, je la veux comme ça" ». Et, s'ils sont obligés de faire appel à un constructeur, ils seront plus « exigeants » que la première fois.

M. et Mme B. qui ont acheté en 1980 une maison Bâti Service dans un lotissement composé de 40 maisons, aux Essarts-le-Roi, non loin de la forêt, près de Rambouillet, font aussi partie de ces « nouveaux accédants » à la propriété, qui, bien qu'ils soient situés dans le secteur gauche de l'espace social, disposent de plus de capital économique et surtout de capital culturel et scolaire que M. et Mme P. Agé de 30 ans au moment de l'entretien (en 1985), M. B. est né en Algérie, où son père était militaire de carrière – « l'équivalent d'agent de maîtrise supérieur » ; il est arrivé en France en 1962 ; après ses études secondaires et supérieures à l'École nationale de la statistique et de l'administration économique (ENSAE), il est entré comme ingénieur à l'EDF à Paris. Ses parents (sa mère est secrétaire) « avaient mis le paquet sur les études » de leurs enfants : son frère est médecin, sa sœur infirmière. Mme B., qui est née en Tunisie, a le même âge que son mari : fille d'un dirigeant de petite PME, elle a fait une maîtrise d'informatique à l'université, suivi l'Institut d'administration des entreprises et est ingénieur dans une grande société privée. Mariés depuis quatre ans, ils ont deux petites filles et souhaitent avoir un troisième enfant « d'ici deux ans ».

Étant au début locataires d'un appartement en banlieue, ils se sont dit, dès qu'ils ont eu « un peu d'argent de côté » (environ 120 000 F) : « On va se lancer, on va acheter quelque chose. » Ne pouvant se résoudre aux petits espaces des appartements parisiens, n'ayant pas envie d'aller en immeuble (« en immeuble, je ne me sens pas chez moi, le fait de partager, d'avoir des parties communes, type ascenseur, j'aime pas beaucoup ça », explique M. B.) et ayant « décidé de faire du train », ils ont entrepris de rechercher à Saint-Quentin-en-Yvelines ou dans cette région, « un truc aux alentours de 400 000 à 450 000 F ». Ils ont failli acheter un programme de Ricardo Bofill, mais au dernier moment ont renoncé, car plusieurs choses ne leur plaisaient pas : forme des pièces, absence de cave, etc. « Un jour dans un des indicateurs des appartements du coin, on a vu Les Essarts-le-Roi. Les Essarts, on connaissait et on aimait bien. On s'est dit : "C'est quand même embêtant, ça nous fait un peu plus loin que

Maurepas pour aller sur Paris." Et puis, on est venus voir. [...] Bon, il n'y avait rien, hein ! C'était sur plan. Il y avait une grande pancarte Bâti Service, et une espèce de petite roulotte avec une petite dame qui s'ennuyait à mourir dedans. Elle avait une belle maquette. » Après avoir été voir tout près une maison équivalente à la leur, ils se sont décidés en peu de jours. « Au point de vue prix, c'était un peu plus cher (520 000 F) que ce qu'on pensait, mais enfin, on sentait qu'on pouvait passer en tirant un peu. » Ils ont obtenu facilement les prêts nécessaires, ont signé en 1980 et emménagé en 1981. Le « coin » leur plaisait, ils avaient des « copains ». Surtout « ça nous a beaucoup plu, le fait d'être vraiment seuls [...], en plus vous pouviez mettre un petit enclos. Alors, on ne se faisait pas beaucoup d'illusions parce qu'on savait quand même que c'était un lotissement et qu'il y avait des problèmes de type copropriété, mais ils seraient vraiment amoindris par rapport à l'immeuble ».

Leur trajectoire sociale, leurs déplacements successifs, leur profession les ont sans doute inclinés à une vision quelque peu désenchantée, fonctionnaliste, du logement. Ce qu'ils recherchaient et ce qui leur a plu dans la maison Bâti Service qu'ils ont achetée, c'était « un truc fonctionnel, quelque chose de fonctionnel avec des pièces rangeables où on puisse mettre des choses [...] ; on voulait quelque chose de clair, de simple, on est allés voir les maisons Bâti Service, honnêtement, on n'a pas dit : "c'est le pied" hein !, on a dit : "c'est bien, c'est sobre, c'est standard" ». Mais ils ne seraient pas allés pour autant dans une maison Phénix : « Ça fait Merlin-Plage, vous savez. C'est plutôt l'image du pavillon mécano en gros et je trouve que ça vieillit mal. »

M. et Mme B. ont suivi de près la construction de leur maison, ce qui leur a permis d'éviter quelques déboires au moment de la livraison : c'est ainsi qu'ils avaient repéré que la fenêtre de la cuisine avait été oubliée et placée au garage. Lorsqu'ils ont dit au chef de chantier qu'ils pensaient qu'il s'était trompé, ce dernier s'est mis en colère ; cependant, deux jours après, tout était remis en place. Ils ont eu beaucoup moins de problèmes dus aux malfaçons que la plupart des autres propriétaires du lotissement. Ainsi un voisin avait un tuyau d'évacuation bouché et on a dû casser sa cuisine au marteau-piqueur. Mais les incidents ont tout de même été nombreux : restrictions d'électricité pour tous pendant les deux premiers mois, garages inondés les jours d'orage, parkings si petits et si mal conçus que les conflits sont nombreux, murs entiers qui se décollent, sans oublier les problèmes des chiens – « entre les chiens qui gueulent et les chiens qui pissent (rires), il y en a partout des chiens ». Les difficultés au moment de l'installation, les conflits avec le bâtisseur ont contribué à favoriser une forme de solidarité, d'entraide, mais peu à peu les relations se sont dégradées, les tensions se sont développées. M. et Mme B. ont veillé à rester en dehors des « histoires de voisinage », des réseaux d'invitations, tout en étant « bien avec tout le monde, mais superficiellement ». Les autres propriétaires sont en général des couples un peu plus âgés qu'eux, autour de 35-40 ans, qui ont pour la plupart deux enfants, « une population à majorité de fonctionnaires ou du secteur public ; beaucoup de gens de Renault, quelques-uns d'EDF, des PTT, des administrations comme Impôts, Police [...], des cadres moyens et des agents de maîtrise, beaucoup travaillent à deux ».

M. et Mme B. savent bien qu'ils ne resteront pas toute leur vie dans ce lotissement : dans quatre ans environ, ils pensent s'en aller et aimeraient ne plus retourner dans un lotissement. « Je veux une maison toute seule avec des murs autour. Point final. Je préférerais un truc purement individuel », déclare M. B., tandis que sa femme souhaite que cette prochaine maison ne soit pas trop isolée, pas trop éloignée des écoles ni d'un centre. Ils aimeraient rester dans le même « coin » ; du point de vue esthétique, ils préféreraient la « vieille maison avec des belles pierres », mais les maisons modernes, « c'est plus fonctionnel. On est sûr que ça marche parce qu'il n'y a pas de surprise. Et, puis à la limite, si on peut faire les plans soi-même, c'est une expérience assez intéressante. Alors, je ne sais pas. J'hésite un peu... ».

2 Capital technique et dispositions ascétiques

M. et Mme R. et leurs trois fils habitent une maison dont M. R. a dessiné les plans et qu'il a construite lui-même, sur un terrain que son père et son grand-père avaient acheté sur les collines d'une ville minière de la région d'Aix-en-Provence. Originaire d'une famille de mineurs et élevé par ses grands-parents qui travaillaient tous deux à la mine – sa grand-mère travaillait au crible, au nettoyage du charbon –, M. R., âgé de 35 ans, est chef d'équipe à la mine. « Je suis au fond, à l'abattage ; je fais du charbon, avec bien sûr les moyens modernes de maintenant, mais enfin la mine sera toujours la mine. » Son père a travaillé lui aussi cinq ans dans la mine avant de s'installer, à son retour de captivité, dans une grande ville voisine, où il a occupé d'abord un emploi de bureau dans une perception avant d'ouvrir une droguerie à son compte.

M. R. a accumulé pendant plusieurs années un capital technique diversifié ; entre 16 et 30 ans, ce ne sont pas moins de cinq CAP qu'il a préparés dans les centres d'accélération de la mine et qu'il a obtenus. « Si on commence dès le départ, j'étais carrossier (dans des garages). Après, j'ai passé le CAP de peinture, puis un CAP de dessinateur industriel, après un CAP de mineur, CAP de boutefeu, et ensuite j'ai passé un CAP d'électromécanicien. C'est ça qui m'a permis de faire l'électricité, la plomberie, le chauffage... et par-dessus tout, je suis bricoleur à faire le maçon sur le toit. » « C'est dingue, on se demande vraiment, avec tous les CAP qu'il a, on devrait être milliardaires (rires) parce que moi, j'ai rien, hein ! Rien, rien, j'ai pas un seul CAP », s'exclame Mme R. qui est issue d'une famille plutôt modeste de rapatriés d'Algérie, n'a jamais exercé d'emploi et élève leurs trois fils de quatorze, six et cinq ans.

Après avoir habité les six premières années de leur mariage en HLM dans une ZAC d'une grande ville voisine, puis dans une maison de fonction près de la mine où ils ne payaient pas de loyer, M. R. a commencé à construire leur maison. Grâce à un fort capital technique, mis au service de dispositions ascétiques qu'il a en commun avec son épouse (« aussi bien lui que moi, on est fourmis », dit Mme R.), il a pu réaliser son projet, avec un capital économique de départ très faible : 40 000 F environ, et sans recourir au crédit. « Avec 40 000 F, on fait pas mal de trucs, vous savez. Le parpaing, à l'époque, il était à 1,75 F et donc vous pouviez en acheter 5 000 ou 6 000 de parpaings, et vous pouviez déjà faire deux maisons comme ça. Alors, on a acheté l'indispensable pour le démarrage de la maison [...]. Disons qu'avec ces premiers 4 millions (anciens), j'avais fait le vide sanitaire complet, la première chape, j'avais monté les murs au rez-de-chaussée et je commençais à monter le premier étage. Disons qu'en gros j'avais réussi à faire, avec cette somme, tout le parpaing et tout le gros œuvre, sans compter les menuiseries et tout ça. » Pendant cinq ou six ans, ils ont fait le maximum possible d'économies pour pouvoir acheter le matériel nécessaire pour la construction. « Au fur et à mesure qu'il travaillait, l'argent rentrait, on économisait et on rachetait », explique Mme R. Ayant décidé de « faire tout pour la maison », ils n'ont plus rien acheté qui ne soit pas indispensable. « On n'a pas acheté une assiette mais alors rien, rien, c'est-à-dire manger, deux paires de jeans et deux pull-overs par an. Disons que, pendant cinq années, on a tout misé sur la maison, mais sur l'intérieur parce que l'extérieur, mon mari est en train de le faire maintenant, et on se prive beaucoup moins qu'avant. » M. R. a tout fait pratiquement lui-même dans sa maison, à l'exception des plâtres au plafond, de l'escalier et de la pose du chauffage central pour « la bonne raison » qu'il aurait fallu quatre ou cinq mois pour le faire et que cela aurait retardé l'entrée dans la maison.

La construction de la maison, qui a coûté au total 220 000 F, a exigé des économies rigoureuses mais aussi et peut-être plus encore un investissement considérable en temps. « Quand je faisais ma maison ici, je faisais dix-huit, dix-neuf heures de travail par jour. Des fois, je me levais à 3 h 30 le matin, jusqu'à 9 h 30 du soir, je travaillais sans interruption, avec juste un sandwich entre midi et 2 heures ; pendant trois ans, ça a duré comme ça. Et j'ai jamais craqué, samedi et dimanche compris, Noël et Jour de l'An compris. » En cela, M. R. n'est pas « une exception, non, parce que celui qui travaille à la mine, de toute façon, en principe, c'est un bosseur, pas de problème. Sans ça, il ne va pas à la mine ». Il fallait investir beaucoup de temps pour faire les travaux ; et aussi pour choisir les artisans appelés à réaliser les travaux que M. R. n'a pas faits lui-même ou pour trouver des matériaux de bonne qualité au prix le plus bas possible. « Avant de se lancer à commander une personne à venir, déjà, nous, on y passait déjà deux mois, hein ! Alors lui... et lui ou lui, on se renseignait avant toutes choses, savoir si l'artisan, il était quelqu'un de valable, voir qu'il ne soit pas à refaire trois fois le travail parce que c'est pas intéressant. C'est même pas une question d'argent, c'est une perte de temps », explique M. R. qui ajoute un peu plus tard : « Nous, on discute toujours les prix avec les entrepreneurs, les uns et les autres, elle parce qu'elle est pied-noir, et moi parce que ça a toujours été comme ça, on essaie toujours de s'arranger. » Mais, dans le cas du carrelage, « on ne peut pas gagner beaucoup, peut-être 10 % à tout casser, et encore en calculant les moins chers, en allant voir à droite, à gauche, en regardant tous les bouquins. Ça demande beaucoup de temps et, en fin de compte, on n'y gagne pas des masses des fois. Mais on a toujours essayé d'avoir du bon matériel, pas très cher, enfin le moins cher possible ».

Il est clair que la maison leur apporte maintenant beaucoup de satisfactions : « C'est sûr que notre maison a une histoire, chaque élément de notre maison a une histoire, alors que des gens qui achètent une maison comme ça, "clés en mains", comme on dit... », et Mme R. n'achève pas sa phrase qui est pleine de sous-entendus. Un peu plus tard, elle précisera cependant que prendre un crédit de vingt ans pour acheter une maison, c'est trop long, et surtout ce n'est « pas honnête » parce que « vous payez trois fois à peu près votre maison ». « Ou alors, ce qui se passe aussi, c'est que le père et la mère travaillent souvent pour faire face aux dettes, et les enfants malheureusement... Vous voyez, mon aîné-là, il vient de rentrer du collège, il est 3 h 20, il sait que sa mère est là, il rentre à la maison. » La maison, « on est fiers, on vous en parlerait pendant des heures ».

L'histoire de leur maison est inséparable de l'histoire de leur famille. Sa construction était prévue de longue date ; ils en ont « toujours parlé » ; et M. R., depuis qu'il était « tout petit », savait très bien qu'il construirait sa maison en cet endroit pour vivre. Ils ont souhaité que « les enfants soient là » avant que Mme R. ait 30 ans ; les charges de la maison et les charges de l'éducation des enfants, particulièrement lourdes au moment de l'adolescence, n'auront pas pesé en même temps. Le temps des privations les plus fortes est passé ; il leur arrive d'aller au restaurant : « rarement, mais il nous arrive, avec nos enfants, parce que nous sommes tellement habitués à avoir nos enfants avec nous que, même pour aller quelque part, on les emmène toujours avec nous. Il se passe quelque chose chez nous, c'est que moralement, nous on est une famille et on tient à le rester. Ça, c'est très important pour nous. Nos enfants font partie de nous, et nous de nos enfants, et de la maison, et tout est un globe », explique Mme R. Lorsque, après six années entières consacrées à la construction de la maison, ils sont partis en vacances en Corse, ce fut en famille dans un village-vacances ; ils partaient le matin à 9 heures à la pêche, et les autres gens du village-vacances ne les voyaient pas. « Vraiment, c'est idiot, mais c'est comme ça, on n'a pas du tout participé – à part l'aîné qui a été danser un ou deux soirs – à la vie du camp, parce que justement on se suffisait à nous-mêmes. »

L'organisation interne de la maison a été prévue en fonction de l'avenir, de la vieillesse : chambre et salle de bains seront en bas quand ils ne pourront plus monter l'escalier. La retraite que M. R. prendra à 53 ans, ils espèrent bien pouvoir en profiter pour faire des voyages et « avoir une vie à deux » qu'ils n'ont jamais eue, car lorsqu'ils se sont connus Mme R. avait déjà un fils d'un premier mariage. Ils ne cessent de réfléchir à « plus loin » ; ils pensent déjà à partager leur terrain en trois afin d'y faire construire une maison pour chacun de leurs fils ou que leurs fils puissent y construire eux-mêmes. Bien sûr, « à l'heure actuelle, le travail, ça demande de se déplacer », et leurs fils ne pourront peut-être pas habiter là, mais « ce qu'il y a de sûr, c'est qu'on aimerait que nos gamins, ils aient une maison quand même, de façon à avoir un toit sur la tête ».

Propriétaires et locataires de maisons et d'appartements

	Propriétaires						Locataires						Ensemble
	maison individuelle			appartement			maison individuelle			appartement			
	IdF	Prov.	Fr.	IdF	Prov.	Fr.	IdF	Prov.	Fr.	IdF	Prov.	Fr.	
Agri : ouvrier	0,6	0,7	0,7	0,2	0,0*	0,1	3,5	1,9	2,0	0,3	0,5	0,4	0,6
Agri : petit	–	1,1	1,0	–	0,4	0,2	–	0,2	0,2	–	0,0*	0,0*	0,5
Agri : moyen	0,0*	1,2	1,1	–	0,1	0,1	–	0,4	0,4	–	0,0*	0,0*	0,5
Agri : grand	0,1	0,6	0,5	–	0,2	0,1	–	0,2	0,2	–	0,0*	0,0*	0,3
Agri : retraité	0,3	3,9	3,5	0,2	1,4	0,9	–	2,5	2,3	0,1	0,8	0,6	2,0
ONQ : artisan	0,5	0,9	0,9	0,8	0,6	0,7	0,4	3,1	2,9	2,0	2,8	2,6	1,6
ONQ : industriel	1,5	3,9	3,7	1,4	1,5	1,5	5,6	9,3	9,1	3,8	7,8	6,6	4,9
Chauffeurs	1,6	2,8	2,7	1,1	1,3	1,2	1,6	3,1	3,0	3,1	2,7	2,8	2,6
OQ manutention	1,2	1,5	1,5	0,6	0,6	0,6	3,0	2,5	2,6	1,6	2,1	1,9	1,6
OQ artisan	3,8	4,8	4,7	2,9	4,3	3,8	6,5	8,4	8,2	5,8	7,9	7,2	5,8
OQ industriel	4,8	8,7	8,3	3,4	5,2	4,5	6,5	9,7	9,5	6,6	9,5	8,6	8,0
Contremaître	5,9	3,7	3,9	2,6	2,2	2,4	4,6	3,1	3,2	2,3	1,4	1,7	2,8
Pers. de service	0,6	0,8	0,8	1,4	0,7	1,0	0,5	1,0	0,9	2,1	2,0	2,0	1,2
Retraité ouvrier	9,4	12,5	12,2	4,5	8,9	7,3	8,4	11,6	11,4	6,2	8,5	7,8	9,9
Artisan	3,0	4,0	3,9	2,0	3,5	3,0	4,6	2,3	2,4	2,1	1,8	1,9	2,9
Commerçant	2,6	1,8	1,9	1,9	2,3	2,2	2,1	2,0	2,0	1,2	1,4	1,4	1,7
Retraité artisan com.	2,6	3,9	3,8	3,4	6,4	5,3	0,4	1,3	1,2	1,1	2,0	1,7	3,0
Police	1,6	1,0	1,1	0,5	0,8	0,7	2,3	1,8	1,8	2,0	1,8	1,9	1,4
Empl. commerce	0,4	0,6	0,6	0,5	0,7	0,6	2,5	0,7	0,8	1,7	2,1	2,0	1,1
Empl. adm. entr.	3,4	2,1	2,3	4,9	4,3	4,5	2,6	2,7	2,7	8,3	4,6	5,8	3,8
Empl. public	1,8	2,6	2,6	2,1	3,0	2,7	2,4	2,3	2,3	6,3	5,3	5,6	3,6
Empl. retraité	6,1	5,5	5,5	6,6	6,7	6,7	3,5	3,4	3,4	6,1	5,7	5,8	5,6
Interm. adm. com.	5,8	3,0	3,3	7,2	3,8	5,1	6,0	2,9	3,1	5,6	3,2	3,9	3,7
Interm. public	1,1	1,1	1,1	0,9	1,0	1,0	1,5	1,2	1,2	1,2	1,0	1,0	1,0
Interm. santé	0,9	1,2	1,2	1,5	1,5	1,5	1,1	1,0	1,0	1,8	1,9	1,9	1,4
Technicien	6,5	3,6	3,9	6,0	3,5	4,4	7,7	2,4	2,8	4,7	2,9	3,5	3,7
Instituteur	1,2	1,7	1,7	1,6	2,3	2,1	1,8	1,1	1,1	1,4	1,6	1,5	1,6
Retraité interm.	7,2	5,3	5,5	6,1	7,4	6,9	–	2,3	2,1	2,9	2,6	2,7	4,4
Chef d'entreprise	0,4	0,6	0,5	0,8	1,2	1,0	–	0,1	0,1	0,2	0,2	0,2	0,5
Cadre adm. entr.	5,3	1,9	2,2	7,3	3,7	5,0	4,2	2,7	2,8	3,9	1,3	2,1	2,6
Ingénieurs	7,1	1,9	2,5	8,2	1,4	3,9	8,2	2,6	3,0	3,0	1,3	1,8	2,5
Cadres public	1,3	0,8	0,9	2,7	1,1	1,7	1,8	1,4	1,4	1,3	0,8	1,0	1,1
Professeurs	1,7	1,2	1,2	2,1	2,0	2,0	1,0	1,2	1,2	2,0	1,2	1,4	1,4
Prof. libérales	1,6	0,9	1,0	1,9	2,0	2,0	1,4	0,8	0,8	0,9	0,6	0,7	1,0
Prof. artistiques	0,5	0,2	0,2	1,4	0,3	0,7	1,3	0,5	0,5	1,2	0,3	0,6	0,5
Retraité cadre	4,1	2,6	2,8	6,6	6,7	6,7	1,3	1,0	1,0	1,9	0,8	1,2	2,5
Autres	3,6	4,9	4,8	4,5	6,9	5,9	1,6	5,4	5,1	5,0	9,6	8,1	6,2
Total	100	100	100	100	100	100	100	100	100	100	100	100	100

Répartition par diplôme

	Propriétaires						Locataires						Ens.
	maison individuelle			appartement			maison individuelle			appartement			
	IdF	Prov.	Fr.	IdF	Prov.	Fr.	IdF	Prov.	Fr.	IdF	Prov.	Fr.	
Sans diplôme	17,7	28,5	27,3	11,4	20,4	17,0	23,6	34,0	33,3	22,1	31,5	28,5	27,0
CEP	46,5	48,1	47,9	32,9	42,2	38,8	37,8	40,4	40,2	35,6	39,3	38,1	42,6
BEPC	14,3	9,5	10,0	15,6	14,5	14,9	11,4	10,9	10,9	14,7	12,2	13,0	11,7
Bac	7,2	5,8	5,9	12,4	9,2	10,4	10,8	5,8	6,2	10,9	7,9	8,9	7,6
DUT	4,0	3,5	3,5	5,0	4,3	4,5	4,5	3,1	3,2	4,2	3,9	4,0	3,8
Licence	8,0	3,1	3,7	16,9	6,4	10,3	7,8	4,7	4,9	8,8	3,6	5,3	5,2
Autres	2,2	1,5	1,6	5,8	3,0	4,0	4,0	1,0	1,2	3,6	1,5	2,1	2,1
Total	100	100	100	100	100	100	100	100	100	100	100	100	100

Répartition par revenu

	Propriétaires						Locataires						Ens.
	maison individuelle			appartement			maison individuelle			appartement			
	IdF	Prov.	Fr.	IdF	Prov.	Fr.	IdF	Prov.	Fr.	IdF	Prov.	Fr.	
< 29 999 F	3,5	5,6	5,4	3,5	5,1	4,5	4,2	7,3	7,1	4,3	9,1	7,6	6,2
30-49 999 F	7,3	10,8	10,4	4,9	10,3	8,3	7,3	14,4	13,9	7,7	16,5	13,7	11,7
50-64 999 F	5,3	9,8	9,3	6,2	9,3	8,2	9,3	12,9	12,7	10,9	15,9	14,3	11,3
65-79 999 F	4,6	9,6	9,1	6,9	10,6	9,2	5,9	12,2	11,8	12,0	13,5	13,0	10,8
80-99 999 F	8,2	12,7	12,2	10,5	12,8	11,9	12,3	16,3	16,0	13,8	14,9	14,5	13,4
100-119 999 F	7,8	12,6	12,1	8,4	9,4	9,1	10,4	11,9	11,8	11,0	11,0	11,0	11,3
120-149 999 F	15,2	16,1	16,0	14,8	14,8	14,8	17,6	10,6	11,1	16,1	10,8	12,5	14,1
150-199 999 F	22,0	13,6	14,5	18,0	16,6	17,1	17,0	8,2	8,8	13,3	5,7	8,1	12,0
200 et +	26,1	9,1	10,9	26,7	11,0	16,8	15,9	6,0	6,7	10,8	2,5	5,1	9,2
Total	100	100	100	100	100	100	100	100	100	100	100	100	100

– effectifs nuls
* effectifs faibles
IdF : Ile-de-France
Prov. : Province
Fr. : France entière

Source : Enquête INSEE, 1984. Tableaux réalisés à notre demande.

III Le Salon de la maison individuelle*

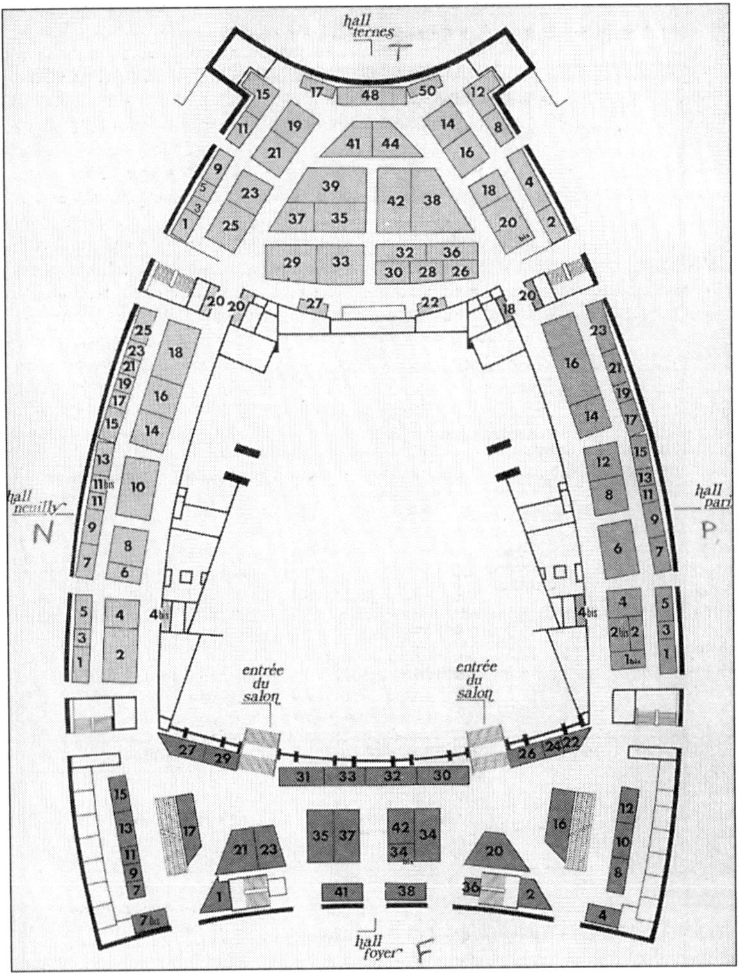

* Le schéma et sa légende sont extraits du *Guide de visite du Salon*, 1985, p. 6-7.

Le Salon de la maison individuelle, où sont représentés les sociétés, groupements ou entreprises qui veulent exister sur le marché, avec une place le plus souvent proportionnelle à leur poids dans le champ, donne une sorte de matérialisation directement lisible du champ de production (amputé, évidemment, des petites entreprises artisanales) et de la structure de l'offre. Ainsi, en 1985, les plus grands constructeurs, Phénix, Maison Bouygues, GMF et Bruno-Petit tiennent de grands stands, proches les uns des autres, en un lieu central du salon. Les sociétés moyennes sont fortement représentées, les plus petites étant le plus souvent reléguées dans les stands les plus petits et sur les marges. Des exceptions cependant : une société moyenne, Sergeco, qui ne construit qu'en Ile-de-France, occupe un stand important, non loin de Phénix et de Maison Bouygues (elle est dans une phase d'expansion et cherche à accroître sa visibilité ; elle a par exemple exposé dernièrement une maison en un lieu inhabituel, gare de l'Est, et présente des stands sur plusieurs lignes du RER, etc.). Les promoteurs sont peu nombreux, sans doute parce qu'ils préfèrent recourir à d'autres formes de manifestation. A l'arrière du salon, les représentants des administrations : ministère de l'Urbanisme, du Logement et des Transports, Électricité de France ; les organismes professionnels, UNSFA (Union nationale des syndicats français d'architecture), UNCMI (Union des constructeurs de maisons individuelles), Avocats Services. Les banques et organismes de financement sont relativement dispersés, les uns à l'arrière, les autres dans des positions plus centrales. Quant aux revues spécialisées, elles n'occupent pour la plupart que de petits stands (sauf l'une d'elles, *L'Indicateur Bertrand*, qui dispose d'un stand plus important).

CONSTRUCTEURS

- F36 A.J.M. Constructions
- P5 ALRIC Société
- F26 ARVI S.A.
- P2 BATCO Société
- N19 BATISSEURS D'ARMOR
- T26 BATIVOLUME
- T14 BEAUCE PERCHE CONSTRUCTION
- P4 BERVAL
- P21 BIZZOZZERO CONSTRUCTION
- P8 BREGUET CONSTRUCTION
- F41 CARD S.A.
- N13 CARON ET CHAMBON
- T5 CASTEL CONSTRUCTIONS
- N9 CLEVERTE
- N16 CONSTRUCTEURS DES RÉGIONS DE FRANCE
- N17 CO.RE.LA
- P20 C.T.R.
- N15 C.T.V.L. CONSTRUCTIONS TRADITIONNELLES DU VAL DE LOIRE
- T39 DONA CONSTRUCTIONS
- F34bis ENTREPRISE CURNIER (S.E.S. DUMEZ)
- T4 MAISONS BRUNO-PETIT
- T28 MAISONS CANDET
- F19 MAISON CÈVÉNOLE
- N7 MAISONS CHALET IDEAL
- P14 MAISONS COPRECO
- T37 MAISONS COSMOS-SEMIBAT
- T18 MAISONS DE L'AVENIR
- T42 MAISON DU G.S.C.I.C.
- F39 MAISONS ESTELLE
- T6 MAISON ÉVOLUTIVE – COFRA
- P18 MAISON FAMILIALE
- T25 MAISONS FRANCE CONFORT
- P13 MAISONS GOELAND S.A.
- P17 MAISON ISOLA
- N10 MAISONS KITECO
- F38 MAISONS LARA (SOCAREL)
- P6 MAISONS LELIÈVRE
- P1 MAISONS LEON GROSSE
- N14 MAISONS METAUT
- N20 MAISONS PASCAL MANTA
- T38 MAISONS PHÉNIX
- N11 MAISONS PRESTO-CONFORT
- F42 MAISONS PUMA
- N16 MAISONS ROUSILLON
- P7 MAISON SIC

LOTISSEURS

- N11bis CENTRALE TERRAINS COCIM
- T11 IMOBEL S.A.

MATÉRIAUX

- F9 ATLANTIC
- F13 PLACOPLATRE
- F11 SURCHISTE Société
- F15 TUILES ET BRIQUES DE FRANCE

ORGANISMES DE FINANCEMENT

- T50 CIRCI
- F29 COMPTOIR DES ENTREPRENEURS
- F20 CRÉDIT AGRICOLE
- T29 CRÉDIT FONCIER DE FRANCE
- T17 FICOFRANCE
- N2 G.R.E.P. CAISSE EPARGNE ECUREUIL
- F8et10 MINISTÈRE DES P.T.T.
- F27 S.A.C.I.A.C.
- P1bis SACIEP
- T21 U.C.B. Union de crédit pour le bâtiment

ORGANISMES PUBLICS,

CHAPITRE II

L'ÉTAT ET LA CONSTRUCTION DU MARCHÉ *

La demande avec laquelle les producteurs doivent compter est elle-même un produit social. Elle trouve son principe dans des schèmes de perception et d'appréciation socialement constitués et socialement entretenus et réactivés par l'action des publicitaires et de tous ceux qui, au travers des journaux féminins et des magazines consacrés à la maison, spécifient, renforcent et façonnent les attentes en matière d'habitation, en donnant en exemple leur art de vivre, et aussi par l'action des instances étatiques qui contribuent très directement à orienter les besoins en imposant des normes de qualité (à travers notamment l'action des instances à base locale, architectes départementaux, DDE, architectes conseils, etc.). Mais ce qui la caractérise en propre, c'est qu'elle est pour une grande part produite par l'État. En effet, les constructeurs, notamment les plus grands et les banques auxquelles ils sont liés, ont des moyens, autrement plus puissants que la simple publicité, de la façonner ; ils peuvent en particulier influencer les décisions politiques qui sont de nature à orienter les préférences des agents en encourageant ou en contrariant plus ou moins les dispositions premières des clients potentiels par des mesures administratives qui ont pour effet d'en empêcher ou d'en favoriser la réalisation. De fait, il est sans doute peu de marchés qui, autant que celui de la maison, soient non seulement contrôlés mais *véritablement construits par l'État*, tout spécialement à travers l'aide accordée aux particuliers, qui varie dans son volume et dans les modalités de son attribution, favorisant plus ou moins telle ou telle catégorie sociale et, par là, telle ou telle fraction de constructeurs.

* Ce chapitre s'appuie sur un article paru dans *Actes de la recherche en sciences sociales* (81-82, mars 1990) : P. Bourdieu et R. Christin, « La construction du marché » (p. 65-85).

La « politique du logement » : des grands ensembles à la maison individuelle

C'est ainsi que, dans les années 1960, s'impose une politique néo-libérale bien faite pour réconcilier ceux qui, selon une tradition ancienne, voient dans l'accession à la propriété d'une maison individuelle une manière d'attacher les nouveaux propriétaires à l'ordre établi en assurant à chacun « le droit individuel à l'acquisition d'un patrimoine minimum », comme l'écrit Valéry Giscard d'Estaing dans *Démocratie française*, et ceux qui, tout en dénonçant parfois la politique et la mythologie « pavillonnaires », ne proposent aucune mesure visant à dépasser les alternatives ordinaires entre l'habitat individuel et l'habitat collectif, assisté par la collectivité, nationale ou locale, et confusément associé au collectivisme.

La mise en place, au mois de septembre 1966, du marché hypothécaire qui ouvrait aux banques la faculté d'offrir des crédits à long terme et de réduire l'apport initial au moment même où de nouvelles modalités d'intervention étaient offertes aux institutions financières, bancaires ou non (création du compte d'épargne-logement, prêts spéciaux différés du Crédit foncier, remplacés en 1972 par les prêts immobiliers conventionnés, allongement des crédits bancaires-CCF à moyen terme, crédits promoteurs, etc.) a favorisé un financement bancaire massif de la construction qui a profité surtout aux constructeurs les plus importants : alors qu'en 1962 les banques ne distribuaient que 21,7 % des crédits au logement, leur part s'élevait en 1972 à 65,1 %, tandis qu'à l'inverse la part du secteur public tombait de 59,7 % à 29,7 % et celle des prêteurs de caractère non financier de 18,5 % en 1962 à 5,2 % en 1972.

Phénix, la plus ancienne des sociétés de construction, créée en 1945, n'accède à un volume de production annuelle important (200 maisons environ) qu'à partir de 1960 ; la plupart des constructeurs apparaissent dans les années 1960, et, dès le début de cette décennie, commencent à s'organiser pour essayer de convaincre les pouvoirs publics de revenir à une politique favorable à l'habitat individuel. Ainsi, en 1961, le PDG de la société Phénix regroupe dans le SMI (le Syndicat des constructeurs de maisons individuelles, qui deviendra l'Union nationale des constructeurs de maisons individuelles) un petit nombre d'entrepreneurs qui « croient au développement de la maison individuelle ». En 1962 se constitue, avec le soutien du SMI, le CIMINDI (Comité interprofessionnel de la maison individuelle), destiné à soutenir toutes les initiatives professionnelles allant dans le sens du développement de la construction de maisons individuelles. Le SMI participe à l'élaboration des textes régissant la profession (comme la loi du 16 juillet 1971) et agit en groupe de pression, notamment auprès des maires, en vue de démontrer la nécessité de substituer aux grands ensembles une politique de développement de la maison individuelle. En 1968, ces professionnels trouvent leur allié (ou leur porte-parole) en la personne d'Albin Chalandon, ministre de l'Équipement, qui se donne pour objectif d'accélérer le désengagement de l'État (commencé depuis 1966, avec la création du marché hypothécaire, etc.) et de faire entrer le logement dans la logique du marché, de favoriser l'accession à la propriété (en développant les crédits immobiliers, en étendant l'allocation logement à de nouvelles catégories de bénéficiaires et en mettant des terrains à bâtir à la disposition des constructeurs), de limiter la production de grands immeubles verticaux (circulaire du 30 novembre 1972) et d'encourager la production de maisons individuelles (notamment en lançant, le 31 mars 1969, un concours international de la maison individuelle).

Les entreprises de construction sur catalogue se développent rapidement au cours des années 1970, en s'appuyant sur les facilités offertes à la clientèle par les circuits publics de crédit et grâce à la réduction de l'apport initial exigé : alors que la construction sur commande (à une petite entreprise, à un architecte, etc.) exige une forte capacité d'épargne, la construction sur catalogue bénéficie de la plus forte quotité de prêts et exige l'apport personnel le plus faible. La loi du 16 juillet 1971 qui réorganise l'ensemble des professions de l'immobilier, institue le contrat de construction de maison individuelle, assurant aux acquéreurs potentiel un ensemble de garanties sur les sociétés de construction et offrant du même coup de nouvelles capacités d'intervention aux établissements bancaires qui apportent leur caution aux constructeurs et qui instaurent des relations étroites avec les plus grands d'entre eux. On voit ainsi que les rapports de force entre les grandes entreprises industrielles et les entreprises petites ou moyennes qui coexistent sur le même marché dépendent de la « politique du logement » et, en particulier, des règlements qui régissent l'aide publique à la construction et l'octroi de crédits, introduisant autant d'arbitrages entre les occupants de positions différentes dans le champ de production.

Chronique de la genèse d'une politique

Le marché du logement est soutenu et contrôlé, directement et indirectement, par les pouvoirs publics. L'État en fixe les règles de fonctionnement à travers toute une *réglementation spécifique* qui vient s'ajouter à l'infrastructure juridique (droit de propriété, droit commercial, droit du travail, droit des contrats, etc.) et à la réglementation générale (blocage ou contrôle des prix, encadrement du crédit, etc.). Pour comprendre la logique de ce marché bureaucratiquement construit et contrôlé, il faut donc décrire la genèse des règles et des règlements qui en définissent le fonctionnement, c'est-à-dire faire l'histoire sociale du champ clos où s'affrontent, avec des armes et des fins différentes, des membres de la haute fonction publique compétents en matière de logement, de construction ou de finances et des représentants d'intérêts privés dans le domaine du logement ou du financement. C'est en effet dans les rapports de force et de lutte entre, d'un côté, des agents ou des institutions bureaucratiques investis de pouvoirs différents et souvent concurrents et dotés d'intérêts de corps parfois antagonistes et, de l'autre, des institutions ou des agents (groupes de pression, lobbies, etc.) qui interviennent pour faire triompher leurs intérêts ou ceux de leurs mandants, que se définissent, sur la base d'antagonismes ou d'alliances d'intérêts et d'affinités d'habitus, les règlements qui régissent le monde de l'immobilier. Les luttes pour transformer ou conserver les représentations légitimes qui, une fois investies de l'efficacité symbolique et pratique du règlement officiel, sont capables de commander réellement les pratiques sont une des dimensions fondamentales des luttes politiques pour le pouvoir sur les instruments de pouvoir étatique, c'est-à-dire, en généralisant la formule de Max Weber, pour le monopole de la violence physique *et symbolique* légitime.

Pour comprendre la « politique de l'État » en chacun des domaines dont il a la charge, il faudrait savoir comment se présentent les différentes prises de position sur le problème considéré et les rapports de force entre leurs défenseurs ; il faudrait aussi connaître l'état de l'opinion de *la fraction mobilisée et orga-*

nisée des « opinion makers » (hommes politiques, journalistes spécialisés, publicitaires, etc.) et des groupes de pression (organisations professionnelles, patronales, syndicales, associations de consommateurs, etc.), en ayant à l'esprit que l'enquête sociologique ne fait qu'enregistrer le résultat à un certain moment d'un travail politique auquel les membres de la haute fonction publique ont eux-mêmes contribué et dont les effets peuvent s'exercer sur eux en retour.

Le champ de la haute fonction publique est le lieu d'un débat permanent à propos de la fonction même de l'État. Les fonctionnaires qui ont partie liée avec des organisations bureaucratiques orientées vers l'une ou l'autre des grandes fonctions étatiques (ministères, directions, services, etc.) tendent à affirmer et à défendre leur existence en défendant l'existence de ces organismes et en travaillant à l'accomplissement de ces fonctions. Mais ce n'est là qu'un des principes des antagonismes qui divisent le champ de la fonction publique et qui orientent les grands « choix » politiques, notamment en matière de logement. Pour rendre compte du fait que les « pouvoirs publics » aient « choisi », dans le cas du logement, de coordonner la production et la distribution par l'intermédiaire d'une réglementation administrative plutôt que de laisser faire les forces du marché, il faut en outre prendre en considération, premièrement, l'état des représentations sociales, implicites ou objectivées dans le droit ou la réglementation, qui imposent que soient assurés à tous certains services insubstituables ; et, deuxièmement, les imperfections ou les défaillances de la concurrence et de la logique du marché qui, dans un état déterminé de la conscience sociale du tolérable et de l'intolérable et de la définition des besoins légitimes, imposent une intervention destinée à protéger les intérêts des usagers contre une discrimination inacceptable par les prix. On peut ainsi poser que la production d'un bien ou d'un service a d'autant plus de chances d'être contrôlée par l'État que ce bien ou ce service s'impose comme plus indispensable à ce que l'on peut appeler l'*opinion mobilisée ou agissante* (par opposition à l'idée ordinaire d'« opinion publique ») et que le marché est plus défaillant en la matière.

Si le champ de la haute fonction publique dispose d'une autonomie indiscutable, qui s'enracine dans ses structures objectives, ses traditions et ses règles propres, et dans les dispositions des agents, il reste que les luttes de concurrence qui s'y déroulent doivent une part de leur logique aux pressions, aux injonctions ou aux influences externes. Chacun des agents ou groupes d'agents tend en effet à s'appuyer, pour imposer sa vision politique – et faire avancer ses intérêts spécifiques –, sur les forces externes et sur leurs porte-parole au sein des instances représentatives (assemblées parlementaires, commissions, etc.) et à puiser plus ou moins consciemment dans les représentations que les agents sociaux produisent individuellement et collectivement. Pour comprendre vraiment l'état de ces représentations, il conviendrait de décrire l'action des agents et des institutions qui, tant dans l'administration qu'à l'extérieur, ont contribué à inscrire le droit au logement parmi les droits fondamentaux (avec la loi du 22 juin 1982, titre 1, article 1) : réformateurs sociaux, associations familiales, syndicats, partis, chercheurs en sciences sociales, etc. C'est en effet la longue histoire de toutes ces entreprises réformatrices qui trouve son aboutissement dans la « politique du logement » telle qu'elle se trouve réalisée, à un moment donné, dans un certain nombre d'institutions (règlements, organismes spécialisés, procédures d'aide financière, etc.), objectivation provisoire d'un état du rapport de force structurel entre les différents agents ou institutions intéressés qui agissent en vue de conserver ou de transformer le statu quo en cette matière.

Choisir de faire porter l'étude sur la période 1974-1976, au cours de laquelle la « politique du logement » a fait l'objet de maintes réflexions et réformes (*Livre blanc* des HLM, Commission Barre, Commission Nora-Eveno et, dans une moindre mesure, Comité de l'habitat du 7ᵉ Plan), c'était s'attacher à un moment critique, où les antagonismes se déclarent et où se met en place l'ordre réglementaire qui est resté en vigueur jusqu'à la fin des années 1980. Depuis le début des années 1970, l'idée d'une réforme de la politique du logement est dans l'air. Le système d'aide à la construction qui est encore en vigueur est dominé par l'*aide à la pierre*, aide financière publique apportée à l'investissement d'un maître d'ouvrage, sous la forme d'un prêt à taux très avantageux[1]. Institué par la loi du 3 septembre 1947, ce

1. Avant la loi de 1977, qui met en œuvre des recommandations de la Commission Barre, ces prêts étaient à taux fixe et pour une durée de quarante-cinq ans. Après 1977, les taux sont indexés, les annuités progressives et la durée est ramenée à trente-quatre ans, avec comme contrepartie l'augmentation de l'aide à la personne.

système d'attribution a été complété en 1948 par des mesures limitées (appelées « allocation logement ») d'*aide à la personne*, aide financière publique apportée aux personnes en vue d'alléger les mensualités d'un crédit contracté pour l'achat d'un logement, et calculée en fonction des ressources et de la situation familiale[2]. Ce système fait l'objet de nombreuses critiques bien qu'il ait été diversifié et complété au cours des années par toute une série de mesures complémentaires. On lui reproche de favoriser divers effets négatifs tels que l'inégalité sociale devant l'habitat, la qualité insuffisante de la construction neuve et la dégradation du parc existant. A la fin des années 1960, la nécessité d'une réforme paraît s'imposer de plus en plus dans les « milieux dirigeants », à travers notamment les réflexions individuelles ou collectives qui alimentent les travaux des commissions des 5e et 6e Plans.

C'est, en 1965, l'ouvrage de Claude Alphandéry, *Pour une politique du logement*; c'est, en 1969, le Rapport Consigny, bilan du travail d'une commission réunie à la demande d'Albin Chalandon; c'est, toujours en 1969, la Commission de l'habitation du 6e Plan, présidée par Claude Alphandéry. (A la différence de Pierre Consigny, désormais installé dans des fonctions administratives, Claude Alphandéry joue encore un rôle important en 1975 parmi les novateurs : il est directeur de la direction du Bâtiment au ministère de l'Équipement.) Mais aucun de ces travaux ne remet véritablement en cause le principe de l'aide à la pierre. La contribution majeure à la réflexion des réformateurs a été apportée en 1970 par deux jeunes fonctionnaires de la direction de la Prévision du ministère des Finances (tenu à l'époque par Valéry Giscard d'Estaing), Yves Carsalade, ingénieur du Génie maritime, et Hubert Lévy-Lambert, ingénieur des Mines[3]. Ceux-ci s'appuient sur un modèle de simulation mathématique, dit modèle Polo, permettant de prévoir les conséquences des décisions en matière de logement, pour critiquer le régime d'aide en vigueur (les règles d'affectation des HLM favorisent les ménages les plus sol-

2. Depuis 1977, tout nouveau logement construit ouvre droit à l'APL (Aide personnalisée au logement) ; il en va de même pour certains logements anciens.
3. Cf. Y. Carsalade et H. Lévy-Lambert, Note jointe au Rapport du groupe « Interventions publiques » de la Commission de l'habitation du 6e Plan, t. II, p. 175 *sq.*; H. Lévy-Lambert, « Modèle de choix en matière de politique du logement », *Revue d'économie politique*, 6, 1968, p. 938, et *La Vérité des prix*, Paris, Éditions du Seuil, 1969.

vables au détriment des pauvres; l'aide personnelle serait moins coûteuse pour l'État que l'aide à la pierre) et pour défendre un retour à la logique du marché associé à une aide personnelle (ou, plus précisément, personnalisée) variant en fonction du revenu et de la situation de famille des bénéficiaires. Tout permet de penser que ces deux fonctionnaires (que l'on retrouvera dans l'analyse statistique présentée ci-dessous) s'inspiraient surtout de l'intention toute théorique de mettre au point, à propos du logement pris comme terrain d'application, un modèle permettant la simulation des phénomènes économiques plutôt que d'un projet politique de transformation.

C'est seulement entre 1971 et 1974 que les pouvoirs publics commencent à mettre en œuvre toutes ces propositions théoriques dans une série de réformes: loi de juillet 1971 créant l'allocation logement à caractère social, réforme du financement en 1972, concentration des prêts du Crédit foncier sur les ménages à revenu moyen, création des prêts immobiliers conventionnés. Mais, comme ces mesures laissent intact le fondement de tout le système, l'aide à la pierre « modulée » selon la catégorie de logement, elles n'ont pour effet que d'en augmenter considérablement la complexité sans en accroître l'efficacité. Si l'on en croit le témoignage de Pierre Richard, jeune ingénieur des Ponts et Chaussées, l'idée se répand de plus en plus que l'aide à la pierre doit être abandonnée.

Formée par l'alliance conjoncturelle de jeunes polytechniciens qui, comme leurs anciens, Yves Carsalade et Hubert Lévy-Lambert quelques années plus tôt, s'efforcent d'inventer des formes plus efficaces et plus économiques d'allocation de l'aide étatique, et de jeunes énarques qui, tout en se préoccupant comme eux d'alléger la charge de l'État, veulent faire avancer une vision libérale, l'avant-garde doit compter avec une bureaucratie de gestionnaires qui, attachés à défendre leurs intérêts spécifiques de position et de corps, se montrent beaucoup plus prudents. Jeune inspecteur des Finances (né en 1937 d'un père avocat à la Cour d'appel) qui occupera plus tard le poste de rapporteur général de la Commission Barre, Antoine Jeancourt-Galignani est très proche des jeunes novateurs du Groupe de recherche et d'étude pour la construction et l'habitation (GRECOH). Véritable cabinet économique et financier de la direction de la Construction, cet organisme réunit, à côté d'un énarque comme Jacques Lebhar (né, d'un père financier, en 1946), une majorité de polytechniciens comme Georges Crepey (né en 1943), sorti en 1967 de l'école des Ponts et Chaussées et successivement chef du bureau des études économiques du GRECOH – jusqu'en 1971 –, puis chargé du service des statistiques et des études économiques à la DBTPC (direction du Bâtiment, des Travaux publics et de la Construction) et enfin, en 1974, directeur du GRECOH à la direction de la Construction, qui tiendra le rôle, déterminant, de rapporteur adjoint (auprès d'Antoine Jeancourt-Galignani) de la Commission Barre, et qui est aussi lié au responsable de la Division des études sur le logement de l'INSEE, Pierre Durif, auteur du modèle Allo traitant de l'allocation logement (et dont les travaux sur le marché de la maison individuelle, cités ci-dessus, font autorité). Ce réseau de chercheurs et de services de recherche, qui entendent prolonger, en leur donnant une forme plus concrète, les travaux de Yves Carsalade et de Hubert Lévy-Lambert, joue un rôle déterminant en conférant à l'intention réformatrice l'autorité de la cohérence et de la rigueur des modèles formels. (On voit en passant que, contre l'accusation de « holisme » que l'on s'attire dès que l'on porte la moindre attention aux propriétés sociales des agents, l'approche choisie ici restaure l'intérêt pour les individus, mais rétablis dans leur pleine dignité d'agents agissant en vertu de leurs propriétés sociales incorporées – de leurs habitus –, donc différents, et inégaux.)

Les débats qui se déroulent à l'intérieur du champ bureaucratique ne sont pas sans rapport, évidemment, avec les discussions et les conflits externes, auxquels les hauts fonctionnaires font référence et sur lesquels ils s'appuient pour étayer ou justifier leurs prises de position et leurs projets. C'est le cas notamment de l'agitation qui entoure le mouvement des HLM. Les réformes de 1972 (modification du régime de prêts aidés, élargissement de l'allocation logement et dispositions en faveur de l'habitat ancien) ne suffisent pas à faire disparaître les inconvénients de l'aide à la pierre. Malgré la diversification des catégories de logement et la création de l'allocation logement, les familles les plus démunies ne peuvent pas accéder au logement social, qui assure à certains bénéficiaires de véritables rentes de situation. A l'inverse des fins poursuivies, la multiplication des catégories de logement a redoublé la ségrégation sociale et spatiale. Lors du 35e Congrès des HLM (10-13 juin 1974), l'Union des HLM et son président Albert Denvers s'alarment de la dégradation du logement social et mettent au point une série de dispositions d'application immédiate. Mais ce dispositif est bousculé trois mois plus tard par la nomination à la présidence de l'Union de Robert Lion, directeur de la Construction.

« C'était déjà tout à fait aberrant qu'un inspecteur des Finances aille à la direction de la Construction ; mais que j'aille prendre la responsabilité du mouvement des HLM ! [...] J'ai dérogé. [...] Les HLM m'étaient sympathiques [...]. C'était un peu une mission suicide. [...] Il y avait un grand blocage, une grande crispation. Je suis arrivé aux HLM l'été 1974. J'ai compris que tout ceci ne bougerait que si on faisait un choc. Je me suis mis en position d'opposition par rapport à la politique du logement d'une façon qui a été considérée comme indigne par beaucoup de personnes. Nous avons eu l'idée à ce moment-là de créer autour des HLM un grand mouvement de réflexion, et, je dirais, d'opinion. Les HLM ne savaient pas où ils allaient, il fallait un projet, et c'est comme ça qu'on a lancé, à grand fracas, à l'automne 1974 donc, les groupes de travail qui devaient déboucher sur le *Livre blanc* et qui ont précédé la Commission Barre. La Commission Barre était une riposte, suscitée par l'Élysée, et notamment par Pierre Richard qui s'occupait du logement à l'Élysée » (entretien, Paris, janvier 1988).

Donc, entre novembre 1974 et mars 1975, date du congrès des HLM de Grenoble, 450 personnes – syndicalistes, élus locaux, financiers, constructeurs privés et représentants du mouvement des HLM –, organisées en quatre commissions présidées par Jean Turc, Claude Alphandéry, Hubert Dubedout et Claude Gruson, ont débattu, dans une grande effervescence, les problèmes posés par l'habitat social. En mai 1974, l'élection à la présidence de la République de Valéry Giscard d'Estaing, dont le ministère avait abrité les premières recherches économétriques sur le logement et qui avait pris un certain nombre d'engagements en ce domaine, apporte un renforcement décisif aux réformateurs d'orientation libérale. Jean-Pierre Fourcade devient ministre de l'Économie et des Finances, Robert Galley ministre de l'Équipement, Jacques Barrot secrétaire d'État au Logement, et Pierre Richard, ingénieur des Ponts et Chaussées, né en 1941, qui avait été conseiller technique auprès de Christian Bonnet, alors secrétaire d'État au Logement, devient conseiller technique auprès de Valéry Giscard d'Estaing, dans le cadre de la politique de « libéralisme avancé » que le nouveau président va mettre en œuvre pendant la première partie de son septennat. Désormais chargé des problèmes de l'urbanisme et du logement à l'Élysée, Pierre Richard est au centre des réflexions sur le logement de 1974 à 1976. C'est lui qui propose au président de la République la constitution d'une commission « à l'anglaise » chargée de la réforme du logement, suivant l'exemple de la Commission Sudreau ; c'est lui aussi qui fera le lien entre le mouvement des HLM et la commission. Devant l'effervescence du mouvement des HLM, les choses se précipitent : « On les a stimulés », dira Robert Lion. Sachant que ce n'est pas du ministère de l'Équipement que les innovations peuvent partir, et que, entre l'Équipement et les Finances, « ce sera toujours la guerre », Pierre Richard propose de faire « quelque chose de consensuel », de lancer une grande réflexion nationale sur le logement, autour d'une commission totalement indépendante qui, sans engager l'État, puisse auditionner toutes les parties intéressées, en évitant tout conflit ouvert avec le mouvement des HLM. La composition de la commission fait l'objet, pendant l'automne 1974, de nombreuses discussions entre Valéry Giscard d'Estaing, son conseiller technique Pierre Richard et le secrétaire d'État au Logement, Jacques Barrot.

La Commission nationale sur la réforme du logement est officiellement créée par le Conseil des ministres le 22 janvier 1975, à peu près en même temps qu'est annoncée la publication d'un *Livre blanc* des HLM. La liste des 10 membres de la commission qui est rendue publique à l'issue de ce même Conseil des ministres est critiquée à cause de la trop forte représentation des « financiers ». Les deux postes clés, celui de rapporteur général et celui de rapporteur général adjoint, sont attribués, le premier à Antoine Jeancourt-Galignani, ancien directeur du Financement de la construction à la direction du Trésor – ceci par égard pour le ministère des Finances –, le second à Georges Crepey, ingénieur des Ponts, directeur du GRECOH – cela pour rassurer le ministère de l'Équipement –, mais ce dernier, rompant avec la doctrine la plus répandue à l'Équipement, mettra en question le système d'aide à la pierre. La première réunion de travail se tient le 28 février 1975 (le *Livre blanc* des HLM est en cours d'élaboration). La commission travaille très vite puisque Raymond Barre peut remettre son rapport le 23 décembre 1975.

Il semble, d'après les entretiens que nous avons pu avoir avec les différents membres de cette commission, que les « personnalités dominantes » étaient Pierre Richard, qui, bien qu'il ne fût pas membre de la commission, en suivait de très près les travaux, en référait à l'Élysée et tentait de faire la jonction avec le mouvement des HLM ; Pierre Durif, qui assistait les rapporteurs dans la construction des modèles de prévision ; Michel Mauer, promoteur de Cogedim, qui représentait la promotion privée, tandis que Michel Saillard, directeur général de la SCIC (Société centrale immobilière de la Caisse des dépôts) et porte-parole des grands programmes aidés, défendait l'aide à la pierre et qu'Henri Charrière, directeur de la planification et des études à la Compagnie bancaire, exprimait les positions de sa banque dans un plaidoyer pour le marché dans toute sa pureté. Raymond Barre, qui se situe tacitement aux côtés des jeunes de l'avant-garde mais sans se prononcer ouvertement, laisse une grande latitude aux deux rapporteurs qui, au bout de quelques mois, lui présentent un avant-projet qu'il peut approuver parce qu'il est conforme à ses convictions d'économiste libéral.

La structure du champ bureaucratique

Ayant ainsi évoqué à grands traits l'histoire des initiatives novatrices qui ont préparé la réforme de l'aide au logement, on peut tenter de déterminer ce qu'était, en 1975, à la veille de cette réforme, la structure de la distribution des forces (ou des atouts) entre les *agents efficients*, c'est-à-dire entre les individus qui ont assez de poids pour orienter effectivement la politique du logement parce qu'ils détiennent telle ou telle des propriétés agissantes dans le champ. Une fois établie cette structure, on pourra alors examiner si, aux positions que les agents (ou les corps) y occupent, correspondent, comme on peut en faire l'hypothèse, les prises de position qui sont les leurs dans les luttes pour conserver ou transformer la réglementation en vigueur ; si, autrement dit, les différences objectives dans la distribution des intérêts et des atouts peuvent expliquer les stratégies adoptées dans les luttes, et, plus précisément, les alliances ou les divisions en camps[4].

4. Grâce à la « neutralisation » qu'opère l'éloignement dans le temps, l'enquête sur des structures et des enjeux permanents – donc toujours présents et brûlants – a pu se masquer sous les dehors d'une interrogation historique sur des luttes dépassées. Nous avons néanmoins convenu de citer seulement, tant dans le texte que dans les diagrammes, les noms des hauts fonctionnaires dont la participation à l'entreprise réformatrice est de notoriété publique ; les autres étant désignés seulement par les premières lettres de leur nom.

Pour déterminer la liste des individus efficients, on a procédé par tâtonnements, en faisant intervenir, outre les critères « réputationnels » dégagés par l'analyse des entretiens et des récits publiés, des critères institutionnels, comme l'occupation de positions de pouvoir reconnues. Selon une démarche qui s'impose toujours dans des cas semblables, on n'a pu sortir de ce « cercle herméneutique » que par un mouvement constant de va-et-vient entre le repérage des agents socialement désignés comme « importants » et l'explicitation des principes pratiquement engagés dans ce repérage ; ce qui permet de donner peu à peu à ce dernier une précision et une rigueur qu'il n'a pas nécessairement dans la pratique : la délimitation de la population des individus efficients – directeurs de grandes directions des ministères concernés, directeurs de banques, promoteurs, dirigeants d'organismes professionnels, directeurs d'offices de HLM, etc. – a permis d'expliciter les atouts qui leur confèrent cette efficience, cependant que la détermination des propriétés agissantes contraignait à préciser en retour la population des agents qui, parce qu'ils en sont dotés, ont toutes les chances d'être efficients.

Du côté de la haute fonction publique, on a ainsi retenu un ensemble de hauts fonctionnaires occupant des positions stratégiques dans l'espace des pouvoirs en matière de logement. Au ministère des Finances, où les fonctionnaires ayant mission de s'occuper du logement sont en nombre très réduit, on a retenu les représentants des services concernés par les réformes : la direction du Trésor, le bureau A3, chargé du financement de la construction, la direction du Budget, avec notamment le bureau 5D, chargé du logement et de l'urbanisme, la direction de la Prévision.

Au ministère de l'Équipement, créé en 1966 et fait de structures centrales et locales très complexes, on a retenu la direction de la Construction, chargée de la gestion de l'aide à la pierre (et responsable à ce titre de 400 000 logements en 1974), de la tutelle des maîtres d'ouvrages (HLM, sociétés d'économie mixte) et de l'élaboration du cadre juridique de la construction. Sont rattachés à cette direction le Groupe permanent pour la résorption de l'habitat insalubre (GIP), l'Agence nationale pour l'amélioration de l'habitat (ANAH), qui sont chargés de la réhabilitation de l'habitat ancien, le plan Construction, œuvre de Robert Lion, destiné à stimuler la recherche et l'innovation dans l'habitat, le Groupe habitat et vie sociale (pour les grands ensembles), le Service des affaires économiques et internationales (SAEI) et le Groupe de recherche et d'étude pour la construction et l'habitation (GRECOH) créé vers 1968-1969, chargé des études visant à définir une nouvelle politique : cabinet économique et financier de la direction de la Construction, il est en relation avec les organismes financiers, la Caisse d'allocations familiales, etc.

Autre service du ministère de l'Équipement, la direction de l'Aménagement foncier et de l'Urbanisme (DAFU), qui réglemente la construction (plans, schémas, permis de construire), est responsable des villes nouvelles, des ZAC, des entreprises de rénovation urbaine et de restauration immobilière et contrôle la politique foncière (zones d'aménagement différé, réserves foncières) ; les directions départementales de l'équipement (DDE), services extérieurs du ministère de l'Équipement dont les ingénieurs des Ponts et Chaussées ont le quasi-monopole. Parmi les services rattachés au Premier ministre, on a retenu le Commissariat général du plan et de la productivité, le Groupe central des villes nouvelles et la Commission nationale des opérations immobilières et de l'architecture.

Au ministère de l'Intérieur, la direction générale des Collectivités locales exerce une tutelle sur les collectivités locales et sur ceux des offices de HLM qui leur étaient rattachés ; la DATAR, rattachée au ministère de l'Intérieur après l'élection de Valéry Giscard d'Estaing, joue un rôle dans la décentralisation, la rénovation rurale (avec les contrats de pays), la promotion des petites villes.

La direction de l'Architecture, autrefois rattachée au ministère des Affaires culturelles, où elle jouait un rôle très important (elle veillait à l'application de la loi Malraux sur les secteurs sauvegardés), a été rattachée au ministère de l'Équipement au début des années 1970, puis fondue avec la direction de l'Urbanisme, les architectes se trouvant désormais placés sous la coupe des ingénieurs des Ponts et Chaussées. Au ministère de la Santé, la direction de la Sécurité sociale est chargée de la tutelle des caisses d'allocations familiales qui assuraient la gestion de l'allocation logement.

Du côté du secteur para-public ou semi-public, on a retenu la Caisse des dépôts et consignations, la SCIC et un certain nombre d'établissements publics d'aménagement ou de sociétés d'économie mixte, le Crédit foncier de France, le Comptoir des entrepreneurs et le mouvement des HLM qui, en 1975, rassemblait plus de 100 organismes, groupés en cinq catégories : les offices publics de HLM, créés à l'initiative d'une autorité locale et offrant des logements locatifs ; les offices publics d'aménagement et de construction ; les sociétés anonymes de HLM, offrant des logements locatifs et des logements en accession à la propriété ; les sociétés coopératives de HLM, prestataires de services, assurant la gestion des prêts aux accédants ; la Société de crédit immobilier de France, offrant des prêts pour l'accession à la propriété ou l'amélioration de l'habitat. L'institution HLM est très proche de la direction de la Construction et, quoique peu présente dans les luttes pour la définition de la politique du logement, sauf pour des revendications ponctuelles, elle réagit vivement, à travers son président, Albert Denvers, député socialiste du Nord, contre les suggestions de certains groupes du 6e Plan visant à réintroduire le logement social dans l'économie de marché. A la fin de 1974, Robert Lion devient délégué général et ranime le mouvement.

Dans le secteur privé, on a retenu l'Union nationale des constructeurs de maisons individuelles qui, fondée en 1961, sous le nom de Syndicat des constructeurs de maisons individuelles, à l'initiative d'André Pux, PDG de la société familiale Phénix, se donne pour mission de convaincre les pouvoirs publics de revenir à une politique favorable à l'habitat individuel et qui participe à l'élaboration des textes régissant la profession et intervient dans toutes les instances de concertation, groupes administratifs, commissions parlementaires, fédérations professionnelles du bâtiment, tant au niveau central que dans les départements et les communes, prônant la réorganisation des circuits de financement et la prise en charge du développement urbain par les collectivités locales (en rupture avec les « grands ensembles » et l'urbanisme « dirigiste ») ; les promoteurs constructeurs les plus actifs dans les luttes à propos de la politique de la construction (au nombre de 550, ils sont regroupés dans la Fédération nationale des promoteurs constructeurs et produisent 100 000 logements par an dont les deux tiers avec l'aide de l'État) ; les plus engagés parmi les établissements bancaires qui prennent une part croissante (29 % en 1965, 54 % en 1972) au financement du logement : le Crédit agricole et le Crédit mutuel, dont quatre caisses locales interviennent dans l'effort personnel des ménages, distribuent des prêts immobiliers conventionnés et fournissent leur concours aux sociétés de HLM. On a également retenu trois établissements bancaires spécialisés, l'Union de crédit pour le bâtiment, la Banque pour la construction et l'équipement et la Banque de la construction et des travaux publics.

On a sélectionné en outre les représentants des propriétaires, l'Union nationale de la propriété immobilière (UNPI) qui combat la loi de 1948 sur le blocage des loyers et souhaite le retour à la liberté du marché locatif; des mouvements de locataires – la Confédération nationale du logement (CNL), dont le président est Claude Massu, auteur d'un ouvrage intitulé *Le Droit au logement* (Éditions sociales) qui recommande le maintien d'une réglementation et l'extension de l'allocation logement; des mouvements d'usagers, l'Union nationale des allocations familiales (UNAF), et l'Union départementale des associations familiales (UDAF), très liée aux caisses d'allocations familiales locales.

On a enfin retenu ceux d'entre les élus locaux engagés dans le mouvement des HLM (en 1976, 128 députés et sénateurs, 700 conseillers régionaux ou membres des comités économiques et sociaux régionaux participaient à la gestion ou à la direction d'organismes de HLM) ou appartenant à des conseils d'administration d'autres organismes constructeurs (sociétés d'économie mixte par exemple) qui, à un titre ou à un autre (participation à des commissions, spécialisation dans les questions de logement, etc.), ont contribué à influencer la politique du logement.

Pour caractériser chacune des personnalités, on a pris en compte son âge, son sexe, son lieu de naissance, son origine sociale, son état matrimonial (et le nombre de ses enfants), ses études secondaires et supérieures, ses décorations, son corps et son secteur d'appartenance, sa participation à différentes commissions spécialisées, informations qui ont été dégagées d'entretiens avec les intéressés ou avec différents informateurs et aussi de différents ouvrages d'analyse ou de témoignage (cf. bibliographie en annexe, p. 153).

Pour essayer de dépasser la simple description à laquelle se sont tenues les plus utiles des analyses du fonctionnement des organisations bureaucratiques, on voudrait proposer ici un véritable *modèle explicatif* des stratégies individuelles et collectives. Ayant pris en compte l'ensemble des agents efficients (individus et, à travers eux, institutions) et l'ensemble des propriétés – ou des atouts – qui sont au principe de l'efficacité de leur action, on peut attendre de l'analyse des correspondances[5], qui, *ainsi utilisée, n'a rien de la méthode purement descriptive que veulent y voir ceux qui l'opposent à l'analyse de régression*, qu'elle porte au jour la structure des positions, ou, ce qui revient au même, la structure de la distribution des pouvoirs et des intérêts spécifiques qui

5. Cf. H. Rouanet et B. Le Roux, *Analyse des données multidimensionnelles*, Paris, Dunod, 1993.

détermine, et *explique*, les stratégies des agents, et par là l'histoire des principales interventions qui ont conduit à l'élaboration et à la mise en application de la loi sur l'aide à la construction.

De fait, l'analyse des correspondances fait apparaître une première opposition prévisible (le premier facteur représente 6,4 % de l'inertie totale) entre les membres de la très haute fonction publique, c'est-à-dire le champ bureaucratique proprement dit, et les forces sociales extérieures avec lesquelles il doit compter, représentants des intérêts privés, comme les promoteurs (et en particulier les porte-parole de l'UNCMI et du Comité interprofessionnel de la maison individuelle), les banquiers, mais aussi les élus locaux ou nationaux spécialisés dans les questions de logement, les responsables régionaux en matière de logement (comme les directeurs d'établissements publics d'aménagement de villes nouvelles, etc.) ou enfin les responsables d'organismes orientés vers la gestion sociale du logement (comme les directeurs d'office de HLM ou les responsables de Caisses d'allocations familiales). Souvent issus eux-mêmes de familles appartenant déjà à la très haute fonction publique et passés par les établissements d'enseignement secondaire les plus huppés (Janson-de-Sailly) et par les plus grandes écoles, les grands commis de l'État, mandatés par des institutions bureaucratiques (direction du Trésor, direction de la Construction, etc.) dont ils épousent les intérêts, à travers notamment les solidarités de corps, sont dotés d'un capital de compétence spécifique lié à leur formation scolaire mais aussi et surtout à l'expérience bureaucratique qu'ils ont accumulée au cours de leur trajectoire dans la haute administration. Les agents qui sont situés à l'autre pôle ont en commun d'être étrangers à la haute fonction publique et d'être pour la plupart dépourvus des titres scolaires rares détenus par les hauts fonctionnaires (bien qu'ils aient pour la plupart fait des études supérieures).

Aux positions intermédiaires, on trouve notamment les responsables de banques publiques ou privées, souvent unis par des solidarités d'école et de corps, qui, pour certains d'entre eux, ont occupé successivement – à la faveur du pantouflage – des positions de part et d'autre du centre de l'espace. C'est le cas par exemple d'Antoine Jeancourt-Galignani qui, après avoir joué, comme on l'a vu, un rôle déterminant dans la préparation des nouvelles mesures, en tant que directeur du Bureau du financement de la construction, puis rapporteur général de la Commission Barre, participera à la discussion sur la mise en œuvre de ces mesures en tant que représentant du Crédit agricole ; de Claude Alphandéry, inspecteur des Finances qui, après avoir présidé la Commission de l'habitation du 6e Plan, se retrouve à la direction de la Banque de construction et des travaux publics et PDG du groupe Immobilière de construction ; de Jean-Pierre Fourcade, ministre de l'Économie et des Finances dans le gouvernement Chirac qui était auparavant PDG du groupe bancaire CIC, affilié à la Compagnie bancaire de Suez ; ou encore de Marcel Diebolt, ancien préfet de Paris qui occupe la présidence de la Société auxiliaire de la construction immobilière (SACI) et de la Banque pour la construction et l'équipement, etc. L'interpénétration de la haute fonction publique et du secteur semi-public ou privé est particulièrement forte dans le secteur bancaire, la même institution – la Compagnie bancaire par exemple – étant représentée par des responsables situés en des positions différentes dans la première dimension.

Ce premier facteur met en lumière la structure fondamentale de l'espace social à l'intérieur duquel s'accomplit cette *forme typiquement bureaucratique de consultation qu'est la commission* : le champ bureaucratique ne peut remplir la fonction de législateur qu'en s'affrontant, selon des procédures dont il détient la maîtrise, à des représentants officiels des intérêts officiellement reconnus qui, lors même qu'il s'agit des autorités publiques régionales ou locales, d'élus locaux ou nationaux ou de représentants attitrés d'organisations professionnelles ou d'associations, sont rejetés du côté des intérêts particuliers, privés, et voués de ce fait à occuper une position subordonnée par rapport aux détenteurs statutaires du monopole de la définition légitime de l'intérêt général. Étant maîtres de la composition du groupe des participants, où ils peuvent faire entrer, à côté des représentants inévitables des organisations professionnelles, des personnalités isolées prêtes à soutenir leurs initiatives, et étant en mesure d'imposer les règles régissant la discussion et l'enregistrement des conclusions (à travers notamment la désignation des présidents et des rapporteurs), les agents de l'État peuvent donner et se donner les apparences d'une confrontation ouverte avec l'extérieur tout en conservant le monopole de la préparation des décisions collectives, de leur mise en œuvre et de l'évaluation des résultats.

Si les différentes commissions ont chacune leur histoire propre, elles présentent malgré tout des invariants, qui se dégagent particulièrement bien du cas de la Commission Barre.

Le champ des agents efficients en matière de financement du logement en 1975*
Les individus
axe horizontal 1, axe vertical 2
(n = 97)

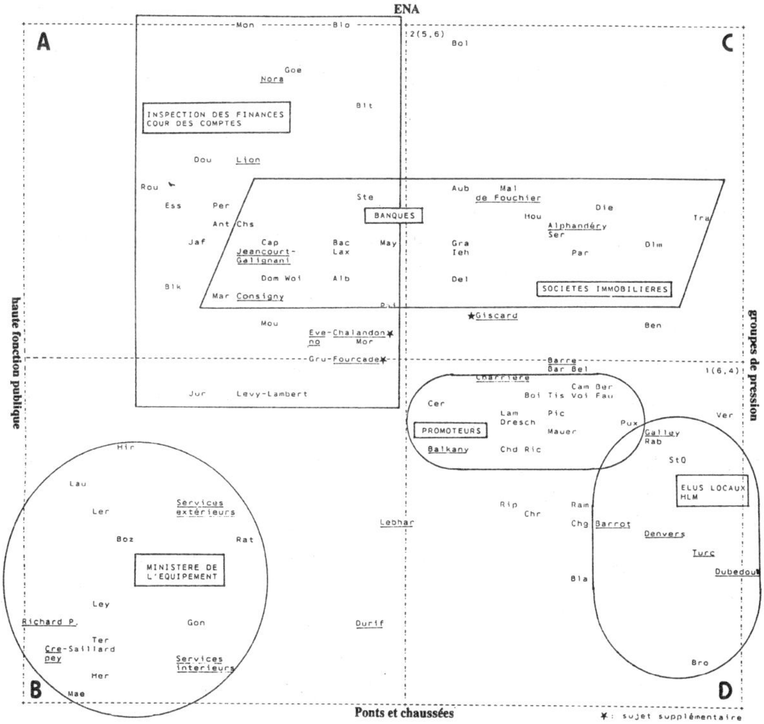

* Pour les résultats et les sources de l'analyse, voir Annexes, p. 151.

D'abord, un certain nombre d'idées qui sont dans l'air du temps (bureaucratique), « désengagement de l'État », « débudgétisation du secteur aidé », etc., réunissent certains fonctionnaires novateurs, tous convaincus que le Plan n'est pas le lieu convenable pour élaborer une réforme de la politique du logement du fait que les groupes d'intérêts trop divers et trop opposés qui y sont représentés se neutralisent. En second lieu, la composition de la commission, soigneusement élaborée, au plus haut niveau de

Le champ des agents efficients en matière de financement du logement en 1975
Les variables principales et supplémentaires
axe horizontal 1, axe vertical 2

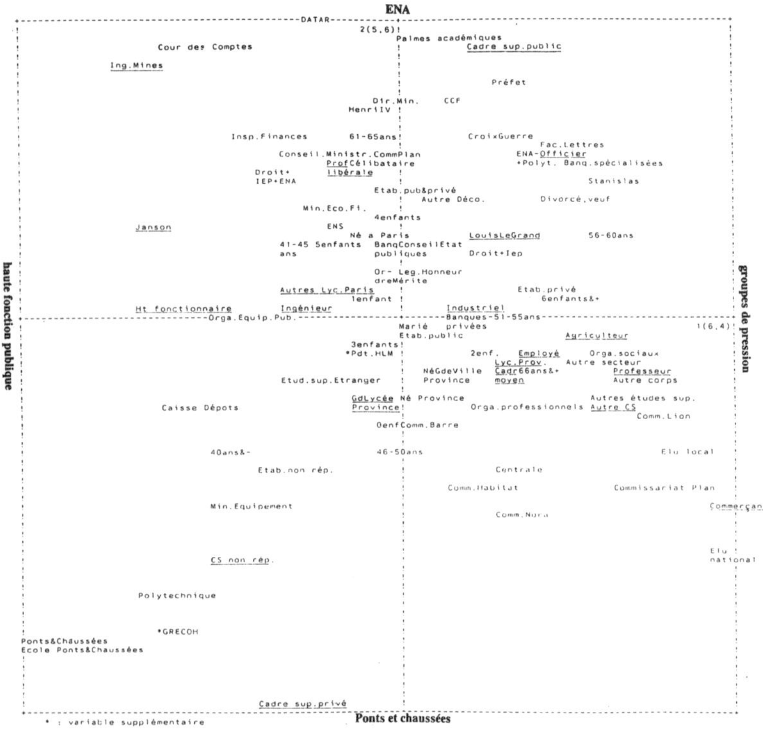

l'État, prédétermine en quelque sorte les résultats qu'elle pourra dégager : les trois personnalités dominantes, Raymond Barre, qui est peu informé des mécanismes du financement du logement et peu impliqué dans l'univers concerné, tout en étant au fait des traditions des cabinets ministériels, mais qui est connu, en tant qu'économiste, pour ses idées libérales, et Antoine Jeancourt-Galignani et Georges Crepey, l'un et l'autre spécialisés dans les problèmes de financement du logement, représentent à eux seuls *tout un programme.* Les deux rapporteurs notamment qui, couverts par un président prestigieux, feront l'essentiel du travail de conception et de rédaction, avaient, on s'en souvient,

Le champ des agents efficients en matière de financement du logement en 1975
Les individus
axe horizontal 1, axe vertical 3
(n = 97)

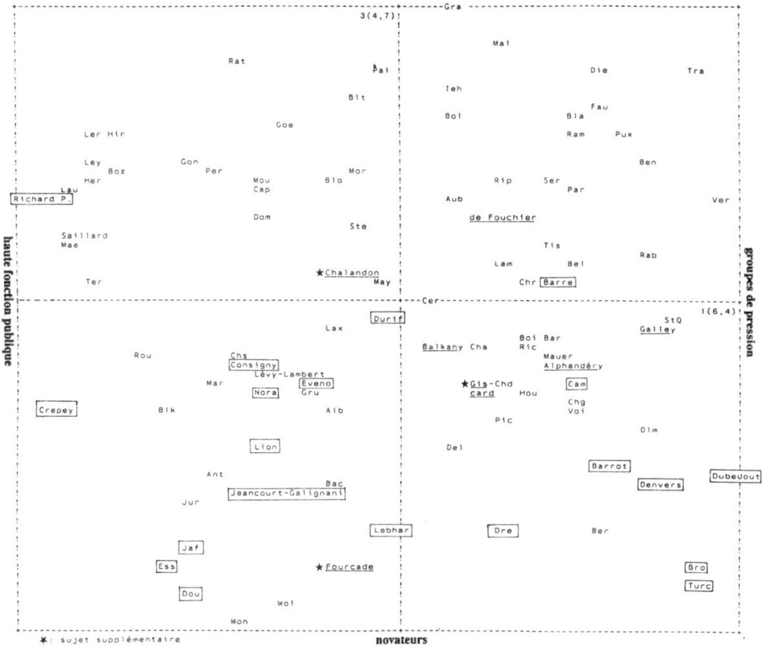

présenté, avec Pierre Durif, peu avant la création de la commission, un ensemble de propositions cohérentes pour une réforme de la politique de financement du logement; ils incarnaient, à travers leurs positions, l'alliance des trois piliers institutionnels d'une action novatrice : le Trésor (et l'inspection des Finances), l'Équipement (et les Ponts et Chaussées) et les services d'études (avec l'INSEE). Sorte de *minorité agissante bureaucratiquement désignée et reconnue*, ils étaient prédisposés à animer et à orienter le *travail d'universalisation* dont la commission, bien qu'elle ne fût pas très dispersée, devait donner le spectacle. La logique selon laquelle est constituée la commission est la mise en pratique (inconsciente) de la loi selon laquelle on contribue à produire le discours (ici le rapport final) en produisant l'espace

Le champ des agents efficients en matière de financement du logement en 1975
Les individus
axe horizontal 2, axe vertical 3

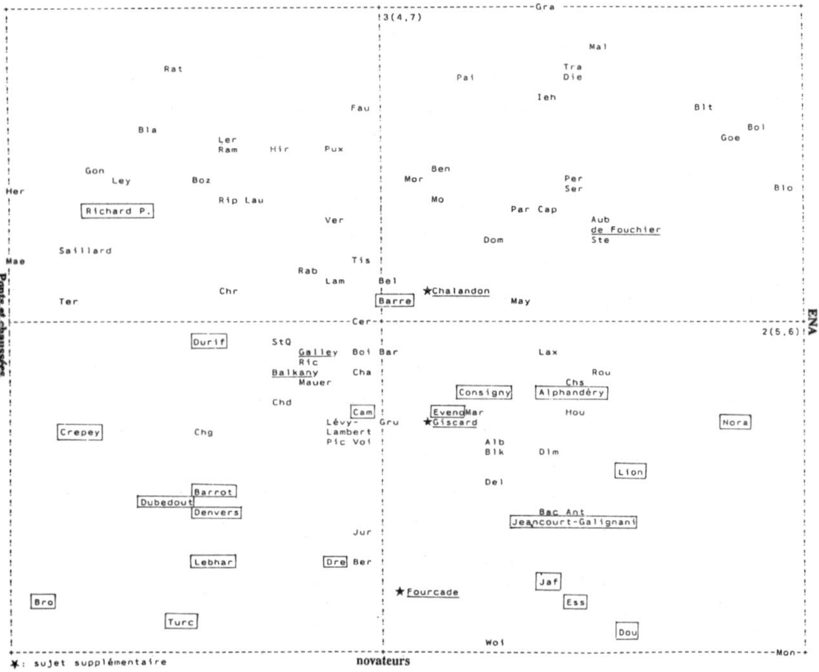

social, matérialisé dans un groupe, dans lequel se produit ce discours. (On voit en passant combien il serait vain, au moins dans ce cas, et sans doute de manière plus générale, de chercher dans le seul discours, comme certains tenants de « l'analyse de discours », les lois de construction du discours qui résident en fait dans les lois de construction de l'espace de production du discours.)

Mais ni les représentants des pouvoirs publics ni les porte-parole des intérêts privés (ou du moins ceux qui apparaissent comme tels du point de vue des prétendants bureaucratiques au monopole de la définition de l'intérêt général) ne forment des ensembles homogènes. Ils sont traversés par des divisions objectives qui se retraduisent dans leurs confrontations. Le deuxième facteur (qui représente 5,6 % de l'inertie totale) manifeste une autre opposition, qui concerne spécialement le champ bureaucratique : d'un côté, des « financiers », souvent issus de l'ENA et de l'inspection des Finances, fortement liés au gouvernement (notamment au cabinet du Premier ministre ou de ministres concernés par le logement) ou à des organes para-administratifs d'intervention comme la DATAR et appartenant au ministère des Finances ou à des banques privées ou publiques (et consacrés par des décorations diverses, notamment, la croix de guerre) ; de l'autre, des « techniciens » qui, souvent fils de cadres du secteur privé et issus de l'École polytechnique et du corps des Ponts et Chaussées, sont liés au ministère de l'Équipement et au GRECOH et membres de la Commission Nora (et aussi, à l'autre pôle du premier axe, des élus locaux).

Dans le premier, A, des secteurs, déterminés par les deux premiers axes, se trouvent rassemblés des membres de la haute fonction publique et du secteur bancaire public, pour la plupart issus des grands corps (inspection des Finances, Cour des comptes, Conseil d'État), souvent placés à la tête de directions du ministère des Finances ou membres de cabinets ministériels ou d'organismes d'intervention comme la DATAR. Plus près du centre apparaissent les cadres du secteur bancaire public et privé, Crédit foncier de France, Crédit agricole, Paribas.

Dans le secteur B sont regroupés des ingénieurs des Ponts et Chaussées passés par Polytechnique, souvent fils de cadres du privé, d'industriels, appartenant au ministère de l'Équipement, comme Georges Crepey (fils de très haut fonctionnaire), qui sera au cœur des débats, ou à des organismes de promotion immobilière publique et mixte.

Dans le secteur C, on rencontre presque exclusivement des directeurs de sociétés (souvent d'économie mixte) ou des banquiers – appartenant à des établissements bancaires publics spécialisés dans la construction, comme le Crédit foncier, ou à des banques populaires et mutualistes, ou encore à des banques privées. Nombre d'entre eux sont d'anciens hauts fonctionnaires (inspecteurs des Finances notamment) qui pantouflent. Plus âgés que dans les autres secteurs, ils sont pour la plupart d'origine sociale moins élevée, et plus provinciale.

Dans le secteur D, on trouve essentiellement des représentants des institutions spécialisées dans le logement social (offices de HLM), des groupements professionnels, et aussi des élus locaux ou nationaux. C'est aussi le lieu de l'INSEE, du Plan, et des commissions chargées de préparer les réformes. On y trouve certains des « novateurs » : Pierre Durif, Jacques Lebhar, Michel Dresch, jeunes technocrates novateurs, Jacques Barrot, Hubert Dubedout et Jean Turc, élus favorables aux réformes.

Quant à l'axe 3, il isole très clairement le groupe des novateurs : très dispersés sur les deux premiers axes (on compte parmi eux des inspecteurs des Finances passés par l'ENA et des ingénieurs des Ponts passés par Polytechnique, mais aussi des hauts fonctionnaires et des élus locaux, des maires de grandes villes notamment), ils ont en commun un certain nombre de propriétés secondaires qui les distinguent de leur catégorie première d'appartenance comme, pour les hauts fonctionnaires, leur jeunesse relative, leur origine sociale élevée (ils sont très souvent fils de très hauts cadres du secteur public), leur appartenance à des cellules de recherche et, pour les élus nationaux ou régionaux, leur notoriété translocale et leur ouverture aux problèmes centraux.

D'un côté, des jeunes hauts fonctionnaires novateurs occupant des positions à la DATAR, dans les services d'études très actifs du ministère de l'Équipement, le SAEI (Service des affaires économiques internationales), le GRECOH (Groupe de recherches et d'études sur la construction et l'habitation), ou à la Division des études sur le logement de l'INSEE : Jacques Lebhar, ancien élève de l'ENA, administrateur civil, chargé du bureau des études financières et fiscales du GRECOH, membre très actif de la Commission Nora-Eveno ; Georges Crepey, polytechnicien, mais aussi diplômé de Sciences po, ingénieur des Ponts et Chaussées, qui a été rapporteur adjoint de la Commission Barre et a participé à la Commission Nora ; Antoine Jeancourt-Galignani, inspecteur des Finances qui a été chargé de mission en 1969 auprès de Valéry Giscard d'Estaing, puis chargé du Bureau du financement de la construction à la direction du Trésor, et qui, depuis 1973, est directeur général adjoint de la Caisse de crédit agricole ; Michel Dresch, proche de Robert Lion, rapporteur de deux groupes de travail de la Commission Lion, qui avait lui aussi été chargé, en 1972, du bureau des études financières du GRECOH. Près de ces hauts fonctionnaires novateurs, on rencontre des élus locaux ou nationaux qui ont joué un rôle important dans les commissions, comme Jean Turc et Hubert Dubedout, membres des

Commissions Barre et Lion, ou Eugène Berest, membre du Comité de l'habitat du 7e Plan.

Au pôle opposé, se trouvent rassemblés des fonctionnaires souvent plus âgés et moins diplômés, occupant des positions dans les établissements publics liés au ministère de l'Équipement ou dans les services gestionnaires. Souvent couverts de décorations (croix de guerre, légion d'honneur), ce sont pour une bonne part des préfets, des banquiers du secteur public ou privé occupant des positions multiples ; ils n'ont que très rarement participé aux travaux des différentes commissions et en ont assez mal reçu les conclusions.

Espace des positions et espace des prises de position

Cette analyse du champ de forces n'est pas à elle-même sa fin et elle ne révèle toutes ses implications que si l'on rapporte les différentes positions aux prises de position de leurs occupants dans les débats qui ont conduit à la réforme de 1976. Autrement dit, elle dessine une carte des positions différentielles, et parfois antagonistes, dont les occupants, à la faveur de la crise déterminée par les projets de réforme, vont s'organiser en *camps.* Les prises de position, celles des individus ou même celles des corps (qui ne sont jamais tout à fait unanimes), tendent en effet à se distribuer entre deux pôles : d'un côté, le maintien de l'aide à la pierre sans modification – position sans doute très rare – ou associé à l'aide personnelle ; de l'autre, l'abandon complet (proposé par la Commission Barre) de l'aide à la pierre au profit de l'aide personnelle.

L'*efficacité explicative* de l'analyse des correspondances se voit bien au fait que la correspondance entre l'espace des positions et l'espace des prises de position est à peu près parfaite. Les fonctionnaires du Trésor souscrivent à la vision libérale à l'état pur, telle que la propose le Rapport Barre, et refusent la solution mixte combinant aide à la pierre et aide à la personne : soucieux de favoriser le « désengagement de l'État », ils veulent voir étendre à toutes les catégories de ménages des aides personnelles capables de compenser la suppression (ou la réduction) de l'aide à la pierre (réservée, à la rigueur, aux ménages les plus démunis) ; jugeant que l'État n'a pas à se soucier du « parc » privé de logements, ils récusent l'idée d'une aide publique pour l'entretien et l'amélioration du « parc » social (les HLM). Quant à la direction du Budget, si le directeur lui-même est favorable à l'aide à la personne et, de manière plus générale, très proche des positions du Trésor, les services penchent pour le maintien de l'aide à la pierre et craignent les conséquences budgétaires d'une aide à la personne financée en partie par le Budget. Du côté du ministère de l'Équipement qui, étant chargé en priorité de la construction, ne peut envisager sans inquiétude une interruption ou un ralentissement de l'effort de construction avec lequel il a partie liée (et, en un sens, de manière très directe, à travers les pourcentages octroyés aux ingénieurs des Ponts et Chaussées), on souhaite voir maintenu le système en vigueur, fût-ce avec quelques modifications. Cela évidemment avec une force toute particulière dans les services chargés de la gestion de l'aide à la pierre et de la tutelle des organismes HLM.

C'est dans les services d'études, et d'abord au GRECOH, à la direction de la Prévision, à la division du Logement de l'INSEE, au Service de statistique et des études économiques de la DBTPC que l'on souhaite le plus clairement, soit la personnalisation de l'aide à la pierre (GRECOH), soit la suppression des aides à la construction et l'instauration d'une aide à la personne en partie financée par le Budget. A l'extérieur de la haute fonction publique, les maîtres d'ouvrage publics ou privés de l'industrie et du bâtiment sont proches de la position de l'avant-garde de l'Équipement : ils sont pour le maintien de l'aide à la construction, mais personnalisée et en tout cas allégée.

Dans ce débat, le ministère des Finances et le ministère de l'Équipement (fortement opposés sur le deuxième axe) présentent donc des thèses antagonistes, voire inconciliables : les Finances militant en faveur de la substitution pure et simple de l'aide personnelle au logement aux aides à la construction, trop coûteuses, tandis que le ministère de l'Équipement, qui est lié au mouvement HLM et aux constructeurs sociaux, entend que cette allocation reste un simple complément. Dans le camp des réformateurs « libéraux » : le président de la République et son cabinet (notamment Pierre Richard, étroitement lié au GRECOH qui, pendant l'été 1976, assumera l'essentiel de la préparation du projet de loi), Jean-Pierre Fourcade qui fait seulement des réserves sur le délai d'application, Robert Galley, d'abord réticent, puis favorable à l'APL pourvu qu'elle soit aménagée de manière à permettre aux « ménages modestes » d'accéder à la propriété, Jacques Barrot, ministre de l'Équipement, qui se fera le très vigoureux défenseur de la nouvelle politique.

Contre le projet, et du côté de l'Équipement : le mouvement HLM qui, à travers Robert Lion, avait organisé un congrès extraordinaire destiné à contrôler et à contrecarrer par avance le libéralisme radical (avancé par la Commission Barre) en sacrifiant ce qui devait être sacrifié et en proposant une politique de libéralisme tempéré, combinant aide personnelle et aide à la pierre, et qui dénonçait la réduction de l'activité des sociétés de Crédit immobilier ; le Crédit foncier (chargé des primes aux constructeurs de logements neufs et des prêts spéciaux) et le Crédit mutuel, désormais exclus de la gestion et de la distribution des nouveaux prêts, au profit notamment du Crédit agricole ; la Caisse des dépôts et consignations ; les caisses d'allocations familiales qui ont peine à s'adapter au nouveau régime, mais qui recevront la charge de la distribution de l'APL ; les partis de gauche, et en particulier le Parti communiste, et, plus généralement, les élus locaux ou nationaux (députés ou sénateurs) de toute appartenance qui participent à des organismes HLM. Ces résistances, visibles dans la préparation de la réforme, se manifesteront de manière plus claire encore dans la phase d'élaboration et d'application de la loi : notamment au niveau des directions départementales de l'équipement qui acceptent mal de voir bouleversées leurs relations traditionnelles avec les constructeurs sociaux, les HLM, et qui font souvent alliance avec les constructeurs locaux et les élus, de quelque appartenance politique qu'ils soient. (Le Comité national de liaison pour une politique sociale de l'habitat, réuni en juillet 1976 et groupant l'ensemble du secteur « social » – Association pour le logement familial, Association des maires de France, CNAF, Confédération générale du logement, Fédération nationale du bâtiment, Union des Caisses d'épargne, Union nationale des associations familiales, Union nationale des fédérations d'organismes HLM, Union nationale interprofessionnelle du logement, etc. –, condamne le désengagement de l'État et l'encouragement exclusif à l'accession à la propriété de maisons individuelles.)

Les « raisons » de ces prises de position varient en chaque cas. Mais, quand il s'agit d'organismes administratifs, elles ont pour principe majeur la tendance des institutions bureaucratiques (et des fonctionnaires correspondants) à « persévérer dans l'être », c'est-à-dire le souci d'empêcher qu'un organisme bureaucratique ne perde toute raison d'être en perdant sa fonction. Cela se voit bien dans le cas du ministère de l'Équipement qui, expressément mandaté pour promouvoir la construction, et tout spécialement la construction de logements sociaux tels que les HLM, voyait disparaître, avec l'abandon total de l'aide à la pierre, une de ses principales raisons d'exister : l'aide à la pierre, qu'il faut gérer, exige et justifie l'activité de corps de fonctionnaires qui, avec le retour à la logique du marché et du laisser-faire individuel, verraient disparaître toutes leurs fonctions de promotion et de contrôle. Cette tendance à l'auto-perpétuation des instances bureaucratiques et des agents qui leur doivent leur être et leur raison d'être bureaucratiques est au principe de l'inertie, souvent déplorée, de ces institutions, mais aussi, lorsqu'elles sont le produit de conquêtes sociales, de la perpétuation de structures et de fonctions indépendantes des contraintes immédiates des rapports de force politiques et sociaux.

Les fondements de la « révolution bureaucratique »

Ainsi l'analyse des correspondances – à travers la distribution selon les deux premiers facteurs – manifeste la distribution des forces en présence et, à travers le lien d'implication sociologique (et non logique) qui unit les prises de position aux positions, révèle le principe des stratégies de lutte visant à la conserver ou à la transformer : d'un côté, le ministère des Finances, et aussi, sans doute, les banques privées, grandes bénéficiaires, depuis la fin des années 1960, des nouvelles formes de crédit hypothécaire et personnalisé, auxquelles les nouvelles mesures d'aide personnelle s'accordaient parfaitement ; de l'autre, le ministère de l'Équipement et tous les organismes liés au développement du logement social, depuis les HLM, évidemment, jusqu'aux organismes publics de financement, et aussi la plupart des élus locaux, directement intéressés au logement social, qui peut être, entre autres choses, un instrument politique permettant de constituer des clientèles durables. Des hauts fonctionnaires privilégiés, comme ceux du ministère de l'Équipement, peuvent ainsi se trouver entraînés, par la logique même de la défense de leur corps, et de ses privilèges, dans des actions propres à contribuer à la défense des acquis sociaux auxquels sont liés leurs intérêts bureaucratiques. Une analyse attentive à la logique complexe du champ bureaucratique permet donc de constater et de comprendre *l'ambiguïté intrinsèque du fonctionnement de l'État* : s'il ne fait pas de doute qu'il tend à imposer, sous les dehors de la neutralité bureaucratique, une politique conforme aux intérêts des banques et des grands constructeurs – lesquels, agissant à travers leur capital social de connexions dans la haute administration, imposent à celle-ci une politique conforme à leurs intérêts, c'est-à-dire la création d'un marché pour le crédit bancaire aux particuliers ou aux entreprises –, il n'en est pas moins vrai qu'il contribue à la protection, au moins dans certaines limites, des intérêts des dominés.

Mais l'analyse statistique manifeste aussi (à travers le troisième facteur) les forces capables de surmonter les antagonismes qui organisent et paralysent l'univers, c'est-à-dire l'ensemble des novateurs qui, très dispersés sur les deux premiers axes, et rassemblés au contraire par le troisième facteur, ont pu arracher le monde bureaucratique au statu quo auquel semblait le condamner l'équilibre des forces antagonistes. Ces agents dotés de propriétés et d'intérêts tout à fait différents ont en commun un ensemble de *propriétés rares* qui les distinguent du reste de la population étudiée et en particulier de l'ensemble des fonctionnaires ordinaires, gestionnaires prudents et plus ou moins réticents à l'égard des mesures mises à l'étude. Sortis des plus grandes écoles (ENA, Polytechnique), membres des corps les plus prestigieux (inspection des Finances, Ponts et Chaussées), ils ont été portés très tôt à des positions très élevées et prestigieuses (même si elles sont marginales du point de vue du pouvoir) de l'administration centrale, où ils se trouvent confrontés, voire affrontés, à des fonctionnaires plus âgés, parvenus à des postes plus communs de gestionnaires au terme de la lente carrière qui est le destin ordinaire des fonctionnaires « sortis du rang », promus « à l'ancienneté » et souvent issus de familles que l'on dit « modestes ». Leur « jeunesse » (Jacques Lebhar a 28 ans, Philippe Jaffré 29, Michel Dresch 31) est en fait « précocité », c'est-à-dire possession légitime d'attributs tels que les propriétés attribuées à la personne, les « dons » et les titres, scolaires ou administratifs, qui les sanctionnent et les garantissent et qui, n'étant accessibles d'ordinaire qu'à des âges (biologiques) plus avancés, paraissent extra-ordinaires. « Précocité » qui n'est pas sans lien, même si l'on ne veut pas le voir, avec le fait qu'ils sont issus de familles de la très haute fonction publique, véritable noblesse bureaucratique connue et reconnue comme telle (à propos de Georges Crepey, un informateur déclare : « Crepey...

grande famille de fonctionnaires… son père était président de chambre à la Cour des comptes »).

Ils sont ainsi à la fois autorisés et encouragés à l'audace des « coups d'éclat » qui incombent aux « jeunes et brillants fonctionnaires » et qui, par l'accélération qu'ils apportent à leur cursus, contribuent à leur assurer un « brillant avenir » : la participation à la préparation de la réforme du financement de la construction, ne fût-ce qu'au travers des « contacts » qu'elle procure – notamment au sein des commissions où les « jeunes rapporteurs » sont amenés à travailler avec des personnalités chevronnées –, constitue un de ces exploits typiquement bureaucratiques, conservés par la mémoire des grands corps, qui, avec la participation à des cabinets ministériels – elle-même souvent liée aux relations d'interconnaissance nouées dans des commissions –, favorisent les « grandes carrières » de haut fonctionnaire (le recrutement des « corps d'élite » s'appuie toujours sur des formes de cooptation qui font intervenir une connaissance *totale* de la personne des nouveaux venus – et, autant que possible, de leurs proches et en particulier des conjoints). Il est certain que la présence à la tête de l'État d'un président remarqué pour sa « précocité » ne pouvait que conférer un renforcement conjoncturel à tous les détenteurs de cette propriété – cela selon la loi des institutions qui veut que les titulaires d'une des propriétés favorisant l'accès aux positions de pouvoir, un titre scolaire par exemple, sont immédiatement renforcés, dans la compétition qui les oppose aux détenteurs d'autres propriétés (à l'intérieur d'une entreprise privée ou publique), lorsque la personnalité occupant la position suprême est aussi dotée de cette propriété.

Parmi les propriétés distinctives de ces « novateurs », une des plus remarquables, parce qu'elle les prédispose sans doute à dépasser les frontières des corps et des corporatismes, ne serait-ce que par les contacts élargis qui lui sont associés (par exemple Robert Lion, énarque, et Pierre Durif, polytechnicien, se sont connus sur les bancs de Sciences po), est la possession de titres scolaires très dispersés, parfois acquis à l'étranger, et correspondant à des positions ordinairement très éloignées dans l'espace bureaucratique ou, dans le cas de certains des responsables de commissions, Raymond Barre et Simon Nora notamment, l'appartenance à des organismes internationaux ou à des cabinets ministériels. Ainsi, pour ne citer que quelques exemples, Pierre Durif, administrateur de l'INSEE, a fait Sciences po, à côté de Polytechnique; Pierre Richard, conseiller de Valéry Giscard d'Estaing qui a assuré la liaison avec les novateurs, est un ingénieur des Ponts qui a mené des études aux universités de Paris et de Pennsylvanie, Georges Crepey, ingénieur des Ponts et Chaussées, est aussi diplômé de Sciences po, Pierre Consigny, ancien élève de l'ENA, a une licence de lettres et a fréquenté l'université de Yale, etc. Le fait qu'ils occupent des positions très dispersées sur les deux premiers axes a sans doute contribué à favoriser la réussite d'une entreprise qui devait mobiliser et concilier des intérêts divergents, notamment ceux des fonctionnaires du Trésor et de l'inspection des Finances, plutôt favorables aux nouvelles formes de financement, ceux des fonctionnaires de l'Équipement et des ingénieurs des Ponts, dont les intérêts de corps étaient traditionnellement liés à l'aide à la pierre, et ceux des élus locaux et des maires, le plus souvent associés, à travers leur participation aux HLM, à des formes de construction plus ou moins menacées par les nouvelles mesures.

La distance à l'égard de la bureaucratie ordinaire et de ses routines est sans doute, avec les dispositions qui sont habituellement associées à une origine sociale très élevée et à la « précocité », comme l'« audace », l'« ambition », l'« enthousiasme », etc., ce qui sépare le plus clairement les « révolutionnaires bureaucratiques » de la grande masse des fonctionnaires des structures de gestion : à la différence de ces « novateurs » qui, pour la plupart, n'ont aucune expérience des postes locaux et de l'administration ordinaire et qui ont d'emblée occupé des positions, sans doute mineures ou marginales, mais proches des centres de décision, dans les organismes de recherche et de planification (tels que le GRECOH), les gestionnaires, qui sont le plus souvent dotés d'une formation juridique sans originalité particulière, ont tenu fort longtemps des postes locaux ou purement administratifs, pour parvenir à des positions centrales selon la logique de la *promotion interne,* et sans passer par les cabinets ministériels ni par l'étranger.

A ces deux catégories d'agents correspondent deux modes de pensée, deux visions du monde bureaucratique et de l'action de la bureaucratie, et aussi deux espèces tout à fait opposées de *capital bureaucratique* dont on voit immédiatement qu'elles sont sociologiquement liées à des propriétés sociales, d'âge, de formation scolaire et d'ancienneté dans l'administration : d'un côté, le capital bureaucratique d'*expérience*, qu'il s'agisse de la « connaissance des hommes » propre à un chef du personnel ou de la connaissance des règlements propre à un chef de bureau expérimenté, ne peut s'acquérir qu'*à la longue*, avec le temps, et il est donc lié à l'ancienneté dans l'administration ; de l'autre, des formes de capital bureaucratique *à base technique*, susceptible d'être acquis plus rapidement, par des procédures plus rationalisées et plus formalisées, comme l'enquête statistique, s'agissant de la connaissance d'un personnel, ou la modélisation mathématique, s'agissant d'évaluer les coûts et les effets d'une mesure, et propres à menacer le capital d'information acquis à l'ancienneté. La force d'un fonctionnaire particulier, ou d'un corps, tient toujours pour une part à sa capacité de maîtriser, voire de *monopoliser*, cette ressource rare qu'est l'information (et l'on sait que, dans les luttes internes, la « rétention d'information » est une des armes des détenteurs du capital d'information fondé sur l'expérience et l'ancienneté). On peut citer ici l'exemple, souvent invoqué par les informateurs, d'un personnage devenu quasi légendaire, M. Latinus, attaché principal du Trésor entre 1945 et 1975, qui, possédant une connaissance unique de tous les règlements en matière de financement de l'aide à la pierre et de calcul des coûts par catégorie de logement aidé, jouait un rôle tout à fait semblable à ceux qu'en certaines civilisations on appelle des « bibliothèques vivantes » : indispensables au bon fonctionnement de la bureaucratie, parce que seuls capables de se débrouiller dans le maquis des règlements, circulaires, additifs et rectificatifs, ces personnages respectés, sans cesse consultés par les autres, notamment par les plus jeunes, deviennent des sortes d'arbitres et d'experts dont nul ne peut contrôler l'action. Une part de ce que l'on impute à l'« inertie bureaucratique » ou aux « résistances » des fonctionnaires, véritables « vertus dormitives » qui ne font que déguiser la description en explication, s'explique en réalité par le fait que certaines mesures menacent ce capital lié à l'ancienneté et à l'expérience. De façon plus générale, toutes les formes de capital scientifique ou technique qui permettent une accumulation ou une utilisation accélérée du savoir font courir un danger aux détenteurs d'une compétence pratique fondée sur la seule expérience.

C'est une opposition de cette sorte (celle que porte au jour le troisième facteur de l'analyse) qui s'est dessinée à l'occasion de la réforme, entre les gestionnaires et les novateurs. Ceux-ci, dans les débats qui les ont opposés aux fonctionnaires des Finances, notamment à propos de l'évaluation des coûts des nouvelles mesures et de leurs effets, ont largement eu recours aux techniques de l'économétrie pour imposer leurs vues (et nombre d'informateurs notent que, déjà, dans les négociations qui ont conduit à la loi de 1972 sur le calcul de l'allocation logement, la Caisse nationale des allocations familiales – CNAF – fut mise en difficulté quand il lui fallut défendre son projet lors des arbitrages parce qu'elle ne put opposer que des méthodes de calcul artisanales aux modèles élaborés par l'INSEE à l'intention du ministère de l'Équipement)[7]. S'il faut se garder de surestimer l'efficacité des modèles formels et des services de recherche qui s'en autorisent, il reste que, associés à d'autres pouvoirs, sans doute plus déterminants, ces instruments ont beaucoup contribué à la victoire des « novateurs » en introduisant cette forme très particulière d'utopisme que favorise l'usage ordinaire d'outils formels tels que les modèles mathématiques.

La commission et la légitimation d'une minorité agissante

Si l'on cumule l'ensemble des propriétés détenues par les novateurs et bien faites pour les rapprocher par des liens de sympathie associés à l'affinité des habitus, et cela malgré des différences de position reproduisant dans le sous-espace qu'ils constituaient les différences constitutives du champ dans son ensemble, on voit que ces « révolutionnaires » sont des nantis. Et de fait, tout semble indiquer que, dans le champ bureaucratique comme en maint autre champ, il faut posséder beaucoup de capital pour faire une révolution réussie. Mais ce modèle du changement bureaucratique serait sans doute incomplet si l'on ne faisait pas intervenir un autre atout, détenu par presque tous les protagonistes, le sens du jeu bureaucratique, qui, dans sa forme la plus accomplie, permet de jouer avec les règles du jeu, en virtuose de

7. Après les arbitrages de mars et juillet 1976, le personnel chargé de la réforme est profondément renouvelé (le GRECOH, notamment, éclate). Reste que les nouveaux responsables (au cabinet du ministre du Logement – Jacques Barrot – ou à la direction de la Construction) présentent des caractéristiques très semblables à celles de leurs devanciers : dans une très forte proportion, ils viennent de services d'études du Plan et de la DATAR et ont fait une partie de leur carrière à l'étranger et dans des organismes internationaux.

la transgression bien tempérée. C'est ainsi que l'on voit Antoine Jeancourt-Galignani s'associer avec Latinus, à qui tout l'oppose en apparence, pour produire l'article doublement informé qui sera un des points de départ du mouvement d'idées conduisant à la réforme du financement. De même, ceux qui choisissent Raymond Barre pour présider la commission décisive apprécient en lui le personnage extérieur aux enjeux de l'univers de la construction mais aussi le familier des procédés et des procédures de la vie bureaucratique, informé et respectueux des règles de la bienséance qui régit les invitations et les échanges dans les commissions : et, de fait, il mène toute l'entreprise avec le plus grand doigté, tirant le meilleur parti possible de cet instrument institutionnalisé de transformation de l'institution bureaucratique qu'est la commission.

Cette invention organisationnelle typiquement bureaucratique permet à la bureaucratie de transcender ses propres limites, d'entrer apparemment en discussion avec l'extérieur, sans cesser de poursuivre ses propres fins et d'obéir à ses propres règles de transformation. A la fois dissimulée et légitimée par l'universalisation partielle que lui assure l'immersion dans un sujet collectif, la minorité agissante devient une sorte de groupe de pression légitime, publiquement connu et reconnu, investi d'une mission, d'un mandat. Le mouvement subversif cesse d'être suspect de servir les intérêts particuliers d'un corps ou d'une clique (les « jeunes loups ») ; il est l'agent d'une mobilisation légitime, parce que accomplie dans les formes. La bureaucratie reconnaît cette forme très particulière d'exploit bureaucratique qui fait les « grands serviteurs de l'État », arrachés pour un temps à l'anonymat du fonctionnaire parce qu'ils ont su se plier aux normes de la discrétion bureaucratique jusque dans la subversion réglée des règles bureaucratiques.

Ainsi, après le long travail qui s'est accompli, depuis les premiers efforts d'Albin Chalandon, alors ministre de l'Équipement et du logement, pour élargir l'attribution de l'allocation logement et encourager la construction de maisons individuelles (lois du 16 juillet 1971 et du 31 janvier 1972), c'est à travers un ensemble de manœuvres dont les journées HLM pour le *Livre blanc* et la Commission Barre ont représenté les temps forts, et qui supposaient toutes une grande capacité stratégique spécifiquement bureaucratique de mobilisation et de manipulation, que les représentations nouvelles, d'où est sorti le compromis propre à apaiser les antagonismes entre les différents responsables de la politique du logement, se sont imposées officiellement au sein même de la haute fonction publique. Il est probable que le « coup » par lequel, sous l'impulsion de Robert Lion, qui avait eu vent des projets de réforme de Valéry Giscard d'Estaing, le mouvement des HLM a pris en quelque sorte les devants, comme pour couper l'herbe sous le pied de ses adversaires, a contribué, autant que le Rapport Barre, qui, par son ultra-libéralisme, aurait sans doute provoqué une mobilisation de sens contraire, à favoriser le progrès vers l'acceptation d'une solution de compromis combinant l'aide à la pierre et l'aide personnelle au logement. En effet, si les auteurs du *Livre blanc* du mouvement des HLM avançaient en faveur du maintien de l'aide à la pierre de nombreux arguments ignorés des rapports Barre et Nora, ils marquaient une préférence certaine pour l'aide à la personne : et l'énorme travail collectif de prise de conscience qui s'est opéré à l'occasion des journées nationales d'études, notamment parmi les responsables locaux, a contribué à faire accepter, au sein du mouvement des HLM lui-même, des critiques de l'institution qui lui étaient jusque-là adressées du dehors ; en visant à mettre les autorités gouvernementales devant des propositions avec lesquelles elles devraient compter – ce qui explique l'ampleur, 450 personnes, de la mobilisation –, Robert Lion et ses « complices » (Michel Dresch, Claude Alphandéry, Claude Gruson, etc.), qui visaient à limiter la liberté d'action de l'administration centrale (d'ailleurs à peu près absente de ces journées), ont en fait servi ses desseins en préparant le secteur du champ le plus éloigné de la vision libérale (D dans l'analyse) à accepter la réforme.

Ainsi, peut-être parce qu'elle était trop habile, la stratégie imaginée par Robert Lion, haut fonctionnaire prestigieux et connaissant parfaitement le jeu, les enjeux et les adversaires, a contribué à préparer le terrain pour la commission présidée par Raymond Barre qui, par son intransigeance même, a favorisé les compromis que Robert Lion voulait par avance lui imposer. La composition et le fonctionnement des deux commissions attestent cette relation de complémentarité dans l'antagonisme qui définit la relation entre adversaires complices. De même que la Commission Barre avait fait une place insignifiante aux mouvements familiaux et aux organismes sociaux, de même les journées des HLM n'accordaient qu'une place très restreinte aux fonctionnaires[8]. En fait, les informateurs n'ont pas tellement tort, en définitive, lorsqu'ils citent pêle-mêle comme responsables majeurs de la transformation de la politique du logement des personnages (Georges Crepey, Pierre Durif, Jacques Lebhar, Pierre Richard, Robert Lion) qui se sont perçus et ont été perçus parfois comme farouchement antagonistes, et dont les entreprises se sont pourtant révélées complémentaires et convergentes.

Invariants et variations

La logique que l'histoire structurale des réformes de 1975 a permis de dégager n'a sans doute rien de conjoncturel. La « politique du logement » a été un des premiers terrains de l'affrontement entre les partisans d'une politique « sociale » – qui ne sont pas identifiables au socialisme et, moins encore, aux socialistes – et les défenseurs d'un libéralisme plus ou moins radical. D'un côté, ceux qui veulent étendre ou maintenir la définition en vigueur des « droits sociaux » – droit au travail, droit à la santé, droit au logement, droit à l'éducation, etc. –, collectivement et publiquement reconnus et assumés – à travers des formes diverses d'assurance, allocation chômage, aide au logement, allocations familiales, etc. – et évalués selon le principe « à chacun selon ses besoins » (dont l'expression paradigmatique est l'idée de « minimum vital »). De l'autre, ceux qui veulent redéfinir et réduire les interventions de l'« État-providence », notamment par la mise en œuvre de mesures inspirées par le principe « à chacun selon ses mérites », et portant à proportionner l'aide accordée aux revenus monétaires ainsi institués en mesure ultime de la valeur sociale des agents[9].

---

8. La Commission Nora est sans doute la plus impeccablement bureaucratique des trois commissions. Issue du cœur de la bureaucratie elle-même (du ministère des Finances) et confiée à un haut fonctionnaire de plein exercice, elle est composée en quasi-totalité de fonctionnaires plutôt jeunes et novateurs et ses conclusions semblent faire l'unanimité dans la haute administration.

9. L'opposition entre ces deux logiques se voit bien dans le cas étudié par Bernard Guibert (*L'Intervention de l'État dans l'obligation alimentaire. Premières leçons de la loi de 1984*, Paris, CNAF, 1987, p. 10-11), où la « logique du forfait », qui caractérise l'*obligation alimentaire* du Code civil de 1804, s'oppose à la « logique du quotient », caractéristique de l'impôt sur le revenu, le coût de l'enfant étant considéré comme une proportion du revenu de ses parents. Opposition homologue de celle que l'on retrouve sur le terrain du droit au logement, avec d'un côté l'aide à la pierre, et de l'autre l'aide à la personne et, plus généralement, toute la politique de « crédit personnalisé », mise en œuvre,

La « philosophie » dont s'inspirait l'avant-garde technocratique des années 1970, et qui se heurtait alors à de fortes résistances, au sein même de la haute fonction publique, a trouvé depuis de nombreux renforts, surtout après 1981, jusque parmi ceux qui étaient socialement mandatés pour défendre les droits sociaux – ce qui n'est pas sans lien, évidemment, avec l'accès au pouvoir d'une génération de dirigeants issus de Sciences po et de l'ENA[10]. En fait, comme nombre de ses défenseurs l'ont déclaré à maintes reprises, la « politique du logement » qui visait à favoriser l'accès à la propriété par des mesures tendant à ajuster les aides et les crédits à la « personne » (entendue au sens de la banque) était conçue comme une arme contre le « collectif », le « social » et, par conséquent, contre le « collectivisme » et le « socialisme ». A la façon du jardin ouvrier en d'autres temps, le « pavillon » individuel, et le crédit à long terme qui en ouvrait l'accès, devaient attacher durablement les « bénéficiaires » à un ordre économique et social qui était lui-même la garantie de toutes les garanties que les propriétaires durablement endettés pouvaient donner à la banque. Et cela tout en offrant aux institutions bancaires la possibilité de mobiliser plus largement l'épargne dormante.

Sous l'effet de tout un ensemble de facteurs qui dépassent largement le champ des luttes pour la définition de la « politique du logement », les rapports de force au sein de ce champ se sont de plus en plus modifiés en faveur des défenseurs d'un libéralisme plus ou moins radical. Et l'analyse ferait apparaître aujourd'hui que les mêmes grandes catégories d'agents se divisent, à peu près selon les mêmes principes, à propos des mêmes problèmes, mais avec une translation globale de toutes les prises de position vers le pôle libéral qui a sans doute été déterminée, ou rendue possible, au moins en partie, par les effets de la politique « libérale » en matière d'aide et de crédit, et en particulier par l'extension de l'accession à la propriété, d'abord parmi les cadres et, surtout dans les années 1980, parmi les fractions les plus favo-

dans les années 1960, par les banques et qui tend à faire de la valeur monétaire, actuelle et potentielle, des agents économiques, la mesure absolue de leur valeur, et du *crédit* (au sens fort du terme) qui peut leur être fait, socialement et économiquement.

10. Sur le rôle de Sciences po dans la codification et l'inculcation de la vulgate « libérale », on pourra lire P. Bourdieu et L. Boltanski, « La production de l'idéologie dominante », *Actes de la recherche en sciences sociales*, 2-3, 1976, p. 4-73.

risées des ouvriers et des petits employés. Les débats suscités par la loi Quilliot du 22 juin 1982 et par le plan Logement de Pierre Méhaignerie, destiné à en effacer partiellement les effets, attestent que les oppositions continuent à s'organiser à peu près de la même manière entre ceux qui déplorent les difficultés des organismes HLM et ceux qui souhaitent l'application au logement des « lois du marché », préconisant même la vente des HLM à leurs occupants. Sans doute, à travers le Conseil national de la construction, qui regroupe des architectes, des industriels des matériaux et des entrepreneurs (l'Union nationale des constructeurs de maisons individuelles, la Fédération nationale des promoteurs-constructeurs et surtout la Fédération nationale du bâtiment), les professionnels qui, en d'autres temps, s'étaient montrés plus attachés à l'aide à la pierre (et résolument hostiles à la loi de 1977) semblent s'être ralliés au libéralisme, au moins provisoirement (et peut-être en liaison avec la chute brutale de la construction – de 500 000 logements construits en 1974 à 295 000 en 1986) ; toutefois, les banques, peut-être parce qu'elles ont épuisé les « ressources » en acheteurs potentiels de « crédit personnalisé » (comme en témoigne la montée du contentieux lié au surendettement), restent attentistes, comme la Fédération nationale des agents immobiliers (FNAIM) et la Chambre nationale des administrateurs de biens (CNAB) ou les notaires et propriétaires privés de l'Union nationale de la propriété immobilière (UNPI), qui avaient violemment combattu la loi Quilliot.

En fait, malgré les renforts que la « politique du logement » mise en œuvre dans les années 1960 et 1970 a apportés au camp « libéral », les forces favorables à la défense des « droits sociaux » sont encore très puissantes parce qu'elles sont inscrites depuis très longtemps dans les institutions, c'est-à-dire à la fois dans des structures objectives, administratives notamment, et dans les structures cognitives et les dispositions qu'elles ont contribué à produire.

ANNEXES

I Analyse des correspondances multiples

La construction des données et les résultats

Tableau de 97 lignes (individus) dont 3 illustratives et de 47 colonnes (variables disjonctives) dont 2 illustratives.
Variables. âge 7 [modalités]; profession 16; état matrimonial 3; nombre d'enfants 7; lieu de naissance 3; établissement secondaire public/privé 4, Janson-de-Sailly 2, Louis-le-Grand 2, Henri IV 2, Stanislas 2, autre lycée de Paris ou de la région parisienne 2, grand lycée de province 2, autre lycée de province 2; études supérieures: Lettres 2, Droit + IEP + ENA 2, Droit + ENA 2, Polytechnique + ENA 2, ENS 2, Polytechnique 2, Ponts et Chaussées 2, Centrale 2, autre 2, études à l'étranger 2; légion d'honneur 2, ordre du mérite 2, croix de guerre 2, palmes académiques 2, autre décoration 2; Commission Barre 2, Com. du Plan 2, Com. Habitat 2, Com. Lion 2; Com. Nora 2; rattachement administratif 19, autre corps 2; conseiller ministre 2, directeur ministère 2; élu local 2, élu national 2; Conseil d'État 2, Cour des comptes 2, inspection des Finances 2, Ponts et Chaussées 2, préfet 2, autre corps 2; modalités illustratives: directeur d'office ou de société HLM 2, GRECOH 2.

Facteurs valeurs propres	pourcentages
1 – 0. 11713	6,41*
2 – 0. 10255	5,61
3 – 0. 08659	4,74

* On sait que, de manière générale, l'analyse des tableaux sous codage disjonctif conduit à des taux d'inertie faibles, « qui donnent une idée beaucoup trop pessimiste de la part d'information extraite ». Cf. L. Lebart, A. Morineau, N. Tabard, *Techniques de la description statistique*, Paris, Dunod, 1977, p. 130 (on trouve la même observation chez J.-P. Fénelon, *Qu'est-ce que l'analyse des données ?*, Paris, 1981, p. 164-165).

CONTRIBUTIONS LES PLUS FORTES

1er facteur		2e facteur		3e facteur	
individus					
Richard	4,3	Bloch-L	4,6	Monod	4,6
Crepey	3,5	Mayet	4,5	Womanti	4,2
Dubedout	3,2	Hervio	3,9	Graeve	4,2
Laure	3,2	Brousse	3,6	Douffiagues	3,9
Mayet	3,2	Nora	3,3	Turc	3,7
Saillard	2,9	Ternier	3,1	Essig	3,3
Verger	2,9	Richard	2,8	Brousse	3,3
Traub	2,7	Gonon	2,8	Malecot	3,1
Lerebour	2,6		2,6	Rattier	2,8
Leroy	2,6			Jaffré	2,7
Hervio	2,6			Traub	2,6
Brousse	2,5			Diebolt	2,6
Ternier	2,5			Paira	2,5
variables					
autre corps	6,7	Polytechnique	6,2	ENA, IEP, Dr	6,2
pas autre corps	6,7	école des Ponts	5,8	pas de légion honneur	5,9
corps des P. & C.	6,1	corps des P. & C.	5,8	croix guerre	4,5
école des Ponts	6,1	Insp. Finances	3,6	élu local	3,4
Polytechnique	3,6	croix guerre	3	Cour Comptes	3,4
élu local	2,7	dir. cabinet	3	61-65 ans	3
élu national	2,7	autre décoration	2,8	légion d'honneur	2,9
Janson-de-S.	2,7	palmes académ.	2,5	préfet	2,7
c. sup. public	2,6	chargé mission	2,5	équip. public	2,6
autres études	2,6			Stanislas	2,6
				prof. libérale	2,5

II Sources

Alphandéry, Claude, *Pour une politique du logement*, Paris, Éditions du Seuil, 1965.

Annuaire Desfossés-SEF, Paris, Cote Desfossés-Dafsa, 1975, 2 vol.

Barrot, Jacques, *Les Pierres de l'avenir*, Paris, France-Empire, 1975.

Bottin administratif et documentaire, Paris, 1975.

Cazeils, Jean, *La Réforme de la politique du logement*, Thèse de 3e cycle, s.l., s.n., 2 vol., 1979.

Dresch, Michel, *Le Financement du logement*, Paris, Berger-Levrault, 1973.

Engel, Marc Sylvain, *L'Aide personnalisée au logement*, Paris, PUF, 1981.

Heugas-Darraspen, Henri, *Le Logement en France et son financement*, Paris, La Documentation française, 1985.

Lebhar, Jacques, « Réflexions sur l'esprit d'une loi », *Les Cahiers du GRECOH*, 14, 4e trim. 1976, p. 5-8.

Lévy-Lambert, Hubert, *La Vérité des prix*, Paris, Éditions du Seuil, 1967.

Lion, Robert, « Édito », *Actualités HLM*, 142, 15 juillet 1977.

Massu, Claude, *Le Droit au logement. Mythe ou réalité*, Paris, Éditions sociales, 1979.

Rapport de la Commission de l'habitation du 6e plan d'équipement et de la productivité, Paris, La Documentation française, 2 vol., 1971.

Rapport du Comité de l'habitat pour la préparation du 7e Plan, Paris, La Documentation française, 1976.

Rapport de la Commission Aménagement du territoire et cadre de vie pour la préparation du 7e Plan, Paris, La Documentation française, 1976.

Rapport de la Commission d'étude d'une réforme du logement présidée par R. Barre, Paris, La Documentation française, 1976.

Rapport sur l'amélioration de l'habitat ancien, rédigé par Simon Nora et Bertrand Eveno, Paris, La Documentation française, 2 vol., 1975.

Union nationale des HLM, *Proposition pour l'habitat. Livre blanc*, supplément à la revue *HLM*, 244, 1975.

CHAPITRE III

LE CHAMP DES POUVOIRS LOCAUX

De même que la « politique du logement » est, au niveau central, le produit d'une longue suite d'interactions accomplies sous contrainte structurale, de même, les mesures réglementaires qui sont constitutives de cette politique seront elles-mêmes réinterprétées et redéfinies au travers d'une nouvelle série d'interactions entre des agents qui, en fonction de leur position dans des structures objectives de pouvoir définies à l'échelle d'une unité territoriale, région ou département, poursuivent des stratégies différentes ou antagonistes. C'est dire que l'on ne peut concevoir le rapport entre le « national » et le « local », le « centre » et la « périphérie », comme celui de la règle universelle et de l'application particulière, de la conception et de l'exécution. La vision que l'on a à partir des « centres » de pouvoir, celle qui porte à percevoir les religions et les cultes « périphériques » (géographiquement ou socialement) comme des rituels magiques, les langues régionales comme des patois, etc., s'impose insidieusement à la science sociale et il serait facile de montrer que nombre des usages de l'opposition entre « centre » et « périphérie » (ou entre *universal* et *parochial*), outre qu'ils font disparaître sous les apparences de la neutralité descriptive les effets de domination, tendent à établir une hiérarchie entre les deux termes opposés : les actions périphériques sont ainsi pensées comme simple application mécanique des décisions centrales, l'administration locale n'étant là que pour *exécuter* des ordres ou des « circulaires » bureaucratiques ; ou bien, sans que ceci exclue cela, elles peuvent être conçues comme des « résistances » de l'intérêt privé ou du particularisme local (« provincial ») à des mesures centrales.

Le jeu avec la règle

L'opposition apparemment neutre et purement descriptive entre « centre » et « périphérie » doit sa prégnance symbolique au fait qu'elle est obtenue par la superposition de deux ensembles d'oppositions. Le premier, qui est inscrit à la fois dans la structure bureaucratique elle-même, sous la forme de toute la série des divisions et des subdivisions qui font correspondre des niveaux hiérarchiques de plus en plus bas à des unités territoriales de plus en plus petites, et dans les structures cognitives de tous les fonctionnaires, avec l'opposition entre les lieux « centraux » de « commandement » et de « conception » et les postes « locaux » et « extérieurs » d'« exécution ». Le second, qui s'établit entre la bureaucratie elle-même et tout ce qui lui est extérieur : assujettis ou « administrés », mais aussi « collectivités locales », c'est-à-dire entre le « service public » et les « intérêts privés », entre l'« intérêt général » et l'« intérêt particulier ». On a ainsi tout un ensemble d'oppositions parallèles et partiellement substituables les unes aux autres : « central »/« local », « général » (« intérêt général », « idées générales », etc.)/« particulier » (« intérêts particuliers ») ; « conception »/« exécution » ; « théorie »/« pratique » ; « long terme »/« court terme », etc. La matrice commune de ces oppositions est l'antithèse entre deux *points de vue* : principe générateur de tout le discours que l'univers bureaucratique tient sur lui-même et que les plus présomptueux des producteurs ou des reproducteurs de cette idéologie professionnelle nomment parfois un peu pompeusement « science administrative », le point de vue des fonctionnaires, qui, étant placés au sommet de la hiérarchie bureaucratique, sont censés être situés « au-dessus de la mêlée », donc être enclins et aptes à « prendre du recul » et à « voir les choses de haut », à « voir grand » et à « voir loin », s'oppose à la vision ordinaire des simples exécutants ou des agents ordinaires, que leurs « intérêts à courte vue » inclinent à des « résistances » anarchiques ou des « pressions » contraires à l'« intérêt général ». Cet ensemble d'oppositions qui s'enracine dans un sentiment de supériorité à la fois technique et éthique (lui-même fondé le plus souvent dans une certitude de soi socialement et scolairement garantie) est au principe de la *vision du monde technocratique* propre à tous ceux qui, en tant qu'ils participent du monopole étatique de la violence symbolique légitime, sont socialement fondés et encouragés à se penser comme les fonctionnaires et les missionnaires de l'universel. Il organise la perception que le rapporteur d'une grande commission sur l'aide au logement peut avoir des participants étrangers à l'administration aussi bien que l'image que se fait des maires ou des conseillers généraux de sa circonscription un ingénieur placé à la tête d'une direction départementale de l'Équipement. C'est dire que l'*objectivation préalable* de ces principes de construction de la réalité, qui sont inscrits dans la réalité même et dans l'esprit même de celui qui entreprend de l'analyser (et qui peut par exemple faire sienne la vision husserlienne du philosophe comme « fonctionnaire de l'humanité »), est indispensable pour éviter de faire entrer dans la science en tant qu'instrument de construction de l'objet des principes de division qui n'y ont leur place qu'en tant qu'objets.

Ce qui est sûr, c'est que, dans la pratique, pour un entrepreneur, comme pour la plupart des « administrés », des « assujettis » ou des « justiciables », l'« État » se présente sous la forme du règlement et des agents ou des instances qui l'invoquent, le plus souvent pour dire non, pour interdire (dans le cas présent, l'existence de l'État et du règlement se rappelle surtout lors de la demande du permis de construire, à travers les plans d'occupation des sols, les normes de construction techniques et esthétiques, etc., lors de la demande de prêts, lors de la signature d'un contrat d'achat ou de vente à propos des garanties, des délais, etc.). La perception orientée et gouvernée par le règlement est une perception *sélective*, qui a les mêmes limites que la compétence statutaire du fonctionnaire. Elle s'affirme néanmoins comme *universelle,* que cette universalité soit celle des normes du « beau » ou celle des exigences de la rationalité et de la technique, ou les deux à la fois, et elle s'énonce souvent dans des propositions dotées d'un sujet collectif et impersonnel (« Le ministère de la Culture estime que... »). Et cela même s'il n'est pas toujours facile de faire oublier ou de masquer l'arbitraire du point de vue qui est à son principe, et de justifier par exemple par des arguments esthétiques ou techniques la largeur légale ou légitime des saillies des toitures ou la limite de l'environnement protégé d'un monument historique. Mais, lorsqu'il est le fait de l'architecte départemental, ce point de vue qui ne peut pas ne pas apparaître comme particulier à l'usager (et plus clairement encore à un autre architecte, situé en un point très voisin, mais néanmoins très différent de l'espace social) a les moyens de se faire reconnaître comme universel. Le statut même de fonctionnaire d'autorité, expressément mandaté pour faire respecter un règlement qui demande que les saillies des toitures n'aient pas plus de douze centimètres ou qui édicte que l'environnement d'un bâtiment historique est protégé dans un rayon de quatre cents mètres, implique une « situation de *monopole* » s'agissant de déterminer ce qu'est le beau et le bien en matière d'habitation. Ce monopole de la violence symbolique légitime s'affirme dans la prétention qu'a le fonctionnaire, architecte départemental ou ingénieur de la DDE, de se situer à un point de vue qui n'en est pas un, c'est-à-dire au point de vue absolu, universel, général, donc délocalisé, départicularisé, déprivatisé, du serviteur à la fois neutre et compétent de l'intérêt général. Et il n'est pas rare que cette prétention trouve dans les dispositions inscrites dans l'habitus du fonctionnaire – par exemple, l'hostilité anticapitaliste à la logique du profit et l'horreur esthète de la production de série qui inspirent à nombre d'architectes départementaux un fort préjugé contre les maisons industrielles – les ressources psychologiques nécessaires pour s'affirmer avec la pleine conviction de sa nécessité et de son universalité.

Dans la lutte pour le monopole, le règlement est l'arme majeure du fonctionnaire avec, le cas échéant, sa compétence technique ou culturelle. Et l'on pourrait dire, généralisant la formule de Weber, selon laquelle « on obéit à la règle lorsque l'intérêt à lui obéir l'emporte sur l'intérêt à lui désobéir », que le fonctionnaire applique ou fait respecter le règlement dans la mesure et dans la mesure seulement où l'intérêt à l'appliquer ou à le faire respecter l'emporte sur l'intérêt à « fermer les yeux » ou à « faire une exception ». La règle qui, comme on l'a vu, a été produite dans la confrontation et la transaction entre des intérêts et des visions du monde social antagonistes, ne peut trouver son application qu'au travers de l'action des agents chargés de la faire respecter qui, disposant d'une liberté de jeu d'autant plus grande qu'ils occupent une position plus élevée dans la hiérarchie bureaucratique, peuvent travailler à son exécution ou, au contraire, à sa transgression, selon qu'ils ont plus de profit matériel ou symbolique à se montrer stricts ou accommodants. (Il s'ensuit qu'on ne peut établir une relation *mécanique* entre les positions et les prises de position : les positions comportent toujours une marge de jeu, plus ou moins grande, dont les agents peuvent jouer de manière plus ou moins large selon leurs dispositions, elles-mêmes plus ou moins étroitement ajustées à la position.)

L'autorité du fonctionnaire peut s'affirmer dans l'identification pure et simple, sans distance, avec le règlement, dans le fait de s'effacer devant la règle, de s'annuler devant elle, pour jouir pleinement du pouvoir qu'elle donne, c'est-à-dire, le plus souvent, un pouvoir d'interdire. Cette stratégie, qui consiste à renoncer à la liberté toujours inscrite dans le poste, *même le plus bas*, et à se comporter comme un personnage anonyme et interchangeable, réduit à sa fonction, est sans doute d'autant plus probable, parce que à la fois plus encouragée et plus *profitable*, que l'on descend davantage dans la hiérarchie. Mais, à tous les niveaux, elle se présente comme une alternative possible – ouvrant ainsi la porte au jeu stratégique – à la conduite opposée, qui consiste à se montrer « compréhensif », « humain », à tirer parti (et profit, fût-ce un avantage purement moral de conformité éthique) de la liberté de jeu que tout poste laisse toujours à ses occupants (ne serait-ce que parce que aucune description de poste ni aucun règlement ne peut tout prévoir).

C'est ici l'occasion de rappeler qu'un champ en tant que jeu structuré de manière souple et peu formalisé – ou même une *organisation* bureaucratique en tant que jeu artificiellement structuré et construit en vue de fins explicites – n'est pas un *appareil* obéissant à la logique quasi mécanique d'une *discipline* capable de convertir toute action en simple *exécution*, limite jamais atteinte, même dans les « institutions totales »[1]. La conduite *disciplinée* qui présente tous les dehors de *l'exécution mécanique* (ce qui lui vaut d'être un ressort d'effets comiques) peut être elle-même le produit de stratégies tout aussi subtiles (avec le brave soldat Chvéik par exemple) que le choix opposé qui consiste à jouer avec la règle, à prendre ses distances avec le

1. Le phantasme de l'appareil issu de la tradition marxiste la plus mécaniste s'est déployé avec une force particulière à propos de l'État, ainsi investi d'une sorte de pouvoir divin ou démoniaque de *manipulation*. Et par un étrange retour des choses, il a été souvent appliqué au Parti et à l'État communistes par tous les défenseurs anticommunistes de « théories » du « totalitarisme » qui se sont ainsi interdit de voir (mais le souhaitaient-ils ?) et de comprendre les changements qui n'ont pas cessé d'affecter les pays de l'Est de l'Europe et dont le « phénomène Gorbatchev » est l'expression et l'accomplissement (cf. P. Bourdieu, « A long trend of change » – à propos de M. Lewin, *The Gorbachev Phenomenon : A historical interpretation* –, *Times Literary Supplement*, August 12-18, 1988, p. 875-876).

règlement. Le jeu bureaucratique, sans doute un des plus réglés de tous les jeux, comporte pourtant une part d'indétermination ou d'incertitude (ce que, dans un mécanisme, on appelle le « jeu »)[2]. Comme toute espèce de champ, il se présente sous la forme d'une certaine structure de probabilités – de récompenses, de gains, de profits ou de sanctions – mais qui implique toujours une part d'indétermination : pour si étroite que soit la définition de leur poste et si contraignantes les nécessités inscrites dans leur position, les agents disposent toujours d'une marge objective de liberté qu'ils peuvent ou non exploiter selon leurs dispositions « subjectives » ; à la différence du simple rouage d'un appareil, ils peuvent toujours choisir, dans la mesure au moins où leurs dispositions les y incitent, entre l'obéissance *perinde ac cadaver* et la désobéissance (ou la résistance et l'inertie), et cette *marge de manœuvre possible* leur ouvre la possibilité d'un marchandage, d'une négociation sur le prix de leur obéissance, de leur consentement.

Cela dit, et au risque de décevoir ceux qui verront dans ces analyses une résurgence inattendue (ou inespérée) de la « liberté », il faut rappeler que ce n'est pas un sujet pur, et libre, qui vient occuper les marges de liberté toujours laissées aux fonctionnaires, à des degrés divers selon leur position dans la hiérarchie. Ici comme ailleurs, c'est l'habitus qui vient combler les vides de la règle et, aussi bien dans les situations ordinaires de l'existence bureaucratique que dans les occasions extra-ordinaires qu'offrent aux pulsions sociales les institutions totales (comme le camp de concentration), les agents peuvent s'emparer, pour le meilleur ou pour le pire, des marges laissées à leur action, et profiter de la position de supériorité – même tout à fait infime et provisoire, comme celle du guichetier – que leur donne leur fonction pour exprimer les pulsions socialement constituées de leur habitus[3]. C'est ainsi que les postes subalternes d'encadrement et de contrôle des « institutions totales » (internat, caserne, etc.) et, plus généralement, les postes d'exécution des grandes

2. Cette incertitude est constitutive de la logique même du jeu. D'un jeu dans lequel l'un des joueurs (par exemple un adulte en face d'un enfant) est en mesure de gagner à tous coups, on dit que « ce n'est pas du jeu » ; c'est un jeu qui ne vaut pas la peine d'être joué.

3. Cf. B. Reynaud, « Types of rules, interpretation and collective dynamics : reflections on the introduction of a salary rule, in a maintenance workshop », *Industrial and Corporate Change*, 5(3), 1996, p. 699-721.

bureaucraties doivent nombre de leurs traits les plus caractéristiques, qui ne sont pourtant jamais prévus dans aucun règlement bureaucratique, aux dispositions qu'y importent, à un moment donné du temps, ceux qui les occupent : les fonctionnaires « remplissent leur fonction » avec toutes les caractéristiques, désirables ou indésirables, de leur habitus. Et nombre des « vertus » et des « vices » de la petite bureaucratie sont imputables autant, sinon davantage, au fait que les postes subalternes étaient parfaitement accueillants, jusqu'à une date récente, à la petite bourgeoisie en ascension et à ses dispositions strictes mais aussi étroites, rigoureuses mais aussi rigides, réglées mais aussi répressives.

Tout n'est pas contractuel dans le contrat bureaucratique : le règlement qui définit les devoirs du subordonné définit du même coup les limites de l'arbitraire du dominant. Telle est en effet l'ambiguïté fondamentale du droit : autant il est difficile de se défendre contre les régularités pratiques ou les injonctions tacites d'un univers comme la famille où l'essentiel des contraintes éthiques reste à l'état implicite, dans les profondeurs obscures des évidences partagées, autant il est possible de tirer parti d'une règle explicite en réinterprétant l'énoncé de devoirs (« le fonctionnaire doit renvoyer le dossier dans les huit jours ») de manière à le transformer en revendication de droits (le fonctionnaire a huit jours pour renvoyer le dossier). Si elle restreint la marge de liberté des exécutants, en indiquant ce qu'ils doivent faire et ce qu'ils ne peuvent pas faire, la règle, en tant qu'elle est sujette à *interprétation* et à *application* (au sens de Gadamer), délimite aussi le pouvoir du supérieur, et, en définissant ce qu'il est en droit d'exiger, impose une limite à son arbitraire, à l'abus de pouvoir. C'est cette ambiguïté fondamentale de l'ordre bureaucratique que porte au grand jour la grève du zèle, en montrant qu'il suffit d'obéir à la lettre aux règles qui le régissent pour bloquer tout le fonctionnement d'un système officiellement fondé sur l'obéissance à la règle. Et la marge d'interprétation de la règle qui est laissée à *tous* les agents, et dont l'ampleur est sans doute la plus exacte mesure de leur pouvoir, rappelle que l'ordre bureaucratique ne pourrait fonctionner s'il ne faisait place en permanence à une *casuistique infiniment subtile du droit et du passe-droit.*

Le pouvoir proprement bureaucratique et les profits licites ou illicites qu'il peut procurer repose sur la liberté de choisir entre l'application rigoriste et stricte de la règle et la transgression pure et simple. Et, comme pour compliquer la tâche de ceux qui s'interrogent sur les « incitations » capables d'accroître le rendement du travail bureaucratique, c'est en s'appuyant sur le même principe, celui des libertés que l'on acquiert en accordant des libertés, c'est-à-dire en concédant des indulgences, en fermant les yeux sur les manquements aux disciplines formelles et en tolérant des transgressions mineures aux impératifs de forme et de formalisme, que certains détenteurs de pouvoirs bureaucratiques peuvent accumuler à titre personnel un capital symbolique qui leur permet de mobiliser, à tous les niveaux de l'ordre bureaucratique, des énergies, voire des enthousiasmes, que l'imposition pure et simple de la règle formelle laisserait inemployés et d'obtenir une forme de surtravail et d'auto-exploitation. Le choix d'ouvrir la possibilité d'une *exception* à la règle constitue un des moyens les plus communs et les plus efficaces d'acquérir cette forme particulière de *charisme bureaucratique* qui s'acquiert en prenant ses distances à l'égard de la définition bureaucratique de la fonction[4]. Le fonctionnaire se constitue en *notable* doté d'une certaine *notoriété* dans les limites d'un ressort territorial et d'un *groupe d'interconnaissance,* en s'assurant un *capital social* de relations utiles et un *capital symbolique* de reconnaissance grâce à cette forme tout à fait particulière d'*échange* dans laquelle la principale « monnaie d'échange » n'est autre chose que l'exception à la règle ou l'accommodement avec le règlement accordés ou offerts, comme un « service », à un usager ou, plus normalement, à un autre notable, agissant au nom de tel ou tel de ses « protégés ».

Ainsi l'application du règlement, qui peut être une non-application, une *dérogation,* un passe-droit légitime, dépend très étroitement, en chaque cas, des dispositions (habitus) et des intérêts (de corps et de position) des agents qui, tenant de ce règlement leur pouvoir, détiennent une maîtrise quasi monopolistique de son *application* au cas particulier, c'est-à-dire de son interprétation et de son imposition (comme le responsable de DDE dans le cas du permis de construire ou l'architecte départemental dans le cas d'un plan architectural ou tous ceux qui, à un moment quelconque d'un processus de *décision bureaucra-*

4. Le charisme du professeur-prophète est un autre exemple, analysé ailleurs, de ce processus.

tique, ont à inscrire un « avis », une appréciation ou une note sur un formulaire prévu à cet effet). Ces agents d'exécution qui ne sont jamais de simples exécutants disposent toujours d'un éventail de « choix » possibles se situant entre deux limites, sans doute jamais atteintes : l'application stricte et entière du règlement, sans égard aux particularités du cas considéré, qui, comme le rappelle la formule *« summum jus, summa injuria »*, peut être une forme irréprochable d'abus de pouvoir ou, au contraire, la transgression légitimée, la *dérogation* officielle ou officieuse comme exception à la règle accomplie dans les règles et passe-droit légal. En fait, la seconde possibilité ne prend tout son sens et sa valeur que par rapport à la première ; c'est en tant qu'elle suspend la possibilité de l'application pure et simple de la règle (qui peut être brandie comme une menace dans une sorte de *chantage* légal) que l'exception accordée devient un *service rendu,* donc une ressource spécifique, susceptible d'être échangée, et d'entrer dans le circuit d'échanges symboliques qui fonde le capital social et le capital symbolique du notable. Par opposition à l'autorité bureaucratique, ce *crédit* est essentiellement personnel : il va en effet à celui qui, en autorisant une exception à la règle, marque sa liberté de personne au lieu de se conduire en personnage impersonnel purement et simplement identifié à la règle dont il se fait le desservant.

Le droit ne va pas sans le passe-droit, la dérogation, la dispense, l'exemption, c'est-à-dire sans toutes les espèces d'autorisation spéciale de transgresser le règlement qui, paradoxalement, ne peuvent être accordées que par l'autorité chargée de le faire respecter. Le monopole de la mise en œuvre du règlement peut ainsi procurer à celui qui le détient les bénéfices et les satisfactions attachés à l'observance et les profits, matériels ou symboliques, associés à la transgression légitime, dont le bakchich ou le pot-de-vin ne représente que la forme la plus grossière : la levée bureaucratique des interdits ou des obligations bureaucratiques peut être la source de profits mieux euphémisés, comme le crédit pour services rendus qui peut être engagé dans les échanges avec d'autres détenteurs de pouvoirs bureaucratiques, donc de privilèges potentiels (c'est ce que le jargon bureaucratique appelle les « renvois d'ascenseur »), ou avec d'autres notables, et en particulier les élus, députés, conseillers généraux ou maires qui augmentent leur capital symbolique par des interventions et des intercessions auprès des bureaucraties, ou encore avec de simples particuliers qui ont assez de capital social pour entrer dans des relations d'échange. Par l'intermédiaire de ce mécanisme, qui est inscrit au cœur même du monopole bureaucratique, l'arbitraire lié à la tentation de l'accumulation d'un « pouvoir personnel », d'un capital symbolique associé à la *personne* du mandataire, s'introduit dans la mise en œuvre du règlement, menaçant dans son fondement même la « rationalité bureaucratique », c'est-à-dire la calculabilité et la prévisibilité qui, selon Max Weber, la définissent.

La transgression réglementaire ou autorisée par le règlement n'est pas un simple raté de la logique bureaucratique ; elle est inscrite dans l'idée même de règlement, en fait et en droit. En fait, parce que, pour si précis que soient les règlements régissant l'application du règlement (et en particulier les circulaires d'application que les « rédacteurs de l'administration centrale » produisent à l'intention des exécutants des « services extérieurs »), ils ne peuvent jamais prévoir tous les cas et toutes les situations possibles et, que, s'ils le faisaient, ils rendraient l'« exécution » impossible. Paradoxalement, la règle n'est pas vraiment le principe de l'action ; elle intervient comme une arme et un enjeu des stratégies qui orientent l'action. En droit, parce que la dérogation légitime à la règle bureaucratique peut être inscrite dans la logique même de l'institution bureaucratique, sous la forme d'*instances de recours* officielles ou officieuses qui, à travers la division du travail de domination qu'elles instituent, permettent à l'instance hiérarchiquement supérieure, et dotée de ce fait d'un degré supérieur de liberté, de *tirer un profit symbolique* de la rigidité réglementaire de l'instance inférieure (la hiérarchie entre les deux fonctions faisant que, en beaucoup de cas, les dispositions « répressives » de la petite bourgeoisie – juridisme, rigorisme, esprit de sérieux, etc. – servent de *faire-valoir* aux dispositions bourgeoises – distance au rôle, humour, hauteur de vues, etc.)[5].

(On voit toute la difficulté des missions de contrôle, de surveillance et d'évaluation qui incombent aux instances centrales et qui, dans toutes les traditions, progressent, parfois jusqu'à l'hypertrophie, à mesure qu'avance la construction de la bureaucratie,

5. Tous ces mécanismes jouent à plein dans le cas où les « justiciables » sont particulièrement démunis, et dépourvus de recours, comme les immigrés ou, à l'extrême, les « sans papiers », l'hypocrisie des décisions centrales consistant à laisser jouer les libertés de jeu laissées aux instances d'exécution et à leurs dispositions plus souvent répressives que compréhensives.

au point de constituer, en bien des cas, l'essentiel, quantitativement et qualitativement, de ce que l'on appelle communément bureaucratie. Les membres des corps de contrôle, hiérarchiquement supérieurs, sont dotés, le plus souvent, d'un capital culturel et symbolique plus important que les fonctionnaires subalternes ; mais, en contrepartie, ils sont en droit et en fait plus éloignés des « réalités » (notamment parce qu'ils ne peuvent s'en approcher de trop sans déroger), et les compétences techniques qui leur ont valu d'accéder à leur position, qu'il s'agisse de la culture lettrée du mandarin chinois ou de la culture mathématique ou juridique du haut fonctionnaire européen, ne sont pas toujours directement utiles ou utilisables, même à des fins de simple contrôle, dans la routine de la vie bureaucratique ordinaire. Les pratiques des petits fonctionnaires subalternes opposent ainsi aux contrôles rationnels rendus possibles par les instruments bureaucratiques qui ont été peu à peu inventés à cette fin, comme les recensements statistiques des activités, enregistrés dans les archives, ou les inspections exprès, régulières ou extraordinaires, une sorte d'opacité constitutive, liée à leur logique propre, qui est celle du savoir-faire pratique, fonctionnant au coup par coup et au cas par cas, et bien fait pour déconcerter, en dehors même de toute intention de dissimulation, les exigences codifiées et rationalisées des instances de contrôle. En fait, le décalage structural entre les deux logiques, qui est sans doute ce qui rend les bureaucraties capables de s'adapter au cas particulier dans son imprévisible diversité, est aussi ce qui les prédispose à échapper au contrôle rationnel. Et il est en outre certain que la casuistique inévitable du praticien placé directement au contact des problèmes pratiques offre tout naturellement des possibilités de dissimulation à peu près infinies à ceux qui veulent et peuvent jouer à plein des ambiguïtés de la règle et surtout de toutes les ressources du jeu avec la règle. C'est pourquoi le juridisme *(legalism)*, qui consiste à faire de la règle le principe des pratiques et, plus précisément, à déduire les pratiques de la règle chargée de les régir, s'il est tout particulièrement encouragé par la représentation ordinaire que les bureaucraties ont et veulent donner d'elles-mêmes comme à la fois productrices et produits du règlement, est sans doute l'obstacle le plus redoutable à une connaissance et une compréhension véritables du fonctionnement réel des bureaucraties.)

Le champ à base territoriale

Comment décrire les processus sociaux qui conduisent à la mise en œuvre pratique des règlements et qui donnent à l'État sa figure réelle, celle qu'il revêt en s'incarnant dans les innombrables actions des innombrables agents bureaucratiquement mandatés pour agir en son nom qui s'affrontent, au sein de champs à base territoriale, avec des intérêts divergents et des pouvoirs différents ? Le « choix » que chacun des détenteurs d'un pouvoir bureaucratique peut opérer entre le rigorisme et le laxisme, ou entre les différentes formes de l'abus de pouvoir par hypercorrection ou par « distance au rôle », trouve sa limite dans la concurrence avec les autres prétendants au monopole de la mise en œuvre de la règle bureaucratique. En effet, aucun des responsables ne peut ignorer que chaque « administré » peut tirer parti des conflits structuraux entre les autorités qui s'affrontent dans les limites d'une unité administrative comme le département (par exemple le préfet et le chef de service de la DDE) pour suspendre leurs verdicts indésirables ou en retarder les effets ; ou que, jouant non plus des relations horizontales au sein du champ à base territoriale, comme le département, mais plutôt des relations verticales au sein du corps, il peut même tenter de faire intervenir le ministère de tutelle et, à la limite, d'obtenir la mutation du fonctionnaire qui refuse de trouver des accommodements avec le règlement. Par exemple, les architectes départementaux et surtout les ingénieurs des DDE peuvent jouer de l'ambiguïté structurale de leur position de *double dépendance,* à l'égard du préfet et des « collectivités locales », d'une part, et à l'égard de leur hiérarchie et de leur ministère de tutelle, d'autre part, pour s'assurer une forme d'indépendance autorisant les compromis, les exceptions et les transactions et, par là, d'importants avantages matériels et symboliques. Mais la tentation proconsulaire, avec les abus de pouvoir qu'elle implique, trouve sa limite dans le contrôle et la censure qu'exercent le champ de concurrence territorial et, à travers lui et ses interventions, les autorités centrales elles-mêmes, et dans la logique de la « mutation » ou de l'« avancement », qui ramène vers le « centre », c'est-à-dire vers des pouvoirs plus étendus mais aussi mieux contrôlés.

Ainsi, comme le rappellent tous les informateurs, surtout ceux que leur carrière a amenés à traverser des situations locales différentes, et comme nos observations (dans le Loiret et le Val-d'Oise) ont permis de le vérifier, la configuration des forces en présence au sein du champ territorial varie selon les départements et, à l'intérieur de chaque département, selon les intérêts et les dispositions des agents qui y occupent les positions les plus déterminantes, préfet, chef de service de la DDE, président du Conseil général, maires de grandes villes ; en même temps, il est clair que l'on retrouve des invariants à travers la complexité et la multiplicité des configurations à l'intérieur desquelles se déterminent les interactions entre les agents et les institutions capables d'intervenir directement ou indirectement sur la question du logement et sur les « décisions » susceptibles d'être prises en ces matières. La conscience la plus aiguë de l'infinie diversité des combinaisons concrètes n'interdit pas en effet de concevoir les principes d'un modèle capable de rendre les pratiques et les stratégies individuelles, sinon prévisibles, du moins immédiatement intelligibles : un tel modèle devrait prendre en compte, pour chacun des agents, outre les dispositions associées à sa trajectoire sociale, les pouvoirs (ou le capital) et les intérêts liés à la position, actuelle et potentielle, qu'il occupe dans la double relation, verticale, au sein de la hiérarchie propre de son corps, et horizontale, au sein du champ local. On se donnerait ainsi le moyen de ressaisir la configuration globale du champ local et la forme singulière des interactions (positives – coopération, alliance, etc. – ou négatives – conflits ouverts ou larvés) qui peuvent s'y accomplir.

Le fait que la mise en œuvre des règlements s'effectue au travers de cette multiplicité de pouvoirs concurrents qui s'opposent au sein du champ territorial tout en restant intégrés dans des champs nationaux (celui des préfets, celui des architectes, celui des ingénieurs des DDE, etc.) et qui balancent toujours entre la tentation de la « féodalité locale » et l'ambition de l'ascension dans la hiérarchie centrale (celle du corps notamment) assure sans doute une certaine protection contre l'abus de pouvoir à ceux-là au moins qui disposent des ressources nécessaires pour entrer dans le cycle de l'échange de services, une protection aussi contre la mainmise totale de l'un des pouvoirs, ou d'une autorité centrale, sur l'ensemble du jeu. Ainsi, chacune des positions faibles dans le champ territorial peut trouver les voies de son indépendance dans le « jeu de billard » (comme dit un des informateurs) consistant à s'appuyer sur un pouvoir pour échapper à un autre qui, en une autre occasion, ou dans un autre champ territorial, pourra être utilisé pour résister au premier. Chacun peut se dérober, jusqu'à un certain point, à l'emprise de tel ou tel de ses concurrents, en le mettant en concurrence avec d'autres. Témoin ce propos tout à fait typique d'un responsable du service contentieux administratif d'une DDE dans une préfecture de la région parisienne : « Nous (dans les DDE), nous sommes agents d'État. Un maire ne peut pas me donner l'ordre de défendre un dossier. Mais comme nous voulons garder la confiance des maires, nous acceptons, pour ne pas perdre de notre crédibilité. Si nous refusons, le maire passera par un bureau privé qui lui dira toujours oui. Les bureaux d'études privés, les architectes privés peuvent faire des POS (plans d'occupation des sols) ; ils suivront la logique de la rentabilité, ils feront par exemple un POS en quinze jours. La qualité n'y sera pas. En revanche, l'administration connaît le terrain, nous travaillons quotidiennement avec les maires. Le subdivisionnaire est sur place constamment. C'est le GEP (Groupe d'étude et de planification), chez nous, qui fait les plans d'occupation des sols. » De plus, si la DDE peut récuser les ordres ou les demandes du maire, elle a besoin de la clientèle des communes et elle doit se mettre à l'abri des réclamations et des protestations propres à ternir son image auprès de l'administration centrale. De son côté, le maire peut se libérer de l'emprise de la DDE (d'autant plus facilement que sa commune est plus grande) en la mettant en concurrence avec un architecte privé, mais il a intérêt à s'assurer la compétence particulière de l'Équipement, et même sa complicité active, pour effectuer des travaux qui peuvent contribuer à sa réélection. De ce fait, le maire, comme beaucoup d'élus locaux, trouve plus simple et plus sûr de confier la conception et la réalisation de ses projets aux fonctionnaires de la DDE, en comptant que, ainsi associés à ses propres affaires, ils sauront lui assurer, en contrepartie des avantages qu'ils tirent de la situation, les moyens de réaliser sa politique.

Autre exemple de ces contraintes croisées, qui conduisent à négocier pour éviter les contrecoups des affrontements directs : « Prenons un exemple concret : celui du permis de construire. 99 % des communes du département passent par la DDE pour instruire les permis (plan d'occupation des sols approuvé ou pas). Le maire, qui n'est pas spécialisé forcément sur le plan de l'urbanisme, va suivre l'avis de la DDE. Mais si cet acte est illégal, la DDE peut refuser d'instruire et saisir le préfet pour le faire annuler. Seulement, le maire sera mécontent. La DDE va donc en sous-main négocier avec le maire pour le faire changer d'avis sans que le préfet le sache. » En d'autres cas, l'usager mécontent des décisions de la DDE peut se plaindre au maire de la commune ou faire intervenir son conseiller général. L'élu, soucieux de se ménager un électeur, peut intervenir auprès de la DDE, ou, pire, faire intervenir le préfet. Autant de situations désagréables, voire dangereuses, dans la mesure où elles peuvent menacer soit l'autorité des services techniques et l'équilibre, toujours très sensible, de leur relation avec le préfet, soit la relation entre la DDE et le maire, client actuel ou potentiel, ou même, en cas de conflit grave, la position même du fonctionnaire, toujours exposé à une mutation. Là encore, ce réseau de contraintes conduit les services techniques à entourer leurs décisions de consultations et de concertations.

Comme les usagers, les organismes faibles, mais aussi le pouvoir central, peuvent s'appuyer sur ces réseaux de relations d'interdépendance concurrentielle pour jouer les organismes ou les agents les uns contre les autres et tirer de leurs conflits une certaine liberté. Ainsi, des organismes d'information comme l'ADIL (Association départementale information logement – chargée d'offrir des informations juridiques aux usagers) et le CAUE (Conseil en architecture, urbanisme et environnement – chargé de donner des conseils aux particuliers et aux communes) qui ont beaucoup de mal à se faire reconnaître comme des interlocuteurs possibles par les instances dominantes au sein du champ territorial peuvent s'appuyer sur les élus qui, au départ (ils contribuent à leur création), leur sont, au moins en apparence, favorables, mais, mettant un point d'honneur à « éviter toute récupération politique », ils affichent une image de neutralité qui les porte à se priver de ce levier. Ils peuvent aussi s'appuyer sur les administrations, et notamment les fonctionnaires de la DDE, mais comme ceux-ci sont portés à voir d'un mauvais œil leurs interventions, qui viennent brouiller les relations privilégiées qu'ils entretiennent avec « leurs » élus, ils sont souvent renvoyés vers une action éducative qui a pris parfois la forme d'une sorte d'*agit prop* auprès des usagers.

Cela dit, par-delà toutes les formes d'équilibre qui peuvent être réalisées, dans chaque département, et à propos de chacun des enjeux qui peuvent les opposer, entre les différents organismes compétents en matière de logement, préfecture, DDE, CAUE, ADIL, élus locaux, maires, conseillers généraux, députés, associations, caisses d'allocations familiales, offices publics de HLM, organismes prêteurs, etc., il reste que, surtout pour les affaires importantes, permis de construire, POS ou ZAC, le plus fort poids structural revient toujours à la DDE, à la préfecture et aux maires ; la position centrale étant monopolisée par la DDE, autour de qui tout gravite et dont l'influence s'impose d'autant plus complètement que les communes auxquelles elle a affaire sont plus petites et moins solidaires, donc contraintes, faute de ressources économiques et techniques, de s'en remettre à elle de l'exécution et même de la conception de leurs projets d'urbanisme. L'antagonisme structural entre la DDE et le préfet, qui est l'équivalent, à ce niveau, de l'opposition entre le ministère des Finances, avec ses énarques, et le ministère de l'Équipement, avec ses ingénieurs des Ponts, est un facteur d'équilibre, qui offre aux administrés et à leurs représentants la possibilité d'un recours. Cela dit, seule toute une série de monographies pourrait saisir les variations et les invariants de la confrontation entre deux corps également portés à se percevoir comme l'élite de l'élite et séparés par leur langage, leur mode de pensée et toute leur vision du monde ; et plusieurs volumes ne suffiraient pas à décrire les différentes variantes des stratégies par lesquelles le directeur départemental de l'Équipement, ingénieur des Ponts et polytechnicien, fort de l'ésotérisme de sa technique, de la relation privilégiée qui l'unit à son corps et à son ministère de tutelle, et du poids économique et politique que lui confère, auprès des collectivités locales, son rôle triple de contrôleur, de concepteur et d'entrepreneur, s'emploie à contester dans les faits la prééminence officielle de l'énarque à l'échelon départemental.

Quant aux constructeurs et aux promoteurs, ils sont très inégalement armés pour entrer dans le « jeu de billard ». Bien qu'ils fassent souvent l'objet d'un préjugé défavorable de la part des architectes départementaux, les grands constructeurs nationaux détiennent sans doute, en ce domaine au moins, un avantage structural par rapport aux petits et moyens constructeurs régionaux (qui peuvent s'appuyer davantage sur les députés et les sénateurs) : ils sont sans doute mieux armés pour orienter les décisions en matière de politique du logement et pour contourner par l'intervention auprès des autorités centrales, ministres, cabinets ministériels, les obstacles réglementaires que leur opposent volontiers les autorités subalternes. Mais, là encore, si le modèle proposé permet de poser d'emblée ce que seront en chaque cas les paramètres pertinents du champ des forces possibles, c'est seulement dans la singularité d'une *conjoncture* qu'il sera possible de déterminer ce que sera exactement le système des contraintes bureaucratiques caractéristiques de telle configuration particulière de la structure du marché à base locale de la maison individuelle qui pèsent très précisément sur une transaction singulière.

On pourrait être tenté de conclure de ces analyses, comme le font souvent les meilleurs observateurs, soit que tout le « système bureaucratique », colosse aux pieds d'argile, serait voué à l'impuissance par la rigidité de ses structures hiérarchiques sans l'intervention permanente de ces régulations « spontanées », corrections, ajustements, accommodements, qui s'opèrent dans la relation entre les instances « locales » de la bureaucratie d'État, les DDE notamment, et les représentants des « collectivités locales », ainsi investis d'un extraordinaire pouvoir (« le petit maire est le critère qui, de proche en proche, marque toute l'action administrative »)[6]. Cette vision « basiste » va de pair, le plus souvent, avec une représentation vaguement fonctionnaliste, qui fait de l'impossibilité de contrôler le champ des instances territoriales et des possibilités que la rivalité des institutions concurrentes offre au jeu des notables locaux et de leurs mandants le fondement d'une dialectique constante entre le « système bureaucratique » et la réalité environnante et, par là, le principe d'un équilibre entre l'anomie d'une société dépourvue de règles ou incapable d'en imposer l'application et l'hypernomie d'un ordre social rigide et incapable d'offrir des accommodements avec ses propres prescriptions.

Cette représentation un peu optimiste a le mérite de prendre en compte la complexité des interactions qui se masque sous la monotonie apparente de la routine bureaucratique. Mais la réalité est sans doute plus complexe encore, et l'on ne peut oublier que chacune de ces interactions est le lieu de jeux et d'enjeux de pouvoir, donc de violence et de souffrance. En effet, n'entre pas qui veut dans le circuit des échanges fructueux qui assurent l'ajustement des normes aux réalités : les notables ont à la fois le bénéfice de la règle et de la transgression ; pour le commun des « assujettis » et des « administrés », dépourvu des ressources

6. Cf. P. Grémion, *Le Pouvoir périphérique. Bureaucrates et notables dans le système politique français*, Paris, Éditions du Seuil, 1976.

indispensables pour obtenir les écarts à la règle qui s'offrent aux privilégiés, « le règlement, c'est le règlement » et, en plus d'un cas, « la suprême justice est la suprême injustice ». Tant au niveau de la conception et de l'élaboration des lois et des règlements qu'au niveau de leur mise en œuvre, dans les obscures transactions entre les fonctionnaires et les usagers, l'administration ne tolère vraiment le dialogue qu'avec le notable, c'est-à-dire avec un autre lui-même, légèrement minoré : ainsi s'instaure *l'ajustement sans négociation* (en tout opposé au *compromis négocié* avec une base organisée) qui est assuré, au niveau collectif et national, par la *commission*, et au niveau individuel et local, par l'*intervention*, deux formes de l'échange, générateur de profits symboliques, entre des agents qui sont assez avertis des véritables règles du jeu avec la règle pour tirer profit (pour eux-mêmes et pour leurs protégés) d'une gestion rationnelle du droit et du passe-droit, de la loi et du privilège.

Mais il faudrait aussi examiner les coûts innombrables de tous les effets de l'hypernomie bureaucratique, et en particulier, le coût en temps, en travail, en démarches, parfois en argent, que les citoyens ordinaires doivent souvent payer pour imposer, contre l'abus de pouvoir, contre l'arbitraire de l'application ultraconséquente de la règle, contre la rigidité autorisée par le monopole bureaucratique, l'écart, souvent minime, par rapport à la norme brute et brutalement appliquée, qui rapproche un peu la conduite bureaucratique de l'idéal d'une administration réellement (plutôt que formellement) rationnelle ou, plus simplement, des attentes ou des exigences légitimes de l'usager.

ANNEXE

Entretiens : Trois points de vue sur le champ local

Un petit entrepreneur

Le directeur d'une petite entreprise de construction régionale (en Ile-de-France) évoque (en 1985) ses démêlés avec les différents responsables départementaux, et en particulier les architectes des DDE et des Bâtiments de France[7].

M. D. : [...] Or ces gens-là (les architectes) n'ont aucune formation au niveau technique, [...] ils n'ont pas du tout une démarche intellectuelle de technicien. C'est des artistes. Alors ils font des choses qui leur paraissent belles. Et, encore une fois, c'est leur beau à eux. Moi, je vous dirais que je ne veux pas les contrarier là-dessus, mais, moi, ce qui m'importe, c'est que ça soit beau pour mes clients. Que mes clients en aient envie, c'est ça qui importe. Et puis que ça fasse partie du domaine du possible au niveau de leur capacité de financement Autrement dit, moi je fais preuve d'un réalisme paysan... De toute manière, c'est tout simple : la sanction, c'est la sanction du marché. C'est donc nous qui avons raison puisque c'est nous qui tenons le marché. Et d'ailleurs, s'ils avaient eu raison, on n'existerait pas, c'est eux qui feraient notre métier. C'est clair hein !

– Il semble que vous avez avec les architectes en général des relations assez difficiles... enfin c'est pas que vous leur en voulez, mais...

7. Cet entretien, comme tous ceux qui sont cités ici, a été réalisé dans le cadre de la recherche qui a été menée dans un département de l'Ile-de-France, le Val-d'Oise, et qui a donné lieu à des entrevues avec différents intervenants : architectes départementaux (CAUE, DDE, etc.), juristes (ADIL), notaire ; avec des agents des différentes antennes de la DDE – Argenteuil (service des permis de construire), Cergy Préfecture (service du contentieux de l'urbanisme) ; avec le maire et les responsables des services techniques de l'urbanisme à Taverny. On a aussi procédé à des observations suivies au service technique de l'urbanisme de la mairie de Taverny, notamment sur les permis de construire pour les années 1984 et 1985, sur l'implantation et la réalisation de la ZAC des Lignières à Taverny et sur la commercialisation par l'AFTRP (Agence foncière et technique de la région parisienne) d'une première tranche de terrains mis en vente à Taverny. On a enfin réalisé des observations à Moisselles, « village-exposition » de maisons individuelles, mené des entretiens avec des constructeurs locaux et recueilli systématiquement de la documentation publicitaire. A des fins comparatives, on a réalisé un plan de recherche semblable dans le département du Loiret.

M. D. : Ah, si ! Si, je leur en veux, parce que j'ai de bonnes raisons de leur en vouloir. [...] Je leur en veux parce que tout simplement j'estime que ce sont des gens qui bénéficient d'une situation de monopole qui m'apparaît, moi, intolérable. [...] Il est clair qu'on assiste à des abus scandaleux de la part de ces architectes dits des Bâtiments de France, ou des DDE. Ces gens-là, il n'y a aucune espèce de critères sur lesquels on puisse les contrôler. Aucun. Donc ils font ce qu'ils veulent [...] Par exemple, quand on vous dit que les saillies des toitures ne doivent pas faire plus de 12 cm, [...] et je ne vois pas en quoi ça peut atteindre l'environnement que d'avoir une saillie de toiture qui fasse 30 cm au lieu de 12 cm. C'est complètement con, excusez-moi du terme [...] Mais si, à ce moment-là, l'architecte Z est changé par l'architecte X, tout est changé : ce qui était beau avant devient vilain. Alors... toute une profession hurle, mais ça n'empêche que c'est comme ça. Quoique, maintenant, ça s'est bien atténué. Mais au début, je dirais jusqu'à il y a à peu près cinq ans, c'était fou, complètement fou.

– C'est-à-dire ?

M. D. : Ben, on arrivait avec une maison, enfin avec un projet, ben, ils vous collaient des grands coups de rouge dessus, ils vous chamboulaient tout et on aboutissait à une impossibilité. [...] Alors on allait à la bagarre sans arrêt, et c'est à force du reste d'aller à la bagarre qu'on a fini par les... par les ranger un petit peu à nos thèses. Il y a eu un rapprochement depuis... quelques années. Mais au début, j'aime mieux vous dire, quel jeu de massacre ça a été hein !

– Comment c'était ?

M. D. : Eh bien, il y avait des rapports épouvantables. Pour eux, on était la race à abattre. Certains de mes confrères étaient traités, au plan national, de pollueurs. Ce qui est complètement stupide. On ne pollue pas quand on fait des maisons. D'ailleurs au bout de cinq ans, avec la verdure et tout ce que mettent les gens, on ne la voit plus. [...]. En plus, il y avait des gens qui se voyaient systématiquement refuser leur permis de construire. Alors c'était dramatique parce qu'il y avait des gens comme nous qui investissaient pour vendre, et d'autres, derrière, qui collaient des grands coups de rouge et « allez, refaites votre copie ». Alors je peux vous dire qu'il y a eu une ou deux années de tension extrême. Et puis, ça s'est calmé, sous, la pression du ministère de tutelle [...].

Et M. D. continue en évoquant les difficultés qu'il a rencontrées dans ses démarches pour obtenir l'autorisation d'exposer pendant quatre mois une de ses maisons dans la cour de la gare de l'Est à Paris.

M. D. : Mais moi je peux vous parler, par exemple, de la maison que nous avons exposée à la gare de l'Est. Le ministère de la Culture estime que c'est une atteinte à l'environnement d'avoir mis cette maison là. Je crois qu'ils ont mal vu, hein ! Il faut qu'ils reviennent voir. Moi, je veux bien les prendre par la main pour leur faire visiter le quartier, car il y a des trucs un peu douteux. Regardez tous ces panneaux publicitaires, la réglementation, etc. Alors qu'on vienne me dire ensuite : « Ah, non, je ne peux l'accepter. » Que ça choque : d'accord. Que ça ne puisse pas rester sous forme définitive : certes. Mais il s'agit d'une exposition qui n'est pas définitive, qui dure quatre mois. Alors, de dire que c'est une atteinte à l'environnement, moi j'estime qu'on se fout de la gueule du monde.

– Attendez, vous avez reçu une lettre du ministère de la Culture ?

M. D. : J'ai même eu un refus de la mairie de Paris.

– Mais comment se fait-il que votre maison soit là quand même ?

M. D. : Je me suis bagarré avec la préfecture, et la préfecture a donné un accord... euh... alors que la mairie de Paris avait refusé. Et le ministère de la Culture a refusé également, contre l'avis du préfet. Euh... ils étaient même prêts à prendre un arrêté de démolition. Alors vous voyez jusqu'où ça va !

– C'est incroyable ! Mais comment ça s'est terminé tout ça ? C'est parce que vous connaissiez des gens personnellement...

M. D. : Pas du tout. Pas du tout. C'est à coup de... de... comment vous dire ? ... de démarches et d'aller discuter avec les gens pour les convaincre. Bon. Parce qu'on aurait dit qu'ici, on allait exposer un avion ou... les chars de la dernière guerre mondiale, personne n'aurait rien dit. Et tout ça parce que les architectes ne s'en mêlaient pas, tout simplement [...] Il faut que je vous dise que je m'en suis sorti comme ça : c'est que quand ils me l'ont interdite, elle était finie. Mais oui. Entre le moment où, moi, je leur ai demandé l'autorisation et le moment où ils m'ont répondu non, moi, la maison était finie sur place. Eux, il leur avait fallu deux mois pour faire un papier, moi j'avais construit une maison en ce temps-là, par moins 18 degrés d'ailleurs. Vous voyez qu'on a des rythmes différents. On n'est pas de la même race.

– Alors quand leur papier vous est arrivé, vous avez réagi comment ? Vous avez paniqué ?

M. D. : Non, pas de trop... Enfin, j'étais quand même un peu inquiet (rire)... mais je m'attendais à quelque chose de cet ordre-là, et j'avais un recours possible devant le préfet. Ce que j'ai fait. Et puis j'avais surtout la SNCF avec moi, puisque je construisais sur le territoire de la SNCF. Donc, moi j'ai dit à la SNCF : « Ça, c'est votre problème, démerdez-vous. Moi, je vous ai loué cet espace et vous saviez pourquoi c'était faire. » Alors, à partir de là, c'était administration contre administration. Et ça a été une partie d'échecs, et je peux vous le dire, pas simple.

– Et le préfet…

M. D. : J'ai eu un accord préfectoral que j'ai obtenu… je ne sais pas, mais un mois après que la maison soit finie. Et donc, contre moi, j'avais : la mairie de Paris, le ministère de la Culture, et une association du 10ᵉ arrondissement qui s'appelait « Mieux vivre dans le 10ᵉ arrondissement ». […] Alors en plus, le gag c'est que cette maison est une maison qui a été conçue par nous et qui a été soumise aux architectes des Bâtiments de France de toute la région Ile-de-France, et que cette maison a été dite s'intégrer parfaitement dans les sites puisque c'est une maison en quelque sorte agréée, même si ce n'est pas un agrément officiel puisque ça, ça n'existe pas. Mais là, on nous disait : « Compte tenu qu'à la gare de l'Est vous êtes dans un site classé car il y a l'église truc muche à moins de quatre cents mètres de votre maison, vous ne pouvez pas faire ça. » […] Vraiment, l'environnement il faudrait savoir où ça commence. A partir du moment où vous voyez les camions du SERNAM devant la gare de l'Est qui sont des espèces de ruines ambulantes, j'aime mieux vous dire que ma maison, à la place, est bien plus jolie. On a mis des fleurs dans la cour, ça ne fait pas de mal…

Un fonctionnaire de la DDE

« Les relations du service de l'urbanisme – donc de la DDE – avec tous les partenaires sont très variables d'un département à l'autre. Je peux commencer avec les relations entre la DDE et les services préfectoraux. Vous savez que c'est le préfet qui coiffe la DDE, qu'il a sous ordres tous les services de l'État. La façon d'intervenir des DDE et des autres services en général dépend de la sensibilité de chaque préfet, ou de chaque secrétaire général, devant les problèmes. Dans le Loiret, on a la chance d'avoir un secrétaire général très sensible aux problèmes de logement, ce qui fait que les relations sont excellentes entre la préfecture et la DDE. On a des contacts assez fréquents. Le préfet a le pouvoir de décision mais nous participons beaucoup aux réflexions préalables, on n'est jamais mis devant le fait accompli. Dans d'autres départements, le service du logement [de la DDE] est traité comme un exécutant par les services préfectoraux. Il y a d'autres départements où les services préfectoraux ne se soucient pas trop des problèmes de logement et dans ce cas il y a une délégation complète et large : ce sont les DDE qui font tout le travail et qui font "passer" tout ce qu'elles veulent. On a tout l'éventail. Pour le département du Loiret, on est dans la bonne moyenne où le préfet décide, mais, en fait, il passe commande précise de certaines choses, il nous demande des études, nous les faisons, nous en discutons, nous nous mettons d'accord et, là, je pense que le fonctionnement est bien normal. Ce qui est dommage c'est que, au niveau du logement (dans le département du Loiret toujours), on a un Conseil de département qui est très très peu sensible, aux problèmes de logement [...]. Dans certains départements, le département participe à des aménagements, aide les organismes, les communes, initie certains travaux de réaménagement de quartiers dégradés. Mais, ici, non. Le département dit : "Le logement ne fait pas partie de nos attributions, je ne participe pas." On a essayé de lui faire comprendre que, autour des problèmes de logement, il y avait des problèmes sociaux et qu'il a en charge les problèmes sociaux, il dit : "Je fais suffisamment au niveau social dans le département." [...]. Ça vient du président. Et on retrouve le même problème au niveau de la ville principale d'Orléans par exemple [...]. C'est pareil. La ville d'Orléans ne s'est pas impliquée en matière de logement. Jusqu'à présent du moins. »

(Extrait d'entretien réalisé en décembre 1988 auprès d'un fonctionnaire de la DDE d'Orléans, directeur du groupe UOC – Urbanisme opérationnel et construction.)

Un architecte conseil

M. R., architecte, est directeur d'un CAUE (Conseil en architecture, urbanisme et environnement) en Ile-de-France (créés à partir de la loi de 1977 à l'initiative du ministère de l'Équipement, les CAUE ont pour mission de conseiller les particuliers et les municipalités dans le domaine de l'architecture et de l'urbanisme). Il raconte la création de son organisme.

M. R. : Il faut dire tout d'abord que les préfets avaient un rôle très important dans le montage des CAUE. C'est-à-dire qu'ils présidaient les commissions qui étaient les groupes de travail de mise en place des CAUE. Ça, c'est très important parce que le préfet était quelqu'un qui n'était pas toujours le plus fort dans son département, à l'inverse de maintenant.

– ?

M. R. : C'est-à-dire qu'il avait de temps en temps la DDE qui était plus forte que lui.

– Et ici ?

M. R. : Et ici, à l'époque, le préfet du département était un préfet politique, un gaulliste, euh… et plus les trucs étaient compliqués techniquement, plus il avait tendance à s'en méfier. Et la DDE avait du mal à… à, je dirais, assimiler un langage très politique, actif, à un langage technique… euh, monopoliste. Bref, ils avaient un petit problème entre eux. Et, en plus, le préfet avait un secrétaire général qui avait des liens… enfin bon, le contexte d'une province, d'un département normal. Enfin, le préfet voulait contrôler les expérimentations. […] A été conclu donc un petit accord très vite fait : préfet-couple architecte ABF et moi, architecte que le préfet avait nommé chargé de mission pour dire et faire des expérimentations. […] Entre-temps, la DDE, elle, a remonté une autre structure, voulant avoir un point fort dans le CAUE, et a voulu, je dirais… ergoter sur de l'institutionnalisation, du style : « Vous avez à faire telle chose », du formalisme quoi ! La DDE disait : « Nous, il nous faut un plus, et donc on va donner un discours architectural à nos permis de construire. » On ne parlait pas de pédagogie à l'époque. Ils parlaient d'éducation : « On va apprendre aux gens à… » Et c'est devenu petit à petit complètement ça. La DDE a développé une structure de ce type-là. Et dans les dernières réunions [pour la création du CAUE] – parce que ça pressait, en septembre 1978, on était toujours dans les groupes de travail… –, le préfet avait réuni tout le monde, sachant que, moi, j'avais préparé un rapport (personne n'était au courant sauf lui) qui donnait des objectifs de travail… Dans cette réunion, il y avait de représentés la DDE, la DDA, la DDASS, l'inspection d'académie. Eh bien, la DDE était là avec la loi de 1977 pour dire…, eh bien, pour dire que c'était eux qui étaient les chefs, quoi ! Et un de leurs problèmes c'était : « Il ne faut pas qu'il y ait de directeur au CAUE. »

– Pour quelles raisons ?

M. R. : Ça leur permettait de détacher des gens sur des contrats à eux pour travailler comme une équipe technique. Et ils utilisaient des subventions d'études d'urbanisme pour ça. Le seul problème, c'est qu'il y avait des représentants de la profession d'architecte qui étaient là, et qui ont commencé à raconter des grands trucs ; la DDE a voulu les coincer en leur disant : « Bien, vous n'avez pas lu le 3e chapitre, alinéa 2, etc. », et eux de répondre : « Mais l'architecture…, etc., etc. ». Bref, le préfet en a eu très rapidement marre. Et il me dit – j'étais pratiquement en face de lui : « Il est prêt votre truc ? Vous en êtes sûr ? » Je lui dis : « Mais, ça tourne très bien. Il y a déjà six mois de pratique dessus. Ça peut être généralisé. Et puis c'est pas figé, c'est un système ouvert… » Il me coupe la parole, demande l'adoption de mon rapport. Adopté. Les autres ont fermé leur gueule, ne sachant pas de quoi il s'agissait. Et après l'avoir adopté, il l'a lu. Alors là, les types ont tiré des gueules longues comme ça. […] Alors ça a été : « Bon, maintenant, on crée le CAUE, on prévient le Conseil général qu'il y a l'assemblée générale constitutive. » Il y a l'assemblée constitutive qui se passe, et, là, les premiers problèmes politiques réels apparaissent. Un certain nombre d'élus ont été très mal informés du fonctionnement et de l'origine du CAUE, parce que l'information a été faite par la DDE, alors vous imaginez ! Elle a raconté quasiment n'importe quoi… La DDE a voulu commencer à placer des gens en tant qu'équipe technique alors que le travail continuait ailleurs. Et quand les types qui voulaient les postes clés dans le CAUE ont commencé à s'étriller la gueule vraiment comme c'est pas possible, les élus ont fait marche arrière, enfin du moins le président du CAUE qui avait été élu, qui était un homme un peu IIIe République, très calme, conseiller général, maire d'une commune de plus de 10 000 habitants. Il y a eu des gens qui étaient autour de la structure Bâtiments de France et rattachés au préfet et qui, eux aussi, essayaient de faire, des pieds et des mains… Bref, tout ça, ça a duré un an.

[Le CAUE finit par être créé.]

– Alors comment a réagi la DDE ?

M. R. : Très, très mal. Les Bâtiments de France, bien. Mais la DDE, dès l'instant où le président du CAUE a décidé qu'il devenait opérationnel, et qu'il m'a nommé comme directeur avec l'accord du préfet – puisque le préfet a dû céder aussi…

– Le préfet n'était pas d'accord, lui non plus ?

M. R. : Ma nomination a été liée à deux signatures : celle du président du CAUE et celle du préfet. Et le préfet, lui, il voulait autre chose. Donc il a bien fallu qu'il cède parce que c'était indéniable autrement. En plus, il y avait dix-huit mois de travail qui s'étaient passés, et ça, ça le coinçait un peu.

– Et la DDE a très mal réagi avez-vous dit…

M. R. : Très mal. Elle, elle a carrément ouvert le feu. C'est-à-dire qu'elle s'est retirée quasiment instantanément du conseil d'administration où elle n'est plus venue. Elle a commencé à donner de fausses informations sur le CAUE. Et elle a fait un CAUE, qui lui semblait *son* CAUE, à travers ses subdivisions. C'est-à-dire qu'elle avait des architectes qui travaillaient à la DDE et elle a dit : « Mon problème, c'est l'assistance architecturale. » Donc elle a ouvert des permanences, dans la continuité de ce que l'on faisait un peu, nous. Ça s'est passé conjointement.

– Et le Conseil général, en fait, il a été de quel côté ?

M. R. : Il est, comme beaucoup de conseils généraux, du côté de personne […].

CHAPITRE IV

UN CONTRAT SOUS CONTRAINTE*

On peut ainsi en venir, après ce long détour par l'analyse des structures et des rapports de force objectifs entre les agents et les institutions, à ce qui paraît être, en bonne méthode empirique ou empiriste, le premier moment de la recherche, et souvent le dernier : l'interaction directe, susceptible d'être observée, enregistrée, entre l'acheteur et le vendeur, et parfois conclue par un contrat. Or il n'est pas d'interaction qui dissimule aussi bien sa vérité structurale que le rapport entre l'acheteur et le vendeur dans la transaction immobilière. Et rien ne serait plus dangereux que de s'en tenir à la valeur faciale de l'échange comme le font, sous prétexte de fidélité au réel et d'attention au donné, certains adeptes de l'« analyse de discours » ou de l'ethnométhodologie qui ont vu dans les derniers développements de la technologie, et en particulier dans le magnétophone et surtout le magnétoscope (la vidéo), un renfort et un renforcement de leur vision hyper-empiriste (il faut bien l'appeler ainsi, quoiqu'elle se couvre de justifications empruntées à la phénoménologie) ; et qui, croyant avoir trouvé dans ces conduites ou ces discours filmés et enregistrés les sacro-saints *data* qu'ils peuvent opposer aux tableaux statistiques des adeptes de la tradition « quantitative », encore dominante aujourd'hui, s'accordent en fait avec ces derniers sur l'épistémologie positiviste de la soumission au « donné » tel qu'il se donne.

C'est l'occasion ou jamais de rappeler que la vérité de l'interaction n'est pas dans l'interaction (relation à deux qui est toujours en fait une relation à trois, les deux agents et l'espace social dans lequel ils sont insérés). Il n'est à peu près rien de ce qui définit l'économie de la maison, depuis les règlements adminis-

* Ce chapitre s'appuie sur un article paru dans *Actes de la recherche en sciences sociales* (81-82, mars 1990) : P. Bourdieu (avec la collaboration de S. Bouhedja et C. Givry), « Un contrat sous contrainte » (p. 34-51).

tratifs ou les mesures législatives qui orientent la politique du crédit immobilier, jusqu'à la concurrence entre les constructeurs ou les banques qui les soutiennent, en passant par les rapports objectifs entre les autorités régionales ou municipales et les différentes autorités administratives chargées d'appliquer la réglementation en matière de construction, qui ne soit en jeu dans les échanges entre les vendeurs de maisons et leurs clients, mais qui ne s'y livre, ou s'y trahit, que sous une forme méconnaissable. Les interactions singulières, personnalisées, situées et datées, entre un visiteur du Salon de la maison individuelle de 1985, M. S., et un vendeur, ou entre un autre vendeur et un couple (M. et Mme F.) qui, avec deux de ses enfants, est venu aux Florélites, un dimanche après-midi, pour choisir une maison, ne sont que des actualisations conjoncturelles de la relation objective entre le pouvoir financier de la banque, incarné dans un agent chargé de l'exercer avec tact (pour éviter d'effrayer le client, qui n'a d'autre liberté que la fuite), et un client défini, en chaque cas, par un certain pouvoir d'achat et, secondairement, un certain pouvoir de le faire valoir, qui est lié à son capital culturel, lui-même statistiquement lié à son pouvoir d'achat.

Ayant observé à plusieurs reprises le scénario stéréotypé selon lequel se déroulait l'échange, c'est-à-dire le processus au terme duquel le rapport de force, initialement favorable en apparence à l'acheteur potentiel, s'inversait peu à peu, pour se convertir progressivement en interrogatoire, nous avons procédé à des observations systématiques sur la manière dont les vendeurs étaient installés, se présentaient, « accrochaient » le client, cela notamment dans les stands Phénix, Sergeco, Bouygues, Manor, GMF, Cosmos, Espace, Kiteco, Clair Logis, du Salon de la maison individuelle au Palais des congrès à Paris et au « village expo » des Florélites Nord. Nous avons en outre enregistré des dialogues entre des vendeurs et des acheteurs et des séances d'achat où nous nous sommes conduits en acheteurs potentiels (dotés d'un certain nombre de propriétés démographiques et sociales établies à l'avance selon une sorte de plan d'expérimentation). Nous avons mené par ailleurs une série d'entretiens approfondis auprès des vendeurs, secrétaires commerciales, responsables de stages de vente appartenant à de grands constructeurs nationaux, et nous avons pu obtenir, auprès d'un constructeur, des informations sur le niveau d'instruction des vendeurs.

Nous avons pu constater ainsi que le travail exploratoire sur les mérites comparés des différents modèles de maison par lequel le client tente de mettre en concurrence les vendeurs, et, à travers eux, les constructeurs, se transforme plus ou moins rapidement, sous l'effet des contraintes techniques et surtout financières, en une enquête du vendeur de maison, qui est aussi vendeur de crédit, sur les garanties offertes par l'acheteur. L'entretien, d'abord destiné à éprouver le vendeur s'achève presque toujours en une sorte de leçon de réalisme économique au cours de laquelle le client, assisté et encouragé par le vendeur, travaille à rapprocher le niveau de ses aspirations du niveau de ses possibilités afin de se disposer à accepter le verdict du tribunal de l'économie, c'est-à-dire la maison réelle, souvent très éloignée de la demeure rêvée, à laquelle il a droit en stricte logique économique.

L'échange s'organise selon une structure en trois temps, qui se retrouve, à quelques variations près, dans tous les cas observés. Ce qui varie en effet, c'est la rapidité – et la brutalité – avec laquelle le vendeur impose sa mainmise sur la transaction et, plus largement, *le tempo de l'échange* : la prise en main est parfois immédiate, parfois progressive, et les efforts du client pour reprendre l'initiative sont plus ou moins couronnés de succès, donc plus ou moins capables de se prolonger dans le temps. Le vendeur est l'agent de la nécessité économique. Mais cette nécessité, il peut l'imposer de manière douce et progressive, ou, au contraire, rapide et brutale. Comme il advient toutes les fois qu'une séquence d'actions est déterminée à l'avance, soit par les principes d'une tradition, dans le cas, par exemple, des échanges rituels de dons, de paroles, etc., soit par les contraintes d'une nécessité externe, la seule marge de jeu, et de liberté, se situe dans le domaine du temps et du tempo. Ici, le vendeur doit, en bonne stratégie, imposer la nécessité en évitant de la faire sentir trop brutalement, donc en mettant des formes. De là l'importance du temps qu'il prend pour mener à bien la négociation et qui est nécessaire pour permettre au client de combler peu à peu l'écart entre ses espérances et ses possibilités.

La description de la conduite des vendeurs que propose un responsable des ventes de Maison Bouygues corrobore nos observations en même temps qu'elle propose quelques-uns des éléments de la description de poste qui contribuent à expliquer les conduites : « Il y avait des gens qui acceptaient de prendre des coups de pied dans

MONSIEUR S.

Au Salon de la maison individuelle, M. S., visiblement à la recherche d'une maison, parcourt les allées, pose des questions à l'un des stands, prend de la documentation dans un autre, puis s'approche du stand C. Dès son arrivée dans le stand, un homme, à l'allure jeune et au costume strict, se dirige vers lui et lui demande s'il veut des renseignements. Sur sa réponse positive, il lui propose de le suivre et le fait asseoir dans un box un peu à l'écart, puis s'assoit face à lui.

LE VENDEUR : Vous savez un petit peu ce à quoi vous *avez droit* ? Auparavant, disons, faisons un petit peu connaissance, voir un petit peu ce que vous souhaitez. Eh bien, je vais vous faire une petite documentation là-dessus.

Commence alors un interrogatoire serré sur le lieu d'habitation, le nombre d'enfants et leur âge, le statut de locataire ou propriétaire, le montant du loyer (« Pour un petit peu plus que ça, vous êtes propriétaire »), le lieu de travail et la profession des deux conjoints, les moyens de locomotion possédés, l'apport personnel, le nombre de pièces désirées, la superficie et le lieu souhaités. Le visiteur, à chaque fois, se contente de répondre de son mieux.

LE VENDEUR : « Écoutez, moi, je peux vous dire, vous allez être cinq personnes à habiter cette maison, hein, pour cinq personnes, il vous faut… 80… attendez que je ne dise pas de bêtise… 88 ou 99 m^2, quelque chose comme ça… (cherche dans son dossier et lit) cinq personnes = 88 m^2 minimum pour avoir droit au prêt… (Il prend sa calculatrice, demande les revenus du couple et conclut.) Donc 13 000 F par mois, là-dessus vous pouvez rembourser jusqu'à 33 % ; c'est ce que les banques autorisent, c'est-à-dire (il utilise sa calculatrice)… vous pouvez rembourser 4 290 F. Qu'est-ce que vous en pensez comme remboursement ?

LE VISITEUR : De toute façon, enfin… moi, si j'ai décidé d'avoir ma maison, je suis prêt à faire des sacrifices.

LE VENDEUR : Bon, je vous note tout ça au propre.

Il prend un formulaire, repose toutes les questions déjà posées, en les mettant cette fois-ci par écrit, puis explique au visiteur qu'il existe deux possibilités de prêt, le PAP ou le prêt conventionné dont il fait une présentation à la fois obscure, confuse et pleine d'autorité.

LE VENDEUR : Alors je vais vous expliquer. Le prêt PAP, si vous voulez, c'est un prêt aidé par l'État, à un taux qui est avantageux au départ, mais qui ne finance jamais toute l'opération. C'est-à-dire qu'avec ce prêt PAP, il faudra rajouter un prêt bancaire supplémentaire qui viendra compléter le prêt PAP. Maintenant, vous avez une autre possibilité qui est un prêt conventionné, qui est un petit peu plus cher au départ mais qui, sur vingt ans, revient à la même chose qu'un PAP avec un complémentaire. Alors le

…/…

le cul, de se faire recevoir, comme ça, rapidement, sur un coin de table. On triait les bons et les pas bons d'un côté, ceux qui avaient les sous, ceux qui n'en avaient pas, et puis les autres circulaient, rien à voir. Ça se passait comme ça, c'est à peine une caricature. Donc on a continué à travailler comme ça. Il y en a encore à l'heure actuelle. Faites des expériences, allez dans les maisons-expo sur des villages, vous allez vous apercevoir que vous venez, vous, en ayant des questions à poser, en voulant vous renseigner. Le vendeur inverse complètement tout. C'est lui qui vous dit : "Asseyez-vous, combien tu gagnes, t'as combien d'enfants." Tac, pour voir immédiatement, en deux minutes trente, si vous avez les moyens ou pas. »

De façon générale, après un préambule plus ou moins long, le vendeur prend la direction des opérations et, à travers notamment l'interrogatoire sur les garanties, s'institue en instance quasi bureaucratique, qui agit en juge des capacités financières du client, de ses droits et de ses possibilités et qui, en certains cas, va jusqu'à se substituer purement et simplement à lui et à s'emparer de son pouvoir de décider ; cela grâce à des stratégies rhétoriques d'« ambiguïsation », qui visent à présenter comme prise en charge totale une entreprise de dépossession : habile à s'imposer comme un expert capable de faire le bonheur du client mieux que lui, il sait aussi se présenter comme un alter ego bien placé pour se mettre à la place de l'intéressé et prendre ses affaires en mains, « comme il ferait pour lui-même ». Il peut ainsi trancher : « On fera un prêt PAP sur vingt ans et un prêt complémentaire. » Cet usage du *on* qui, par son caractère impersonnel, anonymise et universalise la proposition dont il est le sujet, tout en opérant la fusion de l'acheteur et du vendeur dans un sujet collectif (mais de manière moins ostentatoire qu'un « nous »), apparaît très souvent, avec les mêmes fonctions, dans le langage des vendeurs.

La brutalité des vendeurs s'explique si l'on sait que ayant, pour la plupart d'entre eux, commencé leur carrière dans la période d'expansion, où les clients se pressaient pour obtenir une maison, ils sont enclins à percevoir le premier contact comme une sorte de filtrage, destiné à sélectionner les « clients sérieux » afin d'éviter de gaspiller des efforts dans des tentatives ratées (les taux de réussite varient entre un sur dix et un sur vingt). En conséquence, pour ne pas perdre du temps avec ceux qu'ils appellent des « touristes » ou des « prome-

PAP, c'est le Crédit foncier, le complémentaire au PAP, c'est votre banque ou un organisme financier ou même le Crédit foncier aussi, il peut le faire… euh… le prêt conventionné, c'est un organisme financier ou votre banque.

LE VISITEUR : Et qui s'occupe ?… Et vous, vous ne vous occupez de rien ? C'est à moi que reviennent toutes ces démarches ?

Le vendeur se lance alors dans la séquence *On-s'occupe-de-vous-de-A-à-Z* qui fait partie de l'arsenal stratégique de tous les vendeurs et qui est explicitement enseignée dans les stages de formation à la vente.

LE VENDEUR : Nous, si vous voulez, on s'occupe de tout. Vous, vous n'avez qu'à lire les papiers et vous signez. C'est tout. […] On s'occupe de vous de A à Z. (Et, sans laisser au visiteur le temps de souffler, il enchaîne sur la présentation du constructeur, engageant une seconde séquence obligée, *On-est-les-premiers-en-France-pour.*) Que je vous brosse un petit peu le tableau… […] On a été les premiers à avoir le label haute isolation… […] On est les premiers en construction travaux publics et construction de tours et d'immeubles […]. Dans la maison individuelle, on fait quelque 3 500 maisons par an dans toute la France. On n'est pas les premiers, parce que les premiers c'est une société qui ne s'occupe que de maisons individuelles. Nous, on fait beaucoup d'autres choses. Donc, on ne peut pas être les premiers. Mais on est les deuxièmes. (Et il conclut, devançant la question, attendue, du client.) Alors, comment sont faites nos maisons ? Si vous voulez nos murs sont faits en panneaux de béton, qui font un mètre quarante par soixante-dix centimètres de large sur huit centimètres d'épaisseur. Pourquoi ? Parce qu'on ne veut pas construire en parpaings. On estime que le parpaing n'est pas un matériau solide. Vous ne verrez aucun… mais *aucun* grand bâtiment construit en parpaings. Tout est construit en béton armé. Pourquoi ? Il y a une raison. C'est plus *costaud.*

Le visiteur se contente d'écouter.

Deuxième temps : le visiteur prend tout doucement l'initiative à l'occasion de la présentation technique du produit. Le vendeur, qui veut développer une information plus technique sur les maisons qu'il représente, se trouve obligé de répondre au coup par coup aux questions plus pratiques que le visiteur commence à lui poser à ce propos. « C'est bien isolé intérieurement ? » ; « Il y a combien de fenêtres par pièce ? » ; « Et le chauffage électrique ? » ; « Il y a un vide sanitaire ? » ; « Sur le sol, c'est du lino ? » ; « Il y a un supplément pour ça, vous ne m'avez pas donné le prix pour… » ; « Et la cuisine, elle est équipée ou pas ? » ; « La salle de bains, on peut y mettre des placards… ? ».

Un peu désarçonné par les questions du visiteur, le vendeur donne des réponses qu'il entrecoupe de tentatives pour reprendre la maîtrise de l'échange (« Voilà, maintenant, comment sont faites nos maisons ») et s'engager dans un descriptif très technique auquel le visiteur, visiblement

…/…

neurs », ils vont d'emblée à l'essentiel, interrogeant sur leurs revenus ceux qu'ils ont repérés comme des clients possibles (les couples, surtout accompagnés d'enfants), afin d'éliminer au plus vite ceux qui n'ont pas les moyens de s'offrir la maison de leurs rêves. Souvent formés par de vieux vendeurs revenus de tout, ils sont enclins à considérer avec un mélange de cynisme et de résignation tous ces clients aux « yeux plus gros que le ventre », « pleins de lubies », qu'ils cataloguent d'emblée et qu'ils reçoivent toujours à peu près de la même façon, pressés qu'ils sont de savoir s'ils sont « sérieux », et dans ce cas, de les ramener le plus vite possible aux réalités.

Les stratégies d'ambiguïsation, qui visent à abolir la distance, et la défiance, entre le vendeur et l'acheteur, trouvent un appui naturel dans la « personnalisation du crédit », innovation en matière de techniques bancaires, instituant une *nouvelle espèce de garanties,* celle notamment que représente le *revenu permanent,* ensemble des revenus susceptibles d'être perçus sur l'ensemble de la vie (ou sur une longue période). Sur la foi de ces garanties typiques de l'ère de la calculabilité et de la prévisibilité que seuls peuvent offrir les agents qui sont dotés d'une *carrière,* donc de revenus réguliers et régulièrement distribués dans le temps, la banque peut désormais prêter de l'argent sans demander des garanties « réelles » (des « biens au soleil ») et offrir un crédit proportionné dans son volume, sa durée et son prix à un ensemble de caractéristiques de *la personne bureaucratiquement définie* telles que l'espérance de gain, la taille de la famille, etc. Cette technique bancaire (souvent décrite comme une « démocratisation du crédit ») est ce qui a permis à la banque de conquérir une clientèle nouvelle, le *salariat bourgeois* des cadres (supérieurs ou moyens). Étant assurés d'une carrière bureaucratiquement garantie, ceux-ci sont les mieux placés pour donner les garanties « personnelles » représentées par un revenu permanent parfaitement assuré et calculable et, grâce aux possibilités de crédit ainsi offertes, ils peuvent, dans une période de forte urbanisation, accéder à l'ambition, jusque-là plutôt réservée aux détenteurs de capital économique, de posséder leur habitation, maison individuelle ou appartement.

La banque identifie la valeur de la personne à son espérance globale de gains, c'est-à-dire à l'espérance de revenu annuel multipliée par l'espérance de vie, ou même, surtout lorsqu'elle s'aventure vers des catégories qui procurent moins d'assurances de tous ordres que les cadres du secteur public, à son espérance

dépassé, ne prête guère attention : « L'isolation ? Mais notre isolation extérieure suffit » ; « Si, nous ne faisons pas de vide sanitaire ? C'est parce qu'un vide sanitaire, c'est une plus-value sur la maison » ; « Je vais vous donner ce renseignement, monsieur. *Ne vous inquiétez pas* » ; « La cuisine n'est pas équipée, mais il y a toutes les prises prévues pour le réfrigérateur, le congélateur, la machine à laver, il y a tout, tout est prévu. C'est-à-dire que vous n'avez qu'à juste mettre vos meubles et puis habiter la maison » ; « La salle de bains ? C'est-à-dire que pratiquement vous entrez dans la maison, vous posez votre veste, vous mettez votre brosse à dents, et vous habitez dans la maison. Voilà. »

LE VISITEUR : Et le modèle qui, moi, me conviendrait ?

LE VENDEUR : On pourrait le déterminer en fonction de l'*enveloppe financière*.

Il prend sa calculette, refait tous les calculs, y rajoute l'APL, recommence une nouvelle fois, se trompe, corrige, pour conclure.

LE VENDEUR : Donc là, *on* est tout à fait à l'aise pour construire ce qu'*on* veut. Bon, vous souhaitez un terrain…

LE VISITEUR : C'est-à-dire que moi, ce qui m'importe, c'est la maison. Vous vous chargez des terrains ? Le terrain, il est en plus de la maison ?

LE VENDEUR : Oui, mais *on* est tranquille. Je veux dire, que quand on a un financement comme ça… Si j'avais ça tous les jours, je serais content. Des fois, on est obligé de…

Le vendeur présente ensuite au visiteur un catalogue comportant les différents modèles de maisons. Elles ont toutes un garage (« mais le garage, c'est en plus »). Au visiteur qui aimerait bien avoir une maison avec un étage, pour « l'indépendance », il répond. « C'est plus facile sans étage. Si vous avez un étage, tout change. » Le catalogue ne comporte que des maisons de plain-pied, mais « on peut vous rajouter un sous-sol si vous voulez ».

LE VISITEUR (revenant alors au terrain) : Il ferait quelle surface ?

LE VENDEUR : Quelle surface vous souhaiteriez ?

LE VISITEUR : De quoi faire construire la maison, puis avoir un petit jardinet, c'est tout.

Le vendeur propose une superficie de 700 à 800 m^2 : pour « le budget qu'on a ».

LE VISITEUR : C'est une surface convenable ?

LE VENDEUR : Oh, ben, quand vous avez tout ça, quand vous avez ça pour passer la tondeuse à gazon… Bien sûr que… non, c'est déjà correct avec 700 à 800 m^2… Je veux dire, c'est quelque chose.

LE VISITEUR : Et l'électricité ? l'eau ? les égouts ?

Le vendeur place alors une nouvelle séquence toute préparée : *Vous-savez-au-franc-près-ce-que-vous-allez-payer* (variante chez un autre vendeur : « On compte tout, de façon à ce que vous n'ayez *pas de surprises* du tout »).

…/…

globale de solvabilité, qui dépend aussi de dispositions éthiques, et, en particulier, de toutes les vertus ascétiques qui commandent le contrôle de la consommation et le respect des engagements. Dans la plupart des cas, le constructeur, et le vendeur qui le représente dans la transaction, agissent en tant que relais de la banque, à qui ils assurent, en contrepartie d'avances financières ou de tarifs préférentiels, une sorte de droit de préemption sur une fraction de la clientèle immobilière et, par là, le contrôle d'une partie croissante du marché du crédit ; il s'ensuit que, dans la mesure où la plupart des transactions se réduisent pour l'essentiel à l'établissement d'un *plan de crédit*, dont la discussion sur les propriétés techniques de la maison n'est le plus souvent qu'un appendice, la négociation qui conduit à la signature d'un contrat immobilier est une simple variante des transactions qui s'opèrent directement à la banque même.

L'établissement d'un contrat de crédit personnel ou « personnalisé » suppose donc la récollection préalable d'un ensemble d'informations sur la personne de l'emprunteur. Et cet intérêt bureaucratique pour la personne bureaucratiquement définie, c'est-à-dire tout à fait impersonnelle et interchangeable, et pour les propriétés génériques que recensent mécaniquement les formulaires bureaucratiques, et qui peuvent servir de base à un calcul rigoureux de l'espérance de gain, peut apparaître au client, parce que toutes ces propriétés sont attachées à sa personne singulière, comme un intérêt personnel pour sa personne considérée dans son unicité. L'enquête purement technique est ainsi prédisposée à servir de base à des stratégies symboliques visant à exploiter plus ou moins consciemment les ambiguïtés de la situation pour donner satisfaction aux attentes du client ; celui-ci est d'autant plus enclin à appeler l'instauration d'une relation personnelle de confiance qu'il ne peut pas ne pas éprouver dans l'angoisse la disproportion immense, qui fait apparaître la décision comme un véritable pari, entre l'importance des enjeux et la pauvreté extrême de l'information accessible. (Est-il besoin de dire, par parenthèse, que le problème de la conscience ou de l'inconscience des stratégies, donc de la bonne foi ou du cynisme des agents, n'a guère de sens : comme ces acteurs de théâtre ou de cinéma que l'on appelle parfois « instinctifs » et qui jouent toujours un peu le même personnage puisqu'ils se contentent d'habiter les différents « rôles » avec leur habitus, ils engagent dans une transaction qu'ils veulent réussir toutes les ressources

LE VENDEUR : Alors les maisons sont comprises sans les branchements... le prix de la maison. Mais on en tient compte dans le plan de financement. C'est-à-dire que, quand vous sortez d'ici, *vous savez exactement au franc près combien vous allez payer.*

LE VISITEUR : Et le papier peint, on peut le choisir ?

Le vendeur enchaîne avec la séquence *les-trois-niveaux-de-finition* :

LE VENDEUR : On a ce qu'on appelle *les maisons prêtes à décorer* où vous mettez le papier peint, et les peintures, vous les faites vous-même. Ça, c'est une première chose. On a ce qu'on appelle une *prestation conforme* qui est une prestation avec papier peint, peintures, avec du tapis aiguilleté dans les chambres. Vous avez ensuite ce qu'on appelle la *prestation luxe* qui est une prestation entièrement carrelée dans la maison, de la moquette luxe dans les chambres, de la faïence au-dessus de l'évier et au-dessus de la baignoire, du papier peint partout. Il y a trois niveaux de finition.

LE VISITEUR : Les toits, ils sont en tuiles ? Laquelle de ces maisons vous me conseillez ?

LE VENDEUR : Celle-là. (Il montre un modèle : il s'agit de la dernière maison sortie qu'il conseille toujours. Son constructeur la lui recommande et elle lui plaît bien : elle a des placards et des rangements partout.) Elle n'a pas cinq chambres, mais je vous propose un modèle réaménageable. *Tout est faisable chez nous.*

LE VISITEUR : C'est quoi vos garanties ?

Le vendeur répond par la séquence *Les garanties* (garantie biennale de deux ans de fonctionnement, dix ans sur le gros œuvre et la garantie supplémentaire).

LE VISITEUR : Le terrain, il sera isolé ou dans un lotissement ?

LE VENDEUR : C'est comme vous voulez. Moi, je veux dire que vous avez les possibilités financières de le faire, *donc vous pouvez choisir* le terrain.

LE VISITEUR : Elle coûterait combien celle-là ? (Il montre un modèle.)

LE VENDEUR : Je vais vous donner le *prix entièrement fini*, c'est-à-dire vous posez, comme je vous le disais tout à l'heure, votre manteau et vous habitez dans la maison.

Le vendeur donne le prix. Le visiteur s'informe du délai. Aucun, répond le vendeur, qui annonce en même temps qu'*il peut trouver le terrain d'ici la fin de la semaine* avant de noyer le visiteur dans une nouvelle séquence sur *la-longueur-des-procédures-administratives*.

Troisième et dernier temps. Le vendeur reprend la situation en main et se prépare à conclure en revenant sur son terrain le plus favorable ; il lance en rafale une série de séquences sur l'aspect financier de la transaction : « Vous savez, les *frais de notaire* sont de 3 % et ne peuvent être pris que sur l'apport personnel » ; « Vous aurez des frais d'actualisation pour faire face aux différentes augmentations, mais les prix sont définitifs,

.../...

d'un système de dispositions qui se révèle d'autant plus efficace qu'il est plus proche de celui du client : on sait par exemple que les vendeurs de Maison Phénix, souvent anciens ouvriers et généralement très peu instruits, ont fait merveille aussi longtemps qu'ils ont eu pour tâche de vendre à une clientèle populaire un produit « bas de gamme », assorti à leur position et à leurs dispositions et adapté aux moyens et aux goûts de cette clientèle.)

Destinées à fournir à la banque les informations indispensables pour établir une évaluation précise des garanties, les questions auxquelles le client doit répondre s'il veut recevoir des réponses aux questions qu'il a lui-même posées peuvent aussi être perçues comme des questions personnelles, au sens ordinaire du terme. Et, au prix d'une légère « ambiguïsation » visant à les euphémiser, les opérations techniques qu'exige l'établissement d'un contrat de crédit personnel peuvent être l'occasion d'instaurer une relation de personne à personne propre à inciter le client à mettre en suspens ses défenses, à se démettre de ses pouvoirs critiques, et à s'en remettre. La logique de la rationalité économique, qui conduit à accorder plus ou moins d'argent, à un taux plus ou moins élevé, pour un temps plus ou moins long, selon que le client offre plus ou moins de garanties, coïncide avec la logique commerciale qui recommande d'adapter les stratégies de vente au cas particulier. Et l'emprise de la situation, qui porte les vendeurs, assez proches socialement du client pour que s'opèrent naturellement le passage à des rapports « personnels » et, du même coup, la confusion entre les informations « personnelles » et les informations utiles du point de vue de la banque, fera le reste.

Comme l'avait bien montré l'enquête que nous avions menée en 1963 à la Compagnie bancaire, les apparences mêmes d'un intérêt pour la « personne » du client tendent à s'évanouir à mesure qu'avance le processus d'établissement du contrat. Au-delà du premier contact avec les réceptionnistes, toutes les phases du processus administratif, étude, réalisation, paiement, puis gestion, s'accomplissent hors de la présence des clients, le personnel de la banque ne faisant appel à eux que lorsque la demande est incomplète, excessive ou mal justifiée ou assez compliquée pour exiger une mise au point minutieuse. Ceux qui sont chargés de l'instruction du dossier n'ont aucun contact avec les clients ni même avec ceux qui les ont reçus. En effet, après la pre-

fermes et non révisables » ; « Vous pouvez éventuellement faire des *économies* si vous effectuez vous-même le raccordement EDF entre la rue et la maison, mais c'est à vous de payer les fournitures » ; « Si vous ne construisez pas de garage mais juste un abri pour votre voiture, vous devez me le signaler dès le départ pour que ça figure dans le permis de construire ».

Il passe ensuite au terrain, ce qui lui permet de s'impliquer.

LE VENDEUR : Actuellement, j'ai plusieurs terrains disponibles dans le département qui vous intéresse. *Je suis d'ailleurs responsable du département voisin* et je connais bien l'hypermarché Continent du coin, c'est *proche de la campagne*, et de ... (ville citée) qui est très bien et très connue. [...] Je suis moi-même depuis quatre ans chez (nom du constructeur), et *je suis d'ailleurs en train de me faire construire une maison* (nom du constructeur). (Il termine par un appel à la conclusion définitive du contrat :) Alors, monsieur, à quand votre décision ? Si vous vous décidiez dans les jours qui suivent, la maison serait prête pour la prochaine rentrée scolaire de vos enfants.

Le vendeur remet au visiteur le catalogue enrichi de plans de maisons, son projet, les tarifs ; il serre la main du visiteur en lui disant « A bientôt » et le regarde partir.

M. et Mme F.

M. et Mme F., qui cherchent à acheter une maison, y consacrent depuis quelque temps la plupart de leurs week-ends et visitent régulièrement le village expo les Florélites Nord, dans la banlieue parisienne où sont regroupés les différents constructeurs. Ce dimanche, accompagnés de leurs deux filles aînées âgées de 11 et 7 ans, ils décident de s'intéresser au constructeur G qu'ils ne connaissent pour le moment que de nom. Après avoir eu quelques difficultés à repérer la maison au milieu du village, ils entreprennent de la visiter. Allant d'une pièce à l'autre, ils s'arrêtent dans la cuisine où se trouvent exposées des maquettes de maisons suspendues dans des bulles de verre. La vendeuse qui s'y trouve est juste en train de terminer un entretien avec un autre couple et se tourne alors vers eux.

M. F. : Voilà, on a trois enfants et puis on voudrait se renseigner sur l'achat d'une maison.

Très décontractée, assise sur le rebord de l'évier, la vendeuse entreprend de tester très rapidement le sérieux de la demande de M. et Mme F. en posant les premières questions : « Est-ce que vous savez dans quel endroit vous voulez construire ? » « Combien vous pouvez mettre entre le terrain et la maison ? » « Vous habitez dans quel coin ? » « C'est quelle gare que vous voulez utiliser à Paris, la gare du Nord ? » Elle répondra ensuite au coup par coup aux interrogations en vrac de M. et Mme F.

.../...

mière sélection opérée à la réception, on trie sur dossier : la véritable décision intervient à ce niveau, c'est-à-dire *en dehors de tout contact personnel.* A ce stade, l'entrevue avec le client est exceptionnelle : elle risquerait, disent les cadres, de faire perdre au responsable son objectivité ; par sympathie ou par complaisance, il pourrait oublier les règles strictes de l'équilibre financier, se laisser gagner par l'optimisme du client et faire des estimations financières trop favorables, donc propres à entraîner pour lui des charges trop lourdes. Dans le dossier, la « personne », définie comme l'intersection d'une pluralité de classes abstraites, se réduit à un ensemble fini de caractéristiques statistiques isolables et codables, à partir desquelles on apprécie la valeur de l'individu, c'est-à-dire son apport monétaire à venir. Et c'est la banque qui, au nom d'un savoir inaccessible et selon des règles connues d'elle seule (le « barème »), décidera souverainement, armée de la connaissance approfondie qu'elle a du client, des conditions particulières qui lui seront accordées.

L'ambiguïté, qui est objectivement inscrite dans l'institution, s'exprime aussi dans les stratégies linguistiques des employés et des vendeurs qui, disposant de deux langages, alors que le client n'en possède le plus souvent qu'un seul, peuvent faire alterner le langage neutre de la bureaucratie bancaire et le langage personnel et familier de l'existence ordinaire. Ainsi, une question comme « Faut-il acheter du neuf ou de l'ancien ? » appelle deux réponses possibles. Ou bien : « Nous conseillons toujours à nos clients d'acheter du neuf parce qu'ils peuvent bénéficier du réescompte de la Banque de France. » Ou bien : « Vous savez, je ne suis pas indiqué pour vous répondre parce que moi j'ai acheté de l'ancien. » Dans le premier cas, l'employé parle en porte-parole autorisé et en représentant officiel du savoir ; dans le second, il se comporte en simple particulier conseillant un autre particulier. Les employés de banque doivent, en principe, signifier par leur langage et leur ton que ce n'est pas la vie privée du client qui les intéresse mais certaines caractéristiques génériques et abstraites de son opération immobilière qui sont nécessaires pour le ranger dans telle ou telle classe et lui assigner le barème approprié. Et tout se passe bien ainsi avec des spécialistes (banquiers, patrons, directeurs d'agence, ingénieurs conseil) qui téléphonent pour le compte d'un tiers : le langage technico-bureaucratique, chargé de mots spéciaux, propres à conférer aux propos un ton de neutralité technique (hypothèque, subrogation des

avant de conclure : « Est-ce que vous seriez intéressés de rencontrer un *collaborateur* qui pourrait vous proposer les différents styles de maison et surtout les terrains accompagnants ? » Devant l'acquiescement de M. et Mme F., elle les accompagne dans une pièce voisine transformée en bureau et les fait asseoir. Quelques instants après, un homme fait son entrée :

LE VENDEUR : Messieurs-dames, vous voulez vous renseigner, je présume ? (Il s'installe derrière un bureau.).

M. ET MME F. : Ben, on serait intéressés par une maison, une maison dans le coin, là, par là… Et votre collègue nous disait que c'est avec vous qu'il faut voir pour les terrains.

LE VENDEUR : Il faut voir, il faut *voir l'ensemble*, ce que vous souhaitez comme maison, le budget dont vous disposez et puis le terrain sur lequel, enfin dans quel coin… enfin dans quelle région vous souhaitez construire.

Il commence alors à poser les premières questions, « Vous habitez sur où actuellement ? » « Vous travaillez à quel endroit à Paris ? » Pour enchaîner : « Et *au niveau de votre enveloppe,* au niveau budget, terrain plus maison, vous savez exactement ce que vous pouvez obtenir ? »

M. F. : Oui, là, on a été chez… (il mentionne le nom d'un autre constructeur), ils nous ont fait une étude financière, on était donc…

LE VENDEUR : … chez l'adversaire, OK. Et vous arrivez à quelle enveloppe ? 50… 60… ?

M. F. : Eh bien, 65 millions.

LE VENDEUR : 650 000 F terrain et maison tout inclus. Vous faites un financement par un prêt conventionné, un prêt PAP ? Vous avez vu ça ?

M. F. : Eh bien, il nous a fait des calculs…

Le vendeur se lance alors dans une explication très succincte.

LE VENDEUR : Il y a *deux modes de financement* actuellement. Vous avez soit en fonction de vos conditions familiales, donc du nombre de personnes à charge, et vos conditions d'imposition fiscale, vous pouvez obtenir un prêt d'État, le prêt PAP. Soit d'un côté votre condition familiale et votre imposition fiscale vous permettent d'obtenir les prêts d'État à 9,6 % d'intérêts, ou alors vous passez par les prêts conventionnés. C'est deux types de financement, mais qui font la différence au niveau du financement.

Puis il attaque un questionnaire très serré auquel M. et Mme F. répondront alternativement pendant que le vendeur reporte toutes leurs réponses sur un formulaire : « Leur apport initial ? » « Sont-ils propriétaires ou locataires ? » « Le nombre d'enfants ? » « Leurs revenus ? » Les allocations familiales : « Mais, attention, les banques ne les prennent pas en considération. » Il vérifie les calculs du constructeur-concurrent (« Un tiers de 12 000 F, ça fait 4 000 F : oui, c'est ça ») et continue son interrogatoire : « Y a-t-il un emprunt possible auprès de votre employeur ? » « Avez-vous votre imposition fiscale ? » « Depuis combien de temps tra-

…/…

privilèges, etc.) et de doublets « nobles » de mots ordinaires (tiers, jouissance, ensemble immobilier, immeuble résidentiel, acquisition, prêt complémentaire, effectuer, etc.), est ce qui permet de « se mêler », comme on dit, « des affaires » des clients autant que l'exige la situation sans empiéter pour autant sur leur vie privée et tout en gardant les distances.

Il en va tout autrement dans les échanges avec les clients « ordinaires ». Sans doute la force propre du discours savant continue-t-elle à s'exercer lors même qu'il est employé par des agents qui ne détiennent pas toute la compétence qu'il est censé garantir. (Quoiqu'il puisse arriver que le caractère un peu forcé de leur aisance d'employés parlant un langage de cadres se trahisse dans les fêlures et les ratés de leur discours lorsqu'ils se trouvent affrontés, par exception, à des clients possédant une parfaite maîtrise du langage économique – un professeur de droit, dans tel cas observé.) C'est ainsi que, dans la bouche des réceptionnistes de banque, qui en font pourtant un usage souvent approximatif et mécanique, le langage économique peut fonctionner comme instrument de distanciation destiné à désarmer le client en le déconcertant et en affaiblissant son système de défense : l'impersonnalité du langage technique est un des moyens d'obtenir de lui qu'il abolisse toute référence personnelle à ses problèmes « personnels » tout en livrant les informations (faussement) « personnelles » qui sont nécessaires à l'établissement d'un contrat[1].

Mais le détenteur du langage dominant peut s'accorder des changements de registre linguistique lorsque les clients, incapables de soutenir un ton aussi soutenu, traduisent les propos du réceptionniste dans le langage des rapports personnels. « Nos bureaux sont ouverts sans interruption », dit le réceptionniste ; et le client reprend, par un jeu de traduction qui aide à comprendre et permet de vérifier que l'on a bien compris en même temps qu'il représente un effort pour réduire la distance (et l'anxiété) : « Ah bon, vous êtes ouverts toute la journée. » « Oui, dit le réceptionniste, vous venez quand vous voulez. » (Les réceptionnistes, qui doivent toujours donner leur nom en début de conversation, insistent longuement sur l'aspect presque « ami-

1. Les usages que les membres du corps médical (médecins, de différents niveaux, infirmières, etc.) font du langage technique, en alternance avec le langage ordinaire, obéissent pour l'essentiel au même modèle.

vaillez-vous dans la même société ? » Il demande si l'autre constructeur ne leur a pas fait un prêt PAP et décide : « Alors *on* fera un prêt PAP sur vingt ans et un prêt complémentaire... Oui, c'est ça, *on* va faire un prêt PAP, majoré, il n'y a pas de problème... »

M. et Mme F. ne peuvent qu'être d'accord. Le vendeur enchaîne : « Alors, maintenant, *au niveau de la maison*, qu'est-ce que vous recherchez, qu'est-ce qu'il vous faut ? » M. et Mme F. déclarent souhaiter une chambre par enfant « au moins », « dans les 100 m^2, par là », « tout au même niveau », « avec un garage ». Le vendeur acquiesce : « D'accord. Alors moi, actuellement qu'est-ce que je peux vous proposer de cet ordre-là ? » Il feuillette un catalogue.

M. F. : On en a vu une sur vos publicités affichées dans la cuisine qui a l'air bien...

Il la nomme, désignant une des dernières maisons produites par le constructeur et unanimement décrétée invendable par les vendeurs qui, la jugeant trop compliquée et inadaptée en général aux demandes des clients, ne la proposent jamais.

LE VENDEUR (continuant, l'air de rien, à parcourir les pages du catalogue) : Comme possibilité de maison, 100 m^2, avec un garage ... Il y a plusieurs possibilités.... (tourne les pages)... ben voilà, un exemple, celle-là. (Il montre les plans. C'est la dernière maison sortie par le constructeur et qui, contrairement à la précédente, a reçu l'approbation des vendeurs.) On va vous rajouter le garage ici... Il y a tellement de possibilités hein ! *On peut tout faire*.

M. et Mme F. en parcourant le catalogue essaient de faire parler le vendeur sur d'autres modèles, mais en vain. Il se contente de continuer à remplir son formulaire, faisant les calculs financiers du garage (« ça fait tant »), ajoutant l'APL, le montant du prêt PAP, et répondant de loin aux questions que M. et Mme F. tentent de lui poser, notamment sur l'aspect technique de la maison.

MME F. : Et les clients que vous avez dans le coin, ils ont bien supporté le froid qu'il y a eu il n'y a pas très longtemps ?

LE VENDEUR (en profite pour *s'impliquer*) : Bien sûr, je l'ai bien supporté. J'ai moi-même une maison G.

Suit un long descriptif technique des maisons G.

M. et Mme F. apprennent alors que leur prêt « sera progressif » sans que les termes leur soient expliqués.

M. F. : De toute façon, bien sûr, on aura d'autres frais, mais pour être chez nous peinards, tout ça, on fait des sacrifices, y a pas de problème...

LE VENDEUR (proteste) : Ah non, non, comme on dit : chacun son boulot... Moi je pose des questions, ça *nous* permet d'être d'accord pour le financement...

Il annonce le coût total du résultat de ses opérations, avant de

.../...

cal » de la relation qu'ils établissent avec les clients : « Le premier contact est primordial, il faut mettre le client à l'aise et le laisser parler. D'habitude, ils sont crispés quand ils entrent et, pour qu'ils se détendent, il suffit d'être aimable. Généralement, nous suivons jusqu'à l'instruction les clients assez fidèles. Je ne dis pas que nous devenons amis avec le client, mais cela devient un peu comme un malade et son médecin : ils nous demandent notre nom, etc. »)

De même, comme pour encourager la propension du client à identifier l'intérêt tout professionnel qu'ils portent à ses caractéristiques personnelles à un intérêt pour sa vie privée, les vendeurs reprennent souvent à leur compte ses traductions en langage ordinaire ou les opèrent spontanément à sa place. Ainsi, au client qui se plaint de la copropriété, le vendeur déclare : « Je sais ce que c'est, j'en suis. » La recherche plus spontanée que calculée de la complicité personnelle conduit souvent le vendeur à introduire dans ses propos des anecdotes ou des remarques de bon sens chargées de montrer qu'il se place au point de vue de l'usager. Le mécanisme ne se voit jamais aussi bien que dans tel cas limite où le vendeur, pour vaincre les résistances d'un client qui n'entre pas d'emblée dans le jeu, fait les questions et les réponses : « Vous allez, dans ces conditions, me demander pourquoi… et je vous répondrai que… » Mais, lorsque la structure de la relation avec le client n'autorise pas l'« abandon » de l'échange « personnel », l'employé peut parvenir aux mêmes fins en recourant au langage technico-bureaucratique qui, à travers la compétence technique que son utilisation est censée garantir, permet de constituer celui qui l'utilise en expert et d'amener le client à se conduire en demandeur de conseils techniques.

En fait, la dualité des registres linguistiques ouvre la possibilité de manœuvres rhétoriques sans doute plus inconscientes que conscientes qui permettent de manipuler la distance sociale entre les interlocuteurs, soit que l'on choisisse de se rapprocher et de se familiariser par l'emploi du mode d'expression familier, soit que l'on prenne au contraire le parti de se tenir à distance et de se mettre hors d'atteinte en usant du mode d'expression le plus « formel » ; l'utilisation alternée de l'une et l'autre stratégie donnant une maîtrise plus ou moins complète de la situation d'échange. Ainsi lorsque les clients parlent en faveur du crédit, les éléments de savoir populaire qu'ils utilisent sont souvent repris tels quels par les réceptionnistes. A tel client qui se plaint

demander si M. et Mme F. ont obtenu les mêmes chiffres chez le constructeur adverse. M. F. avançant une somme plus conséquente, le vendeur se replonge dans ses calculs et finit par dire, en riant : « Ah non, non... *mathématiquement,* c'est pas possible ! » ; il fait alors le décompte de *« ce qu'il reste pour le terrain ».*

M. et Mme F. voudraient une certaine superficie pour leur terrain, le vendeur répond par un emplacement. « Il me reste *un* lot là, dans ce lotissement. Sinon... On vient de le débloquer. On a tout vendu... » et il vante « la gare sur place » : « c'est un petit village », « vous avez les écoles qui sont là », « tout de suite derrière, il n'y a que les champs... Il fait 500 m^2 ». Le vendeur essaie de placer la maison qu'il a conseillée sur ce lot mais n'y arrive pas. Il propose un autre terrain, derrière l'aéroport de Roissy, ce que M. et Mme F. refusent « à cause du bruit des avions pas loin », et finit par en suggérer un troisième, un peu plus loin, plus cher, qui semble convenir davantage à M. et Mme F. Il ajoute alors : « Attention, c'est un dernier lot. Il va partir très rapidement. On reçoit déjà le permis de construire là-dessus. »

Deuxième temps. M. et Mme F. vont poser des questions auxquelles le vendeur va répondre au coup par coup, entrecoupant ses phrases de séquences toutes prêtes.

M. F. : Le permis de construire, les démarches, c'est vous qui les faites ?

LE VENDEUR : De A à Z. Vous vous occupez de rien, c'est notre problème, vous êtes peinards, on se téléphone de temps en temps...

M. F. : C'est vous qui construisez l'ensemble du lotissement ?

LE VENDEUR : C'est pas nous uniquement. Mais nous, on a une méthode de fabrication bien précise [...] je veux dire par là que vous avez une rigueur de fabrication nettement supérieure puisqu'on ne fait pas faire à des sous-traitants, ou des artisans.

MME F. : Et alors quand il y a un problème, on téléphone chez vous...

LE VENDEUR : Il n'y a pas de problème, non mais c'est vrai... Nos matériaux, c'est ceux qu'on a mis au point pour *construire des barrages.* C'est qu'on est sûrs de notre coup, hein ! C'est une sacrée garantie, hein ! (Le vendeur développe alors la séquence *Les garanties.*) C'est d'ailleurs pour ça qu'on garantit nos maisons trente ans pour l'extérieur (plus la garantie trois ans sur les fournitures, appelée la garantie-fournisseur).

MME F. : Et les fenêtres, quand ça ferme mal ?

LE VENDEUR (séquence technique) : Non... et puis nous avons quand même derrière nous quarante ans de pratique. Il y a même un service spécial qui s'occupe de... (il cite le nom de son constructeur). Vous pouvez modifier vos maisons ultérieurement, il y a un service Amélioration de l'habitat où il y a tout un suivi au niveau de la maison. Il y a des gens...

M. F. : Il y a un club (nom du constructeur) ?

.../...

du loyer, un réceptionniste dit : « J'en sais quelque chose, ma mère paie tant... et le loyer finalement, c'est de l'argent perdu... » Au contraire, à celui qui semble opposé au crédit, on répond en termes techniques, afin de lui faire entendre qu'il n'y entend rien. Ce jeu avec le langage est inscrit, au titre de possibilité, dans toute interaction bureaucratique. Toutes les personnes individuelles qui se trouvent investies du statut de mandataires d'une autorité supérieure (attesté, bien souvent, par le port d'un uniforme ou d'un signe distinctif d'appartenance) sont des personnages doubles et voués ou autorisés au dédoublement et au double jeu qui sont au principe de nombre des stratégies les plus typiques de la gestion ou de la manipulation bureaucratique des simples profanes. A la façon du gendarme qui, affronté aux appels à la personnalisation de l'interaction que lui lance l'usager en infraction, répond que « le règlement, c'est le règlement », elles peuvent s'identifier purement et simplement au poste, à la définition sociale du fonctionnaire qui se trouve inscrite dans la fonction. C'est ce que font spontanément les vendeurs lorsque, s'armant d'une autorité usurpée, ils se conduisent en experts juridico-financiers, en porte-parole du droit et de l'État, chargés de révéler la loi ou le règlement au client et, plus précisément, de fixer ce que sont très précisément ses droits en introduisant dans le formalisme universel de la formule juridique les valeurs numériques des paramètres fournis par l'interrogatoire (nombre d'enfants, revenus de la famille, etc.). Jouant, plus ou moins consciemment, de la représentation que les clients, et tout spécialement les plus démunis, se font du droit et en particulier du *contrat* comme carcan immuable, ils font tout pour donner à leurs conclusions les apparences apodictiques d'une déduction logique ou d'un verdict juridique ; manipulant un vocabulaire technique qu'ils n'expliquent jamais – ou en des termes qui attestent qu'ils ne le maîtrisent pas complètement – et qui, comme en témoignent les déconvenues ultérieures des acheteurs surendettés, est sans doute moins destiné à communiquer de l'information utile qu'à impressionner, ils transforment l'information sur les conditions d'accès à des avantages, APL ou prêts progressifs, en énonciation péremptoire de devoirs. (On voit en passant qu'il n'est pas facile de déterminer concrètement où finit l'État et où commence la « société civile ». Outre qu'il est dans toutes les têtes, sous forme de schèmes de pensée communs, l'État est en un sens présent en la personne du vendeur de

LE VENDEUR : Non, il n'y a pas de club (nom du constructeur), mais quand même, effectivement, on peut fonder un club puisqu'il y a 150 000 maisons de construites.

[...]

Troisième temps. Le vendeur ne suit plus ce que disent M. et Mme F. mais reprend les choses en main pour placer ses derniers arguments et essaie de les forcer à prendre une décision.

A une question pratique posée par Mme F. : « On peut ajouter encore un petit appentis à côté du garage ? », le vendeur va répondre sur « l'ensemble du projet » – « Bien sûr, ça dépend de la façade du terrain... ». Et d'enchaîner : « Et le terrain justement, j'ai cette proposition à cet endroit qui correspond bien à votre financement. » M. et Mme F. se proposent donc d'aller « y faire un tour en rentrant pour le voir », le vendeur se fait alors pressant :

LE VENDEUR : Si c'est pour ce terrain à..., je crois qu'il faut être beaucoup plus rapide que ça... heu, oui, il *n'en reste qu'un*.

M. et Mme F. se montrent alors réticents devant tant de précipitation. Le vendeur essaie alors de sentir s'il a réussi au moins à les intéresser.

LE VENDEUR : Par contre, au niveau du financement, au niveau de la maison, est-ce que ça correspond à ce que vous cherchez ?

M. et Mme F. acquiescent. Le vendeur tente alors de leur faire constituer un dossier.

LE VENDEUR : ... Euh ... je veux dire par là, il y aurait une procédure ... c'est pour fixer un prix, si c'est cette maison-là qui vous intéresse, il y a déjà possibilité d'ouvrir un dossier concernant cette maison-là, de bloquer le prix de base de la maison, et, à partir de ça, moi je peux affiner le financement et faire une recherche de terrain. *Moi je*... [...] Si vous voulez, aujourd'hui, on peut très bien faire le dossier construction, réserver la maison. Donc ça, c'est bloqué. En sachant que pour ça nous, on a besoin d'un règlement de 2 000 F. S'il y avait un problème, vous les récupéreriez, et, avec ça, ça va me permettre de rechercher un terrain.

Devant les réticences de M. et Mme F. (« On va attendre qu'il fasse un peu plus beau peut-être pour y aller »), le vendeur se permet d'insister : « Ce serait dommage pour vous, si vous êtes partants, de rater *un prix de base* de maison [...] Vous savez, c'est pas se précipiter, il y a tellement de conditions suspensives... » ; et d'argumenter : « On peut pas tout faire d'un seul coup, il faut avancer petit à petit. » M. et Mme F. répondent : « On va regarder tranquillement [...] Bon, éventuellement, on va revenir un autre week-end. » Le vendeur termine l'entrevue en leur laissant ses coordonnées ainsi que l'étude de financement qu'il a réalisée, à laquelle il ajoute le catalogue comprenant les différents modèles de maisons, puis il les raccompagne jusqu'à la pièce voisine.

Bouygues ou de Phénix qui usurpe une forme de délégation officielle pour imposer les normes juridiques de la transaction immobilière ou, en d'autres circonstances, à travers les représentants des banquiers, des agents immobiliers ou des administrateurs de biens qui, sans être membres à part entière de l'État, interviennent dans les commissions où s'élaborent les réglementations étatiques. En fait, abandonnant la dichotomie qui peut produire son effet dans les « débats de société », il faut parler le langage de l'accès différentiel aux ressources spécifiquement bureaucratiques, droit, règlement, pouvoirs administratifs, etc., et au pouvoir sur ces ressources, que la distinction canonique, aussi noble que vide, a pour effet de faire oublier.)

La relation entre les occupants de positions bureaucratiques – ou assimilées, comme les vendeurs – et les usagers est caractérisée, de manière très générale, par une profonde dissymétrie : fort de l'expérience procurée par des milliers de cas semblables et armé de l'information que chaque client lui fournit à son insu et qui lui permet d'anticiper ses attentes, ses préférences et même son système de défense, lui-même tout à fait banal et prévisible (comme ses prétendues questions pièges ou ses exhibitions de fausse compétence), le fonctionnaire est en mesure d'affronter avec des stratégies et des instruments standardisés, tels que formulaires, questionnaires ou argumentaires prévoyant les réponses adaptées à toutes les questions possibles (cf. Annexe, p. 212), des situations qui sont pour lui répétitives et normalisées, tandis que l'usager est porté à les vivre comme uniques et singulières, et d'autant plus angoissantes que (à l'hôpital, par exemple) l'enjeu est plus grand et l'information plus réduite.

Mais l'agent bureaucratique peut aussi tirer parti des capacités génératrices de son habitus pour instaurer une relation personnelle qui, en certains cas, peut aller, au moins en apparence, jusqu'à la transgression des limites inscrites dans la fonction : c'est le cas lorsque le vendeur indique, en confidence, voire sous le sceau du secret, un avantage particulier, ou qu'il livre, comme une faveur, une information précieuse, et confidentielle – par exemple, sur les terrains encore disponibles dans un lotissement ou sur la qualité particulière d'un type de maison ; ou que, jouant des frustrations et des attentes que crée chez le client un traitement anonyme et dépersonnalisant, la banque lui offre les *attentions personnelles* dont il s'emparera avec empressement (à la seconde visite, on oriente le client vers l'employé qu'il a vu la première fois ; on l'appelle par son nom ; on manifeste, de maintes façons, la connaissance que l'on a de son cas, donc l'intérêt tout spécial qu'on lui porte, etc.). En fait, le vendeur doit créer une relation de domination symbolique destinée à s'annuler et à s'accomplir, au terme, dans un acte d'identification aux raisons et aux intérêts de la banque qui, à la faveur, éventuellement, de l'identification « personnelle » du vendeur et du client, seront présentés et éprouvés comme totalement identiques aux raisons et aux intérêts du client. Il doit se servir de l'avantage que lui donne son information sur le produit, sur les conditions de financement, et, tout spécialement, sur les pièges qu'elles peuvent enfermer, pour engendrer ou renforcer l'angoisse qui, portée à sa limite extrême, ne peut se résoudre que dans la remise de soi.

Le vendeur, qui attend du client qu'il se démette en sa faveur et qu'il lui délègue le pouvoir de statuer sur la nature et la forme du contrat, doit donc lui faire toucher du doigt son incompétence tout en lui offrant une assistance proportionnée au désarroi dans lequel il le jette et en se présentant à ses yeux à la fois comme réellement attentif à ses préoccupations et capable de les faire siennes et comme plus apte que lui à « prendre en main », comme on dit, « ses intérêts ». Placé devant une décision de très grande conséquence sans disposer du minimum d'information nécessaire, tant sur les qualités techniques du produit que sur les conditions financières du crédit, l'acheteur se trouve enclin à se raccrocher à tout ce qui peut ressembler à une garantie personnelle ; il appelle un contrat de confiance globale, capable de conjurer l'angoisse en donnant d'un coup et une fois pour toutes toutes les assurances concernant les incertitudes de la transaction. C'est ce que sentent bien les vendeurs qui, en fait, se prennent eux-mêmes au jeu : « On ne vend pas nos maisons. On vend terrain-maison. Enfin, non, on vend nos financements et le terrain… et notre tête. Ça n'a rien à voir avec la maison, c'est vrai. Voilà, c'est ça : on vend le terrain et notre tête, et, en prime si vous voulez, ils se retrouvent avec une maison (rire)… Ils vous demandent rarement comment est faite la maison. Très rarement. » Et les affinités sociales qui les unissent à leurs clients fournissent les bases de cette relation d'identification réciproque.

L'homologie structurale entre l'espace des différents constructeurs et l'espace des caractéristiques sociales de leurs agents (les vendeurs notamment), donc l'espace des produits offerts et l'espace de leurs publics respectifs, a pour effet d'assurer un ajustement « automatique » (non exempt de discordances locales et partielles) des stratégies commerciales des différents vendeurs aux attentes socialement constituées des publics correspondants. Selon une enquête menée par l'Institut français de démoscopie en 1981 auprès de 571 propriétaires de maisons Phénix, la clientèle de Phénix comporte 45,3 % d'ouvriers, 2,2 % de membres du personnel de service, 18,6 % d'employés, 15 % de cadres moyens, 17 % d'artisans et petits commerçants, 1,5 % d'agriculteurs, 2,2 % d'autres actifs, 10,6 % d'inactifs-retraités et 3,5 % de cadres supérieurs et membres des professions libérales. Et, à catégorie socio-professionnelle identique, les propriétaires de maisons Phénix sont plus âgés, et surtout moins instruits, que les propriétaires de concurrents proches dans le champ (comme GMF, Bruno-Petit et Chalet idéal), sans parler des propriétaires de maisons produites par des entreprises offrant des maisons « haut de gamme ».

Or on observe de même que le niveau culturel des vendeurs est nettement plus bas dans les grandes entreprises industrielles qui offrent les produits les plus pauvres techniquement et esthétiquement et qui ont le public le moins fortuné et le moins cultivé. Ainsi, parmi les vendeurs de Maison Phénix, 22 % sont détenteurs du CEP ou du CAP, 24 % du BEPC, 12 % se donnent le niveau du bac, 13 % ont le bac ou le BTS et 5 % ont fait des études supérieures (24 % n'ayant pu fournir d'information sur ce point). On sait par ailleurs que nombre de vendeurs de Maison Phénix ont commencé leur carrière comme ouvriers d'usine. Tout permet de penser que, tant au niveau de leurs études que de leur trajectoire, les vendeurs se différencient selon une hiérarchie identique à celle des entreprises correspondantes. Ainsi, chez Kaufman and Broad, entreprise internationale produisant des maisons « haut de gamme », on rencontre une proportion importante de vendeurs qui ont fait des études supérieures, certains sortant même des Beaux-Arts.

Les vendeurs occupent une position stratégique dans la mesure où c'est par leur intermédiaire, en grande partie, que doit se réaliser l'*ajustement* entre le produit et l'acheteur, donc entre l'entreprise et une certaine clientèle. Entre autres facteurs de réussite ou d'échec d'une politique commerciale ou d'un produit, un des plus déterminants est sans aucun doute l'« harmonie » entre les vendeurs et les clients, mais aussi, au sein de l'entreprise, entre les vendeurs et les cadres commerciaux et les services de marketing ou de publicité chargés de définir la promotion commerciale du produit. Autant que la rémunération, qui évidemment compte beaucoup, notamment dans la concurrence entre les différents producteurs pour avoir les meilleurs vendeurs, c'est l'accord entre les dispositions que les vendeurs engagent pratiquement et les dispositifs conçus par les spécialistes (souvent perçus par les vendeurs comme de purs théoriciens sans connaissance réelle du terrain) qui fait que les vendeurs réalisent leur travail *avec bonheur*, c'est-à-dire avec autant d'efficacité objective que de satisfaction subjective. En effet, le vendeur *contribue pour une part déterminante à la production du produit* : ce qui est proposé à l'acheteur, ce n'est pas seulement une maison, mais une maison accompagnée du discours qui l'entoure, celui des amis ou connaissances qui, comme le montre l'enquête, sont souvent à l'origine du choix d'un constructeur particulier, et surtout celui du vendeur qui, très souvent, se donne lui-même en caution (« Vous savez, moi, j'ai la même et j'en suis très content »).

L'inversion de la relation initiale, qui résulte de la transformation de l'achat d'une maison en achat de crédit, de l'examen de la maison proposée en examen financier de celui qui la désire, ne peut réussir, et conduire à la signature d'un contrat (au lieu d'entraîner la fuite du client), que si le vendeur parvient à transformer la définition de la situation et de sa propre image, et, du même coup, l'image que l'acheteur a de lui-même et de la situation, de telle manière que la relation de défiance anxieuse se transmue en un rapport de remise de soi confiante, fondé sur une certaine forme d'identification. En s'appuyant sur la complicité éthique et affective, liée à l'affinité des habitus, les vendeurs peuvent cumuler l'autorité de l'expert et la proximité du conseiller ou du confident pour obtenir des clients qu'ils reconnaissent librement dans le verdict de la banque les contraintes inéluctables de la nécessité économique ou, si l'on préfère, qu'ils fassent leur le point de vue de la banque en s'identifiant à la singularité d'une personne qui est la banque faite homme : « On doit toujours faire juger par les clients la possibilité de leur donner ou non le crédit », dit un responsable. L'examen préalable des garanties de solvabilité par lequel le prêteur se protège contre l'emprunteur peut se donner pour inspiré par le souci de protéger le client contre les choix imprudents, c'est-à-dire contre lui-même (et contre une pulsion qui, comme le remarque un conseiller juridique de l'ADIL du Val-d'Oise, serait facile à exploiter : « Ils ont tellement envie d'entendre qu'ils peuvent acheter leur maison de cinq pièces avec le jardin, et qu'ils pourront sans problème y arriver, qu'ils ont tendance à se masquer la réalité [...] Nous, on a vu une dame qui voulait tellement acheter qu'elle nous a assuré qu'elle ne dépensait pas plus – un chiffre ridicule –, pas plus de 500 F, je crois, de nourriture pour cinq personnes par mois. Elle veut tellement arriver à dire, à montrer qu'elle peut acheter, qu'elle arrive à nous dire : "Non, il n'y a pas de problème, parce que les légumes, c'est Untel qui me les donne, non, on ne mange que des pâtes ; le soir il y a juste une soupe parce qu'à la cantine les enfants ont mangé de la viande." On arrive à des choses ! On voit visiblement des gens qui veulent se boucher les yeux et qui sont persuadés que, en se serrant la ceinture, ils y arriveront. Et on voit aussi des familles qui se privent de vacances pour acheter. C'est quelque chose qui est tellement important ! »). Et si l'agent de la banque, fort de son capital économique et de son capital d'informations, peut masquer son activité de prêteur sous les apparences de l'action désintéressée du conseiller qui, à la façon du médecin ou de l'avocat, met à la disposition du client un savoir thésaurisé, c'est qu'il ne fait que protéger les intérêts de la banque lorsqu'il protège le client contre lui-même, en lui déconseillant par exemple de cacher des engagements antérieurs (pensions alimentaires, autres emprunts, etc.) ou de s'endetter au-delà d'un certain seuil.

Du fait qu'il ne peut vendre ses maisons que s'il parvient à vendre le crédit nécessaire, le vendeur est placé dans une situation de *double bind* qui ne fait que porter à l'extrême la contradiction inhérente aux stratégies de la banque : en tant que vendeur d'un produit, il peut être tenté d'exploiter l'impatience, l'imprudence ou l'incohérence des mauvais calculateurs ; en tant que vendeur de crédit, il doit, pour protéger les intérêts de la banque, protéger le client contre les emprunts excessifs. Il lui faut donc naviguer entre la tentation du « forçage » qui le porterait à pousser le client à un « taux d'effort » (défini par le rapport entre les charges de remboursement et le revenu courant ou le revenu permanent) aussi élevé que possible et la crainte de l'insolvabilité et du surendettement, qui l'incite à contrôler soigneusement les ressources du client et aussi, éventuellement, ses autres dépenses oubliées ou cachées. Il doit incarner à la fois le principe de plaisir, en évoquant, comme les dépliants, le bonheur de la famille, le confort de la maison future, etc., et le principe de réalité, en rappelant toutes les contraintes financières.

Prisonnier des contraintes et des consignes qui ne lui laissent guère de marge de liberté, il a peut-être pour tâche principale, en définitive, d'orienter et d'assister le client dans le travail de désinvestissement que celui-ci doit accomplir pour ajuster ses espérances à ses possibilités : en l'obligeant à penser son projet dans les limites d'un budget fini, il lui fait découvrir que toutes les propriétés de la maison espérée que la logique du rêve permet de concilier magiquement sont interdépendantes et que les calculs d'optimum impitoyables de l'économie font payer toutes les concessions au rêve dans un domaine (la surface habitable par exemple) par des contreparties inévitables dans un autre (en général la distance à la ville ou au travail). S'il peut l'aider efficacement à accomplir ce travail de deuil sans anéantir en lui tout désir, c'est que, tout en se pliant complètement à la nécessité économique et juridique, il a aussi intérêt à mettre à son service toutes les ressources de sa compétence économique et technique pour lui assurer la plus grande part de son rêve qui lui est accessible dans les limites de ses moyens.

La force de l'aspiration à la maison individuelle est telle que les achats déraisonnables, sanctionnés par le surendettement, seraient sans doute beaucoup moins rares[2] si les vendeurs de crédit n'étaient en mesure d'imposer aux emprunteurs les contraintes économiques qui viennent renforcer les *anticipations raisonnables* (plutôt que rationnelles) que la plupart de leurs clients engageraient spontanément dans leurs conduites économiques. Les injonctions et les recommandations des vendeurs ont en effet d'autant plus de chances d'aboutir à l'identification finale, consacrée par la signature du contrat, que le client est plus complètement ajusté par avance aux attentes de l'institution. Ce « client idéal » est le petit ou moyen fonctionnaire qui est juste assez pourvu de ressources financières pour donner des garanties suffisantes et assez assuré de son avenir pour être prévoyant sans

2. En 1963, le contentieux de la Compagnie bancaire représentait *0,06 % seulement des dossiers*. Selon diverses études, il apparaît que le surendettement immobilier s'est considérablement accru depuis quelques années, du fait notamment de la désinflation qui a compromis la solvabilité des titulaires de prêts à remboursements progressifs contractés dans les années 1981-1984, en déterminant une transformation de la structure par rapport à laquelle s'étaient constituées les dispositions et les stratégies (cf. Comité consultatif, *Rapport du groupe de travail sur l'endettement et le surendettement des ménages*, Paris, juillet 1989).

être assez nanti pour se passer de crédit ; qui a juste assez de ressources culturelles pour comprendre les exigences de la banque et les faire siennes mais pas suffisamment pour opposer une résistance organisée à ses manœuvres. La carrière du fonctionnaire est en effet la double racine de la conduite que l'on tient pour rationnelle, celle d'un être calculable et capable de calcul : c'est elle qui, on l'a vu, confère une existence pleinement garantie au revenu permanent, sorte de capital potentiel que le crédit permet d'actualiser en partie ; c'est aussi elle qui fonde et rend possibles les dispositions sans lesquelles il n'est pas d'utilisation rationnelle de cette forme de crédit[3].

La dilection de la banque pour ce client de juste milieu s'exprime du reste en toute clarté dans le refus qu'elle oppose explicitement (à travers les déclarations des responsables et des agents) à deux catégories opposées de clients, qui ont en commun de pécher par des excès, mais de sens inverse. C'est, d'une part, le client « peu intéressant » qui, également démuni de capital économique et de capital culturel et prêt à tout pour réaliser ses rêves, est porté à souscrire des engagements intenables (qui, selon certaines études, peuvent atteindre plus de 40 % des revenus), cela notamment parce qu'il ne dispose pas du minimum d'information nécessaire pour tirer parti de l'information fournie par les employés (et qu'il ne comprend pas les mécanismes de l'APL ou des prêts progressifs) ; c'est, d'autre part, le client dit « enquiquinant » qui, trop informé et connaissant trop bien ses intérêts et ses droits, ne se laisse pas manipuler et entend jouer des possibilités qu'offre la personnalisation du crédit pour obtenir vraiment tous les avantages financiers liés au fait qu'il fournit des garanties très importantes. Souvent poussé par l'urgence, le premier a un apport personnel très réduit et offre des garanties personnelles faibles ; il veut un crédit long ; situé en deçà du seuil de calculabilité, il évalue mal ce qu'il vaut, veut donc plus qu'il ne vaut. Le second, n'étant pas trop mal logé, peut attendre ; il offre un apport personnel important et des garanties réelles, ce qui lui donne l'assurance d'être accepté partout ; il n'a pas besoin d'un délai de remboursement très long ; il dispose des moyens

3. Sur la calculabilité et la prévisibilité associées à la carrière (par opposition notamment à l'insécurité et l'incertitude de l'existence du sous-prolétariat) comme condition de l'émergence de la disposition calculatrice, voir P. Bourdieu, *Algérie 60*, *op. cit.*

intellectuels de se servir au mieux de ses atouts, qu'il connaît bien.

Quant aux agents de la banque, ils disposent de tous les moyens de « faire entendre raison » au client. La formule du crédit personnel fait que les procédures d'établissement du contrat agissent comme « mécanisme révélateur », pour employer les termes de la théorie des contrats[4] : elles obligent en effet le client à livrer une information à peu près totale (à quelques dissimulations près) pour un « coût d'extraction de la vérité » très faible. La banque a donc tous les moyens d'agir conformément à son intérêt en « discriminant entre les agents » de manière à établir un contrat spécifique pour chacun d'eux. Elle détient toutes les informations nécessaires pour choisir les clients ne présentant aucun vice caché, et pour pousser l'exploitation de ces clients rentables, sans dépasser le point où les risques deviendraient trop grands. Elle est donc à peu près totalement protégée contre les risques de « sélection adverse » associés à l'ignorance d'une des propriétés du client qui serait de nature à imposer le refus du contrat : elle est en effet en mesure de rappeler à la raison l'emprunteur qui serait tenté de cacher tel ou tel autre emprunt, tel ou tel autre engagement, propre à menacer, à terme, sa solvabilité. Elle est aussi à l'abri du *moral hazard*, c'est-à-dire des aléas associés à un changement de conduite de l'agent, tel celui que pourrait provoquer le désespoir suscité par la découverte de vices cachés du contrat, ou de l'achat, ou des deux réunis. On comprend que le surendettement ne touche qu'une fraction très faible de la population endettée[5].

Contraint d'être rationnel dans la négociation du contrat de crédit qui définit les limites de ses aspirations légitimes, l'emprunteur est aussi contraint d'être raisonnable dans la gestion de l'existence qu'il s'est assignée, sans trop le savoir, en signant un contrat qui, en plus d'un cas, engageait toute une série de consé-

4. Sur la théorie des contrats et les concepts de « sélection adverse » ou de *« moral hazard »*, on pourra lire, entre autres, O. Hart, B. Holmström, « The Theory of Contracts », *in* T. Bewley (ed.), *Advances in Economic Theory*, Fifth World Congress, Cambridge, Cambridge University Press, 1987.

5. Selon une analyse de la caisse d'allocations familiales de Mâcon, la part des dossiers présentant un taux d'effort supérieur à 30 % a légèrement décru entre 1985 et 1987, passant de 30 % à 20 % des accédants aidés. Il restait cependant en 1987 près de 7 % des dossiers qui comportaient un taux d'effort supérieur à 40 % et, en février 1988, 10,5 % des dossiers avaient un taux d'effort supérieur à 37 % (cf. Comité consultatif, *op. cit.*, p. 17).

quences cachées (comme l'accroissement des frais de transport, l'acquisition d'une seconde voiture, etc.). Le travail de désinvestissement qui s'accomplit, avec l'assistance du vendeur, à travers la discussion du plan de financement, se poursuit bien au-delà du moment de la signature (qui elle-même ratifie, bien souvent, un acte de résignation) : rien n'est plus raisonnable et plus réaliste que cette longue suite de justifications que l'on recueille souvent lorsque l'on interroge sur l'histoire des logements successifs (« mais, au moins, on est chez soi… », « rien ne vaut l'horizontal », etc.) et qui sont le produit de l'immense *travail de deuil* que doit accomplir, pour parvenir à *se contenter* de ce qu'il a, l'acheteur qui découvre tout ce que recelait son achat, les bruits de tondeuses des week-ends, les aboiements des chiens, les conflits à propos des servitudes communes, etc., et surtout le coût en temps pour les trajets quotidiens.

Parmi les propriétaires de maisons, ce sont les membres des professions intermédiaires des entreprises et des administrations, les techniciens et les employés qui dépensent le plus de temps en transport pour se rendre à leur travail et les membres des professions libérales et les chefs d'entreprise le moins : 13,5 % des professions intermédiaires du secteur public, 12,5 % des professions intermédiaires des entreprises et des techniciens, 11 % des employés propriétaires d'une maison en Ile-de-France passent au moins trois heures par jour dans les transports entre leur domicile et leur lieu de travail, ce qui n'est le cas d'aucun chef d'entreprise ou membre de professions libérales. Parmi ceux qui passent deux heures et plus, on compte encore 48,5 % des cadres supérieurs du secteur public, 35,5 % des ingénieurs. Parmi les ouvriers propriétaires de leur maison, ce sont les contremaîtres et agents de maîtrise qui ont le temps de déplacement le plus long, les ouvriers spécialisés le temps de déplacement le plus court.

Ainsi, au terme de tant de délibérations et de consultations, les acheteurs, calculateurs rationnels malgré eux, sont contraints de se plier aux contraintes qui, à travers les formes nouvelles d'aide financière, gouvernent le marché immobilier – le choix majeur qui leur est laissé consistant à arbitrer entre la qualité esthétique ou technique de l'habitation et la distance à laquelle elle est implantée, c'est-à-dire entre un logement médiocre mais proche du lieu de travail et un logement plus spacieux, plus confortable, mais plus éloigné. Ils doivent pour cela « en rabattre », avant et après leur décision, et s'efforcer à cette sorte d'*amor fati*, dont le patriotisme de marque d'automobile est une autre forme, et qui permet de faire de nécessité vertu. Mais ils doivent surtout faire abstraction, par un formidable pari, de toutes les inconnues liées à l'univers économique, débauchage, mutations, etc., ou au cycle de vie domestique, permanence du couple ou divorce, attachement ou éloignement des enfants, etc., qu'ils engagent tacitement dans leur « choix ».

Cela dit, pour si forte que soit la nécessité qui pèse sur la transaction, les jeux ne sont jamais faits à l'avance, et les vendeurs comme les acheteurs peuvent jouer de la liberté qui leur est laissée par la structure de la relation économique ; les uns pour renforcer la contrainte structurale ou, au contraire, la relâcher stratégiquement, mais pour mieux la laisser revenir ensuite, les autres pour lui échapper, par la résistance ou par la fuite. Et c'est seulement à travers la série des interactions, toutes aussi imprévisibles et aléatoires (tel couple qui aurait pu ne pas s'arrêter, ou aller à un autre stand, ou s'éloigner en disant qu'il repasserait, etc., se trouve là en train de signer un engagement conforme aux chances objectives que lui assignent ses propriétés), que, en dernière analyse, le système des facteurs économiques et démographiques mis au jour par l'analyse statistique « agit » ou, mieux, s'actualise. Loin d'être une simple ratification de la structure de la relation économique, l'interaction en est une actualisation, toujours incertaine, dans son déroulement, plein de suspense et de surprises, et dans son existence même : l'observation et la description ethnographique offrent ainsi le seul moyen d'appréhender et de restituer la forme que prend, dans l'expérience vécue des agents, l'action de facteurs qui ne peuvent agir qu'en s'accomplissant à travers elle. L'échange ne se réduit pas à un simple processus de révélation dans lequel l'acheteur collaborerait à son insu avec un vendeur soucieux d'extraire de l'information : le vendeur contribue à produire le besoin et le goût de l'acheteur en même temps qu'il évalue son aptitude à rembourser et qu'il contribue à la produire ; l'acheteur apprend sur lui-même, sur ses goûts et ses intérêts, et il accomplit le travail psychologique nécessaire pour passer à l'acte, au prix, le plus souvent, d'une restriction réfléchie de ses aspirations et de ses attentes, ou, au contraire, pour différer ou renoncer. Bref, ce que rappelle l'observation, et que la logique des modèles purs pourrait porter à oublier, c'est que *l'acte d'achat n'est pas logiquement impliqué et pratiquement inclus dans l'ensemble des conditions qu'il faut remplir pour acheter.* Et, plus largement, que l'action ou l'interaction ne peut être comprise ni comme une simple effectuation mécanique de la structure (ici la relation inégale entre le vendeur et l'acheteur), ni comme une action communicative dont on pourrait rendre raison sans prendre en compte la nécessité structurale qui s'y exprime. L'acte économique, en un mot, n'est pas l'effet d'une nécessité quasi mécanique, qui s'exercerait à travers des agents susceptibles d'être remplacés par des machines ; il ne peut s'accomplir qu'en prenant une forme sociale particulière, liée aux particularités sociales des agents engagés dans l'échange, et tout spécialement aux effets de proximité confiante ou de distance hostile qui en résultent.

ANNEXES

I L'ARGUMENTAIRE ET SON USAGE

Mme A., jeune secrétaire commerciale chez un constructeur national, est chargée de répondre au téléphone et de prendre les rendez-vous des vendeurs. « Notre société nous a envoyé... enfin une personne qui s'occupe de la formation du personnel nous a envoyé des argumentaires. » Elle sort de son tiroir une dizaine de feuilles agrafées qu'elle a reçues de la direction. En haut de la première page, on peut lire : « Argumentaire ». Elle pose le document devant elle et se met à lire tout haut en énumérant les consignes à suivre pour chacune des situations qui peuvent se présenter :

MME A. : ***Lors de réception d'appel***[6] *: Oui, bien sûr. Vous êtes monsieur ? Votre adresse. Votre téléphone. Monsieur, je vais vous fournir une réponse qui ne va pas vous donner satisfaction car j'imagine que vous vouliez un prix précis, n'est-ce pas ? Alors je vais vous répondre entre tel prix et tel prix...* (Et elle commente.) Donc ça ne veut pas dire grand-chose là, on essaie de... de parler un petit peu sur le plan financier... (Elle continue de lire :) ***Précisions concernant les questions financières :*** *Je vois, monsieur, que vous vous intéressez à l'aspect financier. Vous avez raison. C'est très important...* Ces deux phrases-là, je m'en sers. *Eh bien, justement, notre spécialiste répondra à toutes vos questions. C'est pour cela que je vous propose de le rencontrer le... ou le...*

La demande de prix : La demande de prix, je reste toujours dans le flou. C'est entre... et entre... Je ne donne pas de prix. C'est pour laisser les gens dans le flou et qu'ils aient envie de voir quelqu'un pour avoir d'autres renseignements. Si je lui donne, il va me dire : « Au revoir, madame » et il va appeler plusieurs autres constructeurs, et il triera lui-même après...

– Mais vous, vous les savez les prix...

MME A. : Bien sûr, bien sûr. J'ai les tarifs, bien sûr [...] Mais je dis, pour tous les modèles, entre 250 000 F et 300 000 F... 350 000 F des fois : « Combien coûte un cinq pièces ? » Alors je leur dis : « D'accord un cinq pièces. Mais on en a de 90 m², ou de 80 m², on a une maison en L, on a une maison à étage... et c'est pourtant

6. On a utilisé l'italique (gras ou maigre) pour distinguer les extraits de l'argumentaire des paroles de l'employée elle-même.

un cinq pièces. » Alors le client, il se dit : « Oh la la », et il a envie de voir. Je réussis à avoir ses coordonnées comme ça.

La relance des clients : Il y a aussi ce que sont susceptibles de me répondre les clients... *Vous avez été en contact avec nous il y a quelque temps. Aussi je vous rappelle pour voir où est-ce que vous en êtes dans votre projet de construction.*

– Alors là, il vous répond quoi ?

MME A. : *Il dit : « On a laissé tomber. »* Alors je réponds : *Monsieur machin, vous avez retardé votre projet et pour quelle raison ? Alors, si raison financière : Vous aviez rencontré un spécialiste de chez nous à l'époque, vous a-t-il fait un plan de financement ? S'il répond oui, je dis : Qu'est-ce que cela donnait ? Est-ce que votre situation financière a changé depuis ? S'il répond non, je continue alors : Puis-je vous poser quelques questions à ce sujet ? Avez-vous des enfants ? Quel âge ont-ils ? Quels sont les revenus mensuels de votre foyer ? Alors, premier cas de figure : si l'évaluation est égale ou supérieure à la somme définie – Avez-vous un apport financier ou quelques économies venant de votre famille ? Si la réponse est oui : Avez-vous un terrain ? Si la réponse est affirmative : Où ? Si la réponse est négative : Dans quel secteur souhaitez-vous construire ? Deuxième cas de figure : si l'évaluation est inférieure à la somme définie – Pouvez-vous disposer d'une somme pouvant vous aider à démarrer ce projet ? La réponse est non. Je dis alors que je propose dans un premier temps de lui renvoyer notre catalogue, et je reprendrai contact avec lui dans quelques mois. Mais si, entre-temps, il a des questions à nous poser, nous sommes à sa disposition.* [...] Moi, j'ai fait, le mois dernier, une relance sur toutes les sans suite, j'ai dû en relancer une quarantaine, j'ai décroché trois rendez-vous. Ça fait peu, hein !... Bon, ça a fait deux ventes, mais bon... euh... disons que c'est peu par rapport aux gens... ce qu'ils nous racontent. [...] Alors ce qu'on a fait, par contre, et ce qui n'a pas été mauvais, la preuve, c'est que des gens qui ont été mis sans suite par une personne, quand moi j'ai réussi à redécrocher un rendez-vous, on les a attribués à une autre personne. Et c'est l'autre personne qui a réussi à les faire signer.

Annulation de rendez-vous : Alors là, c'est très dur... très dur à rattraper [...] Le client nous dit : *« Ah ! je suis très ennuyé, madame, car je ne vais en effet pas pouvoir être là pour recevoir votre vendeur. »* Ah ! oui, ça c'est le cas où j'essaie de ruser quand c'est un rendez-vous dans la journée. Par exemple, les gars ont des rendez-vous à 18 heures ou à 20 heures, et un client m'appelle le matin pour annuler. Alors moi, pour essayer de ruser et de retenir le rendez-vous, je dis qu'ils ne sont pas là et que je ne les verrai pas de la journée... Je suis très ennuyée parce que je ne vais pas le voir... ou alors, quand c'est la veille, à la limite, je dis (Mme A. lit sur sa feuille) : *Ah! je suis très ennuyée, monsieur, car je ne vais malheureusement pas voir d'ici ce soir ou demain soir le technicien commercial...* Bon... *Je sais d'ailleurs qu'il m'avait parlé de votre projet pour lequel il avait des choses importantes à vous dire...* Alors là, moi, je dis plutôt : « Ah bon, c'est dommage parce que hier, justement, on a parlé de vous, et il avait des propositions à vous faire. » Alors ça, c'est bien parce que là, les gens, ils se disent : « C'est bien, on parle de moi. » Ça les marque.

Mme A. reprend son argumentaire et lit : ***Annulation d'une vente :*** Alors, ça aussi, c'est très dur...

– Oui ?

MME A. (lit) : *Alors, monsieur Machin, ce qu'il faut pour procéder à une annulation pour vous restituer votre acompte, retirer votre dossier, c'est rencontrer au plus vite M.* (le vendeur) *qui vous indiquera la marche à suivre et procédera aux formalités.* Alors ça, j'essaie, comme ça le vendeur a un deuxième rendez-vous avec lui.

– Et ça marche ça ?

MME A. : [...] Oui, ça marche, parce que, comme les gens nous ont versé un chèque, hein !, et comme ils nous ont donné leurs bulletins de salaire, leur feuille d'impôts, etc., on a des papiers personnels les concernant, je mise là-dessus. Mais ça, il faut le faire très vite par contre, hein...

– Oui ?

MME A. : Dans les quarante-huit heures maximum. Dans les vingt-quatre heures, c'est très bien. S'il appelle, on arrête tout pratiquement et on y va, hein ! Parce que c'est une vente à rattraper... surtout s'ils vous disent qu'il y a un autre concurrent plus ou moins...

– Et alors, ça accroche ?

MME A. : Euh... ça dépend... Non... c'est vague, hein ! des fois, ça marche, des fois non ! Le mois dernier, on en a eu, on a essayé de les rattraper, aucun a été rattrapé : il y avait un chômage, un divorce pas prononcé... C'était irrattrapable sur le moment, peut-être dans un an !

Une affaire perdue (le client annule son contrat avec le constructeur).

MME A. (lit son texte) : *Aviez-vous rencontré un de nos spécialistes à l'époque ? Monsieur Machin, je vais vous demander un service. Pouvez-vous me dire ce que vous avez trouvé ailleurs et ce que nous n'avons malheureusement pas pu vous offrir ?*

– Et qu'est-ce qu'on vous répond là ?

MME A. : Alors là (rire)... On a de tout. On a... que le vendeur ne passait pas... ou... qu'il ne nous a pas dit ça... etc.

– Et vous, qu'est-ce que vous pensez de cet argumentaire ?

MME A. : Euh, euh... moi, je ne suis pas tellement pour ce genre de chose... Enfin, j'en ai parlé avec ma chef de secteur la semaine dernière, parce que je ne sais pas comment le client reçoit ça au téléphone, mais moi, quand je lui parle là, j'ai l'impression de lire. Alors ça, ça me gêne un peu. C'est pas spontané par rapport à ce que va me dire le client. Je suis mon truc. (Mme A. lit sur ses feuilles :) *Alors oui. Avez-vous une localité préférée ?* Bon alors ça, je le dis dans la conversation, mais une fois que j'ai parlé de ça, si je ne suis plus l'argumentaire, je ne sais plus où j'en suis. Voyez ! Mais c'est aussi difficile parce que ça dépend de ce que vous demande le client à un moment précis. Alors on est décalé par rapport à leur argumentaire à eux. Alors ça me gêne un petit peu, parce que j'ai l'impression de trop lire...

L'ENQUÊTEUR : Mais est-ce qu'il y a des choses qu'on vous fait dire dans cet argumentaire qui sont en opposition avec ce que vous diriez spontanément ?

MME A. : Euh... (Elle lit sur la feuille devant elle :) *Allô, je suis chez M. et Mme ? Vous êtes M. ou Mme. Bonjour. Ici (nom du constructeur). Vous nous avez écrit. C'est très aimable à vous. Je vous en remercie. J'ai pris connaissance de l'information que vous nous avez communiquée, il m'en manque une concernant votre terrain. Vous nous dites que vous ne possédez pas de terrain, mais dans quel secteur souhaitez-vous construire ?* Bon, ça je le dis sans problème... *Avez-vous une localité préférée ?...* Bon, OK... Alors ça : *Avez-vous une localité préférée,* j'essaie de ne pas trop le demander parce que je me doute que si les gens ils habitent Meudon, ils ont envie de construire à Meudon ; ou s'ils habitent dans le 16e, ils ont envie de construire dans le 16e... Alors là... euh... problème... (rire) parce que d'abord il n'y a pas de terrain et puis, bien souvent, les pauvres gens, ils n'ont pas d'argent... Alors, plutôt que de leur dire que ce n'est pas possible – enfin, c'est pas mon rôle de toute façon, c'est aux gars, après, d'y aller, mais le but c'est que je décroche des rendez-vous alors là, au lieu de dire *Avez-vous une localité préférée,* je leur demande dans quel secteur ils envisagent de construire...

L'ENQUÊTEUR : Vous restez plus vague...

MME A. : Ouais ! Je préfère rester plus vague... Non mais c'est vrai, cette phrase-là, moi, à mon avis, *dans quelle localité vous préférez,* moi je n'en parle jamais... Moi, ça... ça me bloque... parce que c'est notre job de convaincre le client de prendre un terrain ailleurs.

– Il y a d'autres phrases encore qui vous…

Mme A. (continue à lire) : *Alors, ce que je vous propose, sans engagement de votre part* – alors ça je le dis, bien sûr, parce que les gens ont toujours très peur –, *c'est de rencontrer notre spécialiste qui répondra à toutes vos questions, d'abord sur le plan financier, c'est-à-dire de quels avantages et quels types de prêt vous allez pouvoir bénéficier* – alors ça, en principe, les gens, ils le savent… parce qu'ils sont allés voir… euh … plusieurs sociétés – *ensuite, sur le plan foncier, c'est-à-dire quel terrain, quelles précautions il faut prendre* – ça, j'en parle jamais…

– Oui ? Pourquoi ?

Mme A. : Parce que… non, parce que… c'est comme pour la localité préférée… quel terrain et quelles précautions il faut prendre… c'est que je ne saurais pas argumenter dessus en fait… parce que le client, il va me dire : « Qu'est-ce que ça veut dire : quelles précautions il faut prendre ? » Et je ne sais pas.

– Vous dites quoi à la place ?

Mme A. (rire) : Je la saute carrément cette phrase… Tout ce qui est foncier, en principe… euh… Bon, moi je reste sur la maison, hein ! Je ne parle pas sur le terrain… (Mme A. reprend sa lecture.) *Enfin, bien sûr, vous lui parlerez de votre maison, vous lui ferez part de votre choix et il répondra à toutes vos questions. Alors je vous propose de le rencontrer soit… soit…* (Alors si le rendez-vous est tardif.) *Est-ce qu'il y a un jour où votre mari est disponible plus tôt ?* (On refait alors la reformulation du rendez-vous et voilà.) Alors bon, il a été fait des tests par les chefs de secteur, soi-disant qu'ils ont réussi à avoir, sur… euh… dix adresses, cinq rendez-vous en plein après-midi. Moi, je veux bien, mais moi, c'est non. J'en ai rarement. Les gens travaillent. Je les ai à partir de 18 heures… ou 20 heures […]. Mais, en général, je m'y prends en demandant si, éventuellement, ils sont libres en début ou en fin de semaine, et s'ils préfèrent qu'on vienne chez eux… le matin ou l'après-midi. Et, moi, dans ces cas-là, ils me disent : à partir de 18 heures […]. Comme le but c'est que M. et Mme soient tous les deux là, pour qu'ils ne puissent pas prendre l'excuse de l'absence de l'un, j'essaie aussi de demander s'ils seront là tous les deux […].

– Il y a d'autres choses dans cet argumentaire que vous n'arrivez pas à dire ?

Mme A. : Ah oui ! (Elle regarde ses feuilles.) … *les objections du client… « Bonjour, madame, je veux juste une documentation. »* Alors on essaie de décrocher un rendez-vous, et puis, pas moyen, le client vous dit que c'est « juste une documentation ». Alors à… euh… je lis ma leçon toujours, et… euh… ça me bloque un peu toujours : *Alors oui, bien sûr, monsieur Machin. Je comprends parfaitement, seulement un projet de construction n'est tout de même pas quelque chose d'import…* euh… (Mme A. reprend :) … *c'est tout de même quelque chose d'important. Vous vous engagez pour de nombreuses années, ce qui mérite une étude approfondie. Chez (nom du constructeur), nous sommes des gens sérieux, nous pensons qu'un entretien avec notre spécialiste est nettement préférable pour votre…* euh… *pour votre réponse. Sans engagement de votre part, bien entendu. C'est pour cela que je vous propose de vous rencontrer le… ou le…* Alors… euh… moi je ne dis pas toute cette phrase …

– Oui ? Qu'est-ce que vous dites là ?

MME A. : Parce que le client, il n'a sûrement pas, à mon avis, envie d'entendre tout mon petit baratin. Bon, je leur dis : « Bon écoutez, euh… je pense que pour que vous ayez des renseignements… vraiment… justes par rapport à ce que vous souhaitez ou recherchez, il faut qu'on se voie… » Bon, j'ai pas trop de problème en prise de rendez-vous comme ça, parce que les gens, s'ils vous appellent, c'est vraiment parce qu'ils ont envie de savoir quelque chose. Bon alors, je me sers de ce texte comme base…

– Quelles sont les phrases, par exemple là, que vous gardez ?

MME A. : Ah ben, là… euh… *chez (nom du constructeur), nous sommes des gens sérieux.* Alors ça, je le garde. Évidemment… (rires) Sans ça, je résume. (Mme A. continue à lire ses feuilles.) *Question possible du client : Comment sont faites vos maisons ?* Alors là, la phrase qui vient, je la retiens : *Je vois, monsieur, que vous vous intéressez à l'aspect technique, et vous avez raison, c'est très important.* Alors celle-là je la dis, parce qu'elle est trop bien. Ensuite, par contre : *Eh bien, justement, notre spécialiste répondra à toutes vos questions. C'est pour cela que je vous propose de le rencontrer le… ou le…* Ça, je le dis aussi, parce que c'est des phrases courtes. C'est bref. Donc je ne change rien, parce que ça passe mieux […]. Par opposition, ça, concernant les annulations, par contre je ne le dis jamais : *Monsieur Machin, ce que je vais vous demander, c'est de faire un effort et de nous consacrer quelques instants…* Alors ça, je ne le dis jamais parce que le client, s'il appelle, je trouve ridicule de lui demander de m'accorder un instant s'il a déjà fait l'effort d'appeler pour annuler, parce que là, ils nous envoient bouler, les gens…

– Vous ne l'avez jamais dit en entier en fait votre argumentaire…

MME A. : Non, je n'ai jamais essayé, parce que, en plus, c'est des phrases assez longues et... comme j'ai la personne au téléphone, j'ai envie de faire vite, en fait. J'essaie d'aller au plus vite, de ne pas trop m'étaler. Parce que, si l'on commence à s'étaler, euh... j'ai beau leur dire que je suis secrétaire et que je... ne connais pas.... il faut que je reste dans le vague, hein! Parce que je suis secrétaire et pas vendeuse... Alors si je commence à leur raconter un peu ma vie, j'entends : « Ah oui, mais vous croyez que je peux... » ou « Ah oui, vous croyez que je peux avoir, là, un terrain à ce prix-là... » Bref, ils me posent plein de questions. Donc j'essaie de rester dans le maximum de flou, hein ! Alors bon... si vous voulez, le but de l'argumentaire, et c'est très bien, c'est de toujours dire : « Oui, monsieur », en fait. Ils vous disent : « On n'est pas pressé. » Vous répliquez : « Oui, bien sûr, je comprends. » Alors après, il est très content parce qu'il se dit : « Elle comprend, la dame... » (Elle éclate de rire.) Il faudrait que je mette tout le temps cet argumentaire en application, mais à chaque fois souvent je repars dans mon naturel et puis... youp, j'écourte !

II Deux entretiens

« Un vrai chemin de croix »

M. L. et sa famille ont décidé de se lancer dans l'achat d'une maison. Il a 32 ans et il est opérateur dans une société d'informatique. Elle a 30 ans, est opératrice comptable dans une mutuelle d'assurance. Ils ont deux enfants âgés de 7 et 3 ans. Il évoque la construction de sa maison : « C'est la galère, c'est un vrai chemin de croix : pour faire ça, il faut vraiment le vouloir. Ah oui, c'est dingue ! J'sais pas comment dire, autant maintenant on facilite les crédits pour les voitures ou j'sais pas quoi, autant pour une maison, c'est pas croyable tous les papiers qu'il faut, le manque de coordination... Là, à la limite, c'est moi qui m'en suis occupé. Normalement, c'est le constructeur qui s'occupe des prêts, etc. Bon, je me suis peut-être un peu compliqué l'existence mais au niveau des papiers... chacun dépend de l'autre. Là, en l'occurrence, on perd des mois et des mois. Là, il y a quand même le problème que le terrain n'est pas viabilisé : faut déjà faire une enveloppe, voir déjà combien on peut mettre. C'est le problème au départ, on ne sait pas comment faire, on ne sait pas par où commencer : est-ce qu'on doit aller voir un constructeur ? Mais il vous demande si vous avez un terrain. Est-ce qu'il faut chercher un terrain et ensuite aller voir un constructeur ? Pour ça, il faut déjà savoir combien on peut mettre.

« Au début on est paumé ; en fait, on prend tout le problème à l'envers. Moi, c'est ce qui s'est passé : je suis allé voir le constructeur, il m'a dit, vous avez un terrain ; non ? Lui, il a des terrains, mais est-ce que les terrains qu'il a, lui, vont correspondre à ce qu'on veut ? C'est pas évident. On peut trouver un terrain ailleurs. Bon, c'est tout un problème. Après, la recherche des prêts, arriver à coordonner le tout. Du début jusqu'à la fin, c'est l'enfer. Là, par exemple, on est bloqué parce qu'on n'a pas de permis de construire. Maintenant, on attend le permis, à partir de là, je peux faire la demande de prêt 1 %, de prêt patronal, etc. Il faut qu'on signe aussi chez le notaire. Rien n'est fait pour que ce soit facile. Du début jusqu'à la fin, ça va faire un an et demi pour faire construire une maison, c'est galère ! On passe presque autant de temps à faire les papiers et tout que la construction de la maison. C'est aberrant, quoi !

« Après il y a le suivi de la construction. Moi, c'est pareil, comme je suis assez maniaque, je vais m'en occuper, je vais y passer beaucoup de temps. En plus, je veux que ce soit bien fait, donc je vais y passer encore beaucoup d'heures à aller, revenir, voir comment c'est, etc., pour être sûr que ce soit fait comme je veux. Parce qu'en plus, c'est rare que ce soit fait toujours exactement comme ça doit être fait. Faut la vouloir la maison.

« [...] Toujours l'impression qu'on va pas y arriver. C'est sûr qu'une personne qui a un salaire intéressant, qui a des facilités autrement, bon. Mais, nous, déjà aucune facilité côté famille, on s'est toujours débrouillés nous-mêmes. Là, se retrouver devant des tas de problèmes, à la fin on désespérait. Au début, on avait la pêche et tout, et puis après on désespérait, on se disait : c'est pas possible, on n'y arrivera jamais. Alors ça, c'est le côté, on se démoralisait. A un moment, j'ai dit, c'est pas possible, on n'y arrivera jamais. Et comme je m'étais mis ça dans la tête et que je voulais ça, j'étais frustré et ça m'énervait. Je suis bien content d'y arriver. Tous les gens que j'ai vus qui avaient acheté, au départ pendant les deux premières années, c'est assez dur quand même parce qu'il faut arriver à prendre le rythme mais il paraît qu'après c'est pas plus... De toute façon, au train où ça va, les loyers... Mais ce qui me restera, c'est ce côté de lutter contre le vent, c'est dingue ! L'impression de ne pas avancer, ça, c'est frustrant. Vraiment, à moins d'avoir les moyens, on ne fait pas toujours ce qu'on veut. Je me rends compte qu'entre les rêves que j'avais, ce que je voulais faire au départ, c'est dur d'arriver à faire une partie de ce qu'on rêve. En fait, cette maison, pour moi, elle a rétréci, elle n'est plus la maison que je voyais. Je voyais une grande maison, de grandes pièces, une grande cheminée, j'sais pas... En plus, quand j'étais jeune, j'avais plein de copains qui habitaient Enghien, qui avaient des maisons assez belles. Bon, je me disais toujours, c'est super, c'est ce que je voudrais avoir, bon et puis la triste réalité (rire).

(Extrait d'un entretien avec un acheteur de maison industrielle, Taverny – Val-d'Oise –, fin 1987).

« Faire baisser la température... »

Le vendeur : Quand, en tant que client, vous venez de signer l'accord avec le vendeur et que, le soir, vous repartez chez vous, les deux jours qui vont suivre, ils vont être affreux pour vous. Donc, il est nécessaire de leur apporter un élément de confort en leur disant : « Bon, ça y est, on s'est occupé de votre demande de financement ; votre demande a été adressée à tel organisme bancaire ; on a vu le responsable ; on a déjà une réponse positive de... de l'acceptation du dossier » Ah, bon !... Ça va mieux... Et puis, après, la température remonte à nouveau. Alors, on les conforte à nouveau, en allant les revoir justement avec l'acceptation du prêt... Alors là, la température est encore très haute. Après, il y a les problèmes liés à la demande du permis de construire. Ils ont leur crédit, mais est-ce qu'ils vont pouvoir faire construire ce qu'ils veulent réellement, parce que c'est soumis aussi à des normes... euh... à la direction départementale de l'Équipement. Bon d'accord, là, la tension est moindre, mais là aussi il y a des appréhensions... en fonction notamment des modifications ; pour quelqu'un qui veut apporter des modifications architecturales, il n'est pas sûr notamment qu'elles soient agréées par l'architecte [...]. Mais là, la pression est moindre. Elle est surtout au niveau des prêts, lorsque le dossier est tangent, alors là, c'est difficile. Mais, à partir déjà de l'acceptation, ça va beaucoup mieux, parce qu'ils savent qu'ils vont avoir une enveloppe financière et que, malgré tout, ils pourront construire.

– Alors vous, dans ce moment-là, tout votre travail consiste à...

Le vendeur : Les conforter, leur... leur faire admettre, les... les conforter dans leur opinion, dans le fait qu'ils ont fait le bon choix...

– Mais comment vous vous y prenez ?

Le vendeur : C'est vrai qu'il y a des gens, le financement, ça les effraie de... d'emprunter sur quinze ans, vingt ans. Et quand vous recevez votre offre de prêt et que cette offre de prêt, si vous voulez, fait ressortir les barèmes sur vingt ans, et avec tout ce que vous payez ! Il faut savoir que, même 10 %, c'est 10 % l'an, et que sur vingt ans ça fait 200 %. Vous triplez votre maison... Donc, c'est dingue! Et on les rassure d'abord sur... sur la valeur de l'argent intrinsèquement. Mais ça, c'est des notions abstraites. Mais on arrive à les rassurer beaucoup plus en leur disant qu'il ne faut pas qu'ils se sentent *obligés* de mettre vingt ans pour l'acheter...

– Qu'ils ne se sentent pas obligés de mettre vingt ans pour l'acheter?

LE VENDEUR: Bien sûr que non... qu'ils la revendent... Et comme l'immobilier... je ne connais pas de personnes qui perdent de l'argent sur de l'immobilier... Vous achetez quelque chose 200 000 F. Même si vous ne faites pas de grosse plus-value, vous la revendez 400 000 à 500 000 F dix ans après... Et, à ce moment-là, vous repartez avec un apport personnel nouveau, et vous repartez sur des nouvelles bases... [...]. Une maison pour la vie : ça n'est plus vrai maintenant [...]. Vous avez des jeunes mariés, des jeunes ménages avec un tout petit enfant qui veulent tout de suite un cinq ou six pièces parce que c'est *leur* acquisition... Bon, si ça passe dans le plan de financement et que leur budget leur permet, c'est très bien. Mais il faut dédramatiser le problème, si ça ne passe pas. Pourquoi vous voulez six pièces alors que vous êtes trois? Qu'est-ce que vous voulez en faire dans l'immédiat? Bon, vous avez un apport personnel de tant, vous avez des revenus de tant qui vous permettent l'accession à la propriété en maison individuelle. Mais, sur quelle base? [...]

– Je ne savais pas que vous utilisiez ça comme argument de vente...

LE VENDEUR : Ce n'est pas un *argument* en tant que tel, mais c'est peut-être une *contre-objection* à une objection éventuelle sur les prix, sur la durée, sur l'espace, sur le volume, on peut très bien... euh... employer cette... formule... bien sûr.

– Vous dites « contre-objection »...

LE VENDEUR : ... Et la personne qui rêve et qui veut sa maison, elle la voit dans son esprit, etc. Et leur faire admettre d'avoir un projet *en dessous* de... de ce qu'ils souhaitent, c'est pas facile. L'inverse est toujours plus facile.

(Extrait d'un entretien avec un vendeur travaillant chez un constructeur national, Salon de la maison individuelle, Paris, octobre 1984.)

CONCLUSION

LES FONDEMENTS DE LA MISÈRE PETITE-BOURGEOISE

Ce qui a été évoqué, tout au long de ce travail, c'est un des fondements majeurs de la misère petite-bourgeoise ; ou, plus exactement, de toutes les petites misères, toutes les atteintes à la liberté, aux espérances, aux désirs, qui encombrent l'existence de soucis, de déceptions, de restrictions, d'échecs et aussi, presque inévitablement, de mélancolie et de ressentiment. Cette misère-là n'inspire pas spontanément la sympathie, la compassion ou l'indignation que suscitent les grandes rigueurs de la condition prolétarienne ou sous-prolétarienne. Sans doute parce que les aspirations qui sont au principe des insatisfactions, des désillusions et des souffrances du petit-bourgeois, victime par excellence de la violence symbolique, semblent toujours devoir quelque chose à la complicité de celui qui les subit et aux désirs mystifiés, extorqués, aliénés, par lesquels, incarnation moderne de l'*Héautontimoroumenos*, il conspire à son propre malheur. En s'engageant dans des projets souvent trop grands pour lui, parce que mesurés à ses prétentions plus qu'à ses possibilités, il s'enferme lui-même dans des contraintes impossibles, sans autre recours que de faire face, au prix d'une tension extraordinaire, aux conséquences de ses choix, en même temps que de travailler à *se contenter,* comme on dit, de ce que les sanctions du réel ont accordé à ses attentes : il pourra ainsi passer toute une vie à s'efforcer de justifier, à ses propres yeux et aux yeux de ses proches, les achats ratés, les démarches malheureuses, les contrats léonins ou, sur un autre terrain privilégié de ses investissements, celui de l'éducation, les échecs et les demi-réussites, ou, pire, les succès trompeurs conduisant à des impasses royales, celles que l'École réserve souvent à ses élus et dont la plus remarquable est sans doute la carrière professorale elle-même, vouée au déclin structural.

Ce « peuple » à la fois mesquin et triomphant n'a rien qui

flatte l'illusion populiste et, trop proche et trop lointain, il attire les sarcasmes ou la réprobation des essayistes qui lui reprochent à la fois son « embourgeoisement » et l'échec de ses efforts pour accéder aux « libertés » bourgeoises, condamnant indissociablement ses aspirations mystifiées et son incapacité à leur apporter autre chose que des satisfactions aussi trompeuses que dérisoires ; bref, tout ce que condense la dénonciation du « mythe pavillonnaire » ou le discours condescendant sur la « société de consommation » dont certains « philosophes » ou « sociologues » mal socio-analysés se sont fait une spécialité. Et pourtant, parce qu'il s'est trouvé entraîné à vivre au-dessus de ses moyens, à crédit, il découvre, presque aussi douloureusement que les travailleurs de l'industrie en d'autres temps, les rigueurs de la nécessité économique, notamment à travers les sanctions de la banque, dont il avait attendu des miracles. C'est sans doute ce qui explique que, bien qu'il soit, pour une part, le produit d'un libéralisme visant à l'attacher à l'ordre établi par les liens de la propriété, il continue à faire crédit, dans ses votes, aux partis qui se réclament du socialisme. Grand bénéficiaire apparent du processus général d'« embourgeoisement », il est enchaîné par le crédit à une maison souvent devenue invendable, quand il n'est pas dans l'incapacité d'assumer les charges et les engagements, en matière de style de vie notamment, qui étaient tacitement inscrits dans un choix initial souvent obscur à lui-même. « Tout n'est pas contractuel dans le contrat », disait Durkheim. La formule ne s'applique jamais aussi bien qu'à l'achat d'une maison où se trouve souvent engagé, implicitement, tout le plan d'une vie et d'un style de vie. Si l'acte de *signature* est si angoissant, c'est qu'il a toujours quelque chose de fatal : celui qui signe le contrat s'assigne une destinée en grande partie inconnue et, tel Œdipe, déclenche un univers de conséquences cachées (notamment par l'action du vendeur), celles qui sont inscrites dans le réseau des règles juridiques auxquelles le contrat fait référence et dont le signataire n'a pas conscience, et aussi toutes celles qu'il se refuse de voir, avec la complicité du vendeur : ces dernières se situent moins, contrairement à ses craintes, du côté des « vices cachés » du produit que dans les engagements implicites qu'il a souscrits, et qu'il lui faudra acquitter jusqu'au bout, c'est-à-dire bien au-delà de la dernière échéance de la dernière traite.

C'est ce que disent inlassablement tant de témoignages tous aussi dramatiques.

Agée de 40 ans, Béatrice est employée à la DDE de Cergy-Pontoise. Son mari (il s'agit d'un deuxième mariage) est ouvrier, chargé de l'entretien dans un ministère à Paris. Elle est l'aînée de douze enfants. Avec son premier mari, dont elle a eu deux enfants, elle tenait une caravane de vente de frites et de gaufres dans les forêts du nord de Paris. A cette époque, les affaires marchaient bien pour elle, ils avaient de « bons emplacements pour la caravane » et vivaient en location. Après son divorce, son employeur actuel lui a loué à très bas prix une maison réquisitionnée par les Domaines : « Très ancienne, vraiment splendide... un très grand jardin... mais des travaux... la toiture s'écroulait... et faire des travaux dans une maison qui n'est pas à soi... » Ils auraient pourtant pu y rester « indéfiniment ». Elle attendait un quatrième enfant. L'entreprise GMF fait une opération de promotion à Cergy-Pontoise : tentés par la publicité, ils rêvent d'avoir une maison à eux. Avant de se décider, ils vont voir d'autres lotissements dans la région. « Vers Cergy, à Puiseux, les maisons Bouygues, France Cottage qui nous plaisait bien. Mais c'était trop cher. On n'avait pas le droit, vu l'argent... On n'avait pas d'apport du tout. » L'entreprise GMF, elle, accorde un « prêt ami » qui couvre l'apport initial habituellement exigé. Après avoir hésité (« c'était loin... surtout pour mon mari »), ils se décident, « poussés » par la vendeuse, pour un F6 dans un lotissement à Bernes-sur-Oise. « C'était abordable » et puis « les gens qui vendent s'occupent de tout, il n'y a pas de problème ».

Ils ont pu bénéficier d'un prêt PAP important, parce que le montant en est fixé suivant le revenu indiqué sur la feuille d'impôt. Or, s'étant mariés en 1981 et avec trois enfants à charge, ils ne sont pratiquement pas imposables. « L'APL [Aide personnalisée au logement] est mirobolante », donc les mensualités énormes. Sans parler de ce « prêt ami » dont on ne sait pas trop quand ni comment il doit être remboursé. « Parce que s'ils courent sur vingt ans les intérêts [...] Elle aurait dû nous le dire cette dame. Nous, disons, on n'y a pas pensé... on est un peu dans le sirop quand on achète une maison, on est à côté du sujet, on voit la maison, on voit les gosses dedans. Puis, on y arrivera bien après tout. »

Avant de se décider, ils ont demandé des conseils. La plupart étaient favorables à GMF. Son mari s'est renseigné ; il a beaucoup regardé *50 Millions de consommateurs* : « Avec le peu de choix qu'on avait entre Phénix, Socova et GMF, il a quand même déterminé que c'était GMF qu'il fallait prendre. » Quand la construction a commencé, ils sont allés voir « s'ils faisaient bien tout ce qu'il fallait » : « Bon, on a eu des surprises, par exemple l'isolation, le sanitaire, etc. [...]. On ne sait pas si on pourrait attaquer. Enfin, attaquer... si on veut... ça fait des frais. »

La maison est un peu trop grande (« Au départ, on aurait bien aimé une chambre en moins, mais on nous a dit, avec quatre enfants, prenez ça, ça passera mieux... »). « Sinon, elle est chouette. Enfin, c'est le minimum comme dit mon mari, à l'intérieur on entend tout, les cloisons sont toutes fines, mais moi je me plais bien dans ma maison. » Béatrice est pourtant inquiète : « On ne regrette rien... mais on a beaucoup de mal à payer maintenant, c'est très dur... On a réduit sur plein de choses pour pouvoir payer les mensualités. » Ils n'ont toujours pas, deux ans après l'achat, reçu le plan de financement. « On ne sait pas où on va... On est un petit peu affolés... »

Et c'est la même chose pour beaucoup d'habitants du lotissement : « C'est une catastrophe... La majorité des gens ont été obligés de partir [...]. Ils ont été comme nous, ils pouvaient pas payer le chauffage, ils pouvaient rien faire [...]. Il y a beaucoup d'ouvriers qui font pas attention... ça les dépasse qu'il y a des choses en commun. » Beaucoup venaient « des HLM, du côté d'Aubervilliers, qui n'étaient pas habitués aux pavillons [...]. La première année, des hurlements... Ils se parlaient d'une maison à l'autre ».

Béatrice se lève à 6 heures, prépare les enfants, conduit le plus petit chez la nourrice et prend le train de 8 heures et demie. Elle a des ennuis avec ses collègues parce que ça la « fait arriver à 9 heures et demie au lieu de 9 heures ». Son mari a quatre heures de transport par jour : « Persan-Beaumont, c'est la ligne la plus pourrie. » Le soir, elle « reprend les plus petits chez la nourrice en passant ». Il n'y a pas assez de place dans les écoles parce que « dans les petites communes comme ça, ils prévoient pas les gens qui arrivent comme ça ».

Tous les ans, ils vont en vacances chez la belle-mère de Béatrice à Perpignan, mais cette année « pas de vacances », il faut faire la clôture du jardin : « Rien que pour faire ça, ça va nous coûter 8 000 F. » Elle aime bien les clôtures blanches, style américain : « Rien que les portes coûtent 5 000 F. »

« Quand ça fera dix ans et qu'on en sera toujours au même stade, nous, on arrête les frais. Même si on perd tout. Moi, je ne veux pas me retrouver à 60 ans dans le trou, pour une baraque que mes gosses ils vont se battre pour... »

Mais il n'est pas besoin d'aller jusqu'aux cas extrêmes, plus dramatiques encore que celui-ci, où le pari pour la stabilité et la permanence des choses et des personnes, et des relations entre les choses et des personnes, qui se trouvait tacitement impliqué dans le choix d'acheter une maison, s'est trouvé démenti par le déplacement forcé, le débauchage, le divorce ou la séparation. Il faudrait simplement évoquer le cas statistiquement ordinaire de tous ces habitants des pavillons préfabriqués des quartiers dits résidentiels qui, attirés par le mirage d'un habitat faussement individuel (comme les pavillons mitoyens de lotissements comportant à peu près toutes les servitudes de l'HLM), ne connaissent ni la solidarité des vieux quartiers ouvriers ni l'isolement des quartiers cossus : éloignés de leur lieu de travail par des heures de trajet quotidien, ils sont privés des relations qui se nouaient dans leur quartier – notamment par et pour la revendication syndicale – sans être en mesure de créer, dans un lieu de résidence groupant des individus socialement très homogènes, mais dépourvus de la communauté d'intérêts et des affinités liées à l'appartenance au même univers de travail, les relations électives d'une communauté de loisir.

La maison individuelle fonctionne ainsi comme un piège, et de plusieurs façons. Comme on le voit bien dans l'entretien ci-dessous, elle tend peu à peu à devenir le lieu de fixation de tous les investissements : ceux qui sont impliqués dans le travail – matériel et psychologique – qui est nécessaire pour l'assumer dans sa réalité souvent si éloignée des anticipations ; ceux qu'elle suscite à travers le sentiment de la possession, qui détermine une sorte de domestication des aspirations et des projets, désormais bornés à la frontière du seuil, et enfermés dans l'ordre du privé – par opposition aux projets collectifs de la lutte politique par exemple, qui devaient toujours être conquis contre la tentation du repli sur l'univers domestique ; ceux qu'elle inspire en imposant un nouveau système de besoins, inscrit dans les exigences qu'elle enferme aux yeux de ceux qui entendent être à la hauteur de l'idée (socialement façonnée) qu'ils s'en font.

Denise a un peu plus de 30 ans. Elle est secrétaire. Son mari est comptable à l'UAP. Elle a acheté une maison industrielle, dans un lotissement de 97 pavillons, à Eragny dans le Val-d'Oise, près de Cergy-Pontoise. Elle y habite depuis sept ans. Elle a « choisi le pavillon » lorsqu'elle a vu que, « dans la région parisienne, plus près de Paris, les appartements étaient d'un prix aussi élevé qu'un pavillon à cet endroit-là ». Elle habitait auparavant, en location, un « faux trois pièces », où elle se trouvait « trop à l'étroit » : « Nous allions être quatre. Et avec une seule chambre. » Elle avait un plan d'épargne qu'elle a dû écourter « parce que l'enfant est né un peu plus tôt » : « Donc ça nous a un peu limités sur les moyens financiers dont nous disposions. On n'a pas pu bénéficier des prêts Caisse d'épargne. [...] Ça nous a donc un peu contraints de chercher dans du neuf, les prêts conventionnés étaient plus intéressants que les prêts que l'on trouvait dans les banques par ailleurs. » Faute de moyens financiers, ils ont dû chercher « dans cette banlieue des Hauts-de-Seine, qui ne [leur] plaisait pas, finalement ». Ils auraient aussi préféré un immeuble ancien ; mais, « même dans la région, ça pose beaucoup de problèmes du fait des prêts qui sont à des taux nettement plus élevés » : « Sinon, bien sûr, je crois qu'on aurait préféré tous les deux choisir quelque chose qui ait beaucoup plus d'âme, en fait, que ce pavillon dans une ville neuve où tout le monde a le même âge, tout le monde est à peu près de même niveau... C'est trop uniforme. »

Denise et son mari ont choisi cette région « parce que c'était, malgré l'éloignement, une des mieux desservies par rapport à Paris », où ils travaillent tous les deux. Avant de se décider, ils ont surtout regardé les annonces (« Mais quand on voyait les prix, on n'a pas visité d'ancien. On n'a pas voulu se laisser tenter... »). Ils ont été voir des chantiers de construction, des lotissements.

Ils ont été entraînés par des amis qui venaient d'acheter : « C'est eux qui nous ont promenés, parce qu'ils avaient déjà visité avant ce qui se faisait d'autre, de nouveau. » En fait, s'ils se sont décidés, c'est que personne autour d'eux ne le leur a déconseillé. Et puis ils ont pensé que, « à défaut de trouver l'idéal, ça permettait d'avoir une monnaie d'échange [...] pour essayer de trouver mieux ». Peut-être une maison « entièrement individuelle » ou une maison située dans un quartier moins neuf. La maison qu'ils ont choisie était la moins chère et elle était « livrée prête à habiter ».

Les débuts leur ont apporté beaucoup de déceptions. « Les finitions étaient lamentables. » Il y avait très peu de choix, trois ou quatre papiers peints seulement « et, en plus, c'était vraiment du papier HLM ». Ils ont dû faire recarreler le rez-de-chaussée. Ils ont fait beaucoup de travaux « petit à petit » : « On calculait chaque année ce qu'on pouvait faire. » Puis ils ont découvert les bruits des tondeuses à gazon, pendant les week-ends, jusqu'à ce que le cahier des charges l'interdise. « Et puis, comme on est au milieu de deux maisons, les sanitaires et la cuisine coïncident avec la maison voisine et on entend toute la tuyauterie des voisins. » La cheminée, fabriquée « par une entreprise qui était en cheville avec la société immobilière », a coûté très cher.

Ils ont acheté des meubles, « petit à petit », chez des particuliers touchés grâce à des journaux comme la *Centrale des particuliers* ou *Le Bichot.* « Ça faisait deux ans qu'on cherchait une bibliothèque. On l'a trouvée, il y a un mois, dans *Le Bichot.* » Ils ont pris l'habitude de regarder, aux Puces ou dans des brocantes régionales, « tout ce qui se vend... enfin... d'ancien... beaucoup plus qu'avant. Avant on n'y pensait pas du tout. Maintenant, le dimanche, comme l'éloignement de Paris fait que les distractions sont beaucoup moins nombreuses... eh bien ! le dimanche, si on a envie de sortir, on va volontiers voir soit une vente locale [...], soit des professionnels, soit des particuliers. C'est quelquefois un but de promenade. »

Ils ont essayé de planter dans le jardin, petit terrain de 100 m^2, « juste de quoi avoir un peu de verdure, et quelques fruits quand même », des framboises, deux poiriers, et puis un cerisier : « Mais tout ça, c'est jeune, on n'a pas encore eu beaucoup de fruits. » « L'avantage de la végétation, c'est qu'elle a poussé, qu'on s'aperçoit maintenant un peu moins qu'on a tant de voisins... »

Denise se lève tous les jours à 6 heures et demie ; son mari à 6 heures moins le quart. Elle prend le petit déjeuner avec lui. Puis elle va à la salle de bains et son mari part prendre son car. Elle conduit les filles à l'école en voiture, vers 8 heures, puis prend le train à Conflans. Elle arrive à son travail vers 9 heures et demie. Le soir, elle ne rentre jamais avant 7 heures et quart. Le week-end, ils n'ont pas le courage de retourner à Paris. « Aller à Paris le week-end, on s'aperçoit à l'usage qu'on n'y va plus souvent. » Les sorties, c'est sans doute ce qui lui manque le plus. « J'aime beaucoup le cinéma. Mon mari voudrait voir *Amadeus,* mais on ne peut pas... » Elle ne regrette pas d'avoir acheté ce pavillon malgré la longueur des trajets. Ce qu'il y a de bien, dans le lotissement, c'est qu'il n'y a pas de danger pour les enfants ; ils peuvent faire de la bicyclette, du patin, ils se rendent visite mutuellement. Mais en sera-t-il de même quand ils auront 15 ou 16 ans ? « L'aînée aime sortir, aller au musée, etc. Ce n'est pas à Eragny qu'on trouve tout ça. Pour le sport, c'est bien, patinoire, piscine, danse, etc. »

Elle a trois heures de trajet par jour. Elle « en profite pour tricoter. C'est l'occupation de bien des femmes dans le train. Lire quand on n'est pas trop fatiguée, c'est assez possible. Mais il y a des moments où la fatigue est telle que tricoter, c'est plus mécanique. On ne réfléchit pas sur un tricot. Lire, c'est plus difficile. On ne peut lire que des magazines dans le train, ou des romans simples ».

« Qu'est-ce que vous lisez en ce moment ?

– Non... en ce moment... (silence).

– Le dernier ?

– Le dernier, c'était un livre – comment ça s'appelle ? – *Les Enfants de Jocaste...* qui n'est pas terminé encore. C'est un livre qui reprend la théorie de Freud. »

Ce qui se dégage de ce discours tout à fait ordinaire – et choisi précisément pour sa représentativité – est l'effet d'une politique qui visait à offrir un marché aux producteurs de maisons tout en produisant des propriétaires attachés à leur propriété, et qui a, en un sens, réussi. Mais ceux qui se sont ainsi trouvés constitués en propriétaires de maisons de banlieue n'ont eu accès à ces satisfactions, dans la plupart des cas, qu'à des coûts si élevés que, même si elle a favorisé l'accomplissement d'une transformation profonde, et profondément conforme à leurs vœux, de l'ordre social, la politique libérale n'a sans doute pas procuré à ses promoteurs les bénéfices politiques qu'ils en attendaient. Centrée autour de l'éducation des enfants conçue comme voie d'ascension individuelle, la cellule familiale est désormais le lieu d'une sorte d'égoïsme collectif qui trouve sa légitimation dans un culte de la vie domestique en permanence célébré par tous ceux qui vivent directement ou indirectement de la production et de la circulation des objets domestiques. Et, sans exagérer l'importance qu'il faut accorder à de pareils indices, on ne peut s'empêcher de voir ce qu'on appelle parfois un signe des temps dans le fait que la production et la diffusion des images télévisées sont tombées aujourd'hui aux mains de l'entreprise et de l'entrepreneur qui, ayant su exploiter mieux que personne les aspirations au petit bonheur privé, accroché à l'ambition immémoriale du patrimoine transmissible, peuvent venir enfermer la petite bourgeoisie des pavillons de banlieue dans l'univers captieux des publicités frelatées pour des produits domestiques, des jeux à la gloire des mêmes produits et des shows où s'instaure une convivialité fictive autour d'une culture kitsch, bref, dans les distractions très familiales et savamment domestiquées que produit en série l'industrie culturelle des amuseurs professionnels[1].

1. La première chaîne de télévision, TF1, qui bénéficie du taux d'audience le plus élevé a été achetée en 1987 par Francis Bouygues. Elle fait une place très importante dans ses programmes aux divertissements à succès, tels que les jeux télévisés proposant, à titre de récompense, des biens de confort domestique et les spectacles de show-business animés par des présentateurs très populaires auprès du grand public.

ANNEXE

TABLE DES SIGLES

ADIL	Association départementale information logement
AFTRP	Agence foncière et technique de la région parisienne
ANAH	Agence nationale pour l'amélioration de l'habitat
APL	Aide personnalisée au logement
BEC	Brevet d'enseignement commercial
BNP	Banque nationale de Paris
BTS	Brevet de technicien supérieur
CAP	Certificat d'aptitude professionnel
CAUE	Conseil en architecture, urbanisme et environnement
CEP	Certificat d'études primaires
CIC	Crédit industriel et commercial
CIMINDI	Comité interprofessionnel de la maison individuelle
CNAB	Chambre nationale des administrateurs de biens
CNAF	Caisse nationale des allocations familiales
CNAM	Conservatoire national des arts et métiers
CNL	Confédération nationale du logement
Credoc	Centre de recherche pour l'étude et l'observation des conditions de vie
DAFU	Direction de l'aménagement foncier et de l'urbanisme
DATAR	Délégation à l'aménagement du territoire et à l'action régionale
DBTPC	Direction du bâtiment, des travaux publics et de la construction
DDA	Direction départementale de l'agriculture
DDASS	Direction départementale à l'action sanitaire et sociale
DDE	Direction départementale de l'équipement
ENA	Ecole nationale d'administration
ENS	Ecole normale supérieure
FMI	Fonds monétaire international
FNAIM	Fédération nationale des agents immobiliers
FNB	Fédération nationale du bâtiment
FNPC	Fédération nationale des promoteurs-constructeurs
GEP	Groupe d'étude et de planification
GIP	Groupe permanent pour la résorption de l'habitat insalubre
GRECOH	Groupe de recherches et d'études sur la construction et l'habitation
HEC	Hautes études commerciales
HLM	Habitation à loyer modéré
IEP	Institut des études politiques
INED	Institut national d'études démographiques
INSEE	Institut national de la statistique et des études économiques
PAP	Prêt pour l'accession à la propriété
PDG	Président directeur général
PME	Petites et moyennes entreprises
POS	Plan d'occupation des sols
SAEI	Service des affaires économiques et internationalees
SARL	Société à responsabilité limitée
SCIC	Société centrale immobilière de la Caisse des dépôts
SMI	Syndicat des constructeurs de maisons individuelles (futur UNCMI)
SOCOTEC	Société de contrôle technique du bâtiment
UCB	Union de crédit pour le bâtiment de la Compagnie bancaire
UDAF	Union départementale des allocations familiales
UNAF	Union nationale des allocations familiales

UNCMI	Union nationale des constructions de maisons individuelles
UNPI	Union nationale de la propriété immobilière
UNSFA	Union nationale des syndicats français d'architecture
X	Polytechnique
ZAC	Zone d'activités commerciales

2

Principes d'une anthropologie économique

Pour rompre avec le paradigme dominant, il faut, prenant acte, dans une vision rationaliste élargie, de l'historicité constitutive des agents et de leur espace d'action, tenter de construire une définition réaliste de la raison économique comme rencontre entre des dispositions socialement constituées (dans la relation à un champ) et les structures, elles-mêmes socialement constituées, de ce champ.

La structure du champ

Les agents, c'est-à-dire, en ce cas, les entreprises, créent l'espace, c'est-à-dire le champ économique, qui n'existe que par les agents qui s'y trouvent et qui déforment l'espace à leur voisinage, lui conférant une certaine structure. Autrement dit, c'est dans la relation entre les différentes « sources de champ », c'est-à-dire entre les différentes entreprises de production, que s'engendrent le champ et les rapports de force qui le caractérisent[1]. Plus concrètement, ce sont les agents, c'est-à-dire les entreprises, définies par le volume et la structure du capital spécifique qu'elles possèdent, qui déterminent la structure du champ qui les détermine, c'est-à-dire l'état des forces qui s'exercent sur l'ensemble des entreprises engagées dans la production de biens semblables. Les entreprises, qui exercent des effets potentiels variables dans leur intensité et leur direction, contrôlent une part du champ (part de marché) d'autant plus grande que leur capital est plus important. Quant aux consommateurs, leur comportement se

1. En attendant que soit produite une formalisation obéissant à ces principes, on peut s'aider de l'analyse des correspondances (dont les fondements théoriques sont très semblables) pour mettre au jour la structure du champ économique, c'est-à-dire le véritable *principe explicatif* des pratiques économiques.

réduirait entièrement à l'effet du champ s'ils n'avaient une certaine interaction avec lui (en fonction de leur inertie, tout à fait minime). Le poids (ou l'énergie) associé à un agent, qui subit le champ en même temps qu'il le structure, dépend de tous les autres points et des rapports entre tous les points, c'est-à-dire de tout l'espace.

Bien que l'on insiste ici sur les constantes, on n'ignore pas les particularités de chaque sous-champ (correspondant à ce que l'on appelle d'ordinaire « secteur » ou « branche » d'industrie), qui dépendent de l'état de développement (et en particulier du degré de concentration) de l'industrie considérée et de la particularité du produit. Au terme de l'immense étude qu'il a menée sur les pratiques de fixation des prix *(pricing)* de diverses industries américaines [2], Hamilton rapportait le caractère idiosyncratique des différentes branches (c'est-à-dire des différents champs) à la particularité des histoires de leur émergence, chacune étant caractérisée par son mode de fonctionnement propre, ses traditions spécifiques, sa manière particulière d'arriver aux décisions de fixation des prix [3].

La force attachée à un agent dépend de ses différents atouts, parfois appelés *strategic market assets*, facteurs différentiels de succès (ou d'échec) qui peuvent lui assurer un avantage dans la concurrence, c'est-à-dire, plus précisément, *du volume et de la structure du capital* qu'il possède, sous ses différentes espèces : capital financier, actuel ou potentiel, capital culturel (à ne pas confondre avec le « capital humain »), qui peut être spécifié comme capital technologique, capital juridique et capital organisationnel (dont le capital d'information sur le champ), capital commercial, capital social et capital symbolique. Le capital financier est la maîtrise directe ou indirecte (par l'intermédiaire de l'accès aux banques) de ressources financières qui sont la condition principale (avec le temps) de l'accumulation et de la conservation de toutes les autres espèces de capital. Le capital technologique est le portefeuille de ressources scientifiques (potentiel de recherche) ou techniques (procédés, aptitudes, rou-

2. W. H. Hamilton, *Price and Price Policies*, New York, Mac-Graw Hill, 1938.
3. M. R. Tool, « Contributions to an Institutional Theory of Price Determination », *in* G. M. Hodgson, E. Screpanti, *Rethinking Economics, Markets, Technology and Economic Evolution*, European Association for Evolutionary Political Economy, 1991, p. 29-30.

tines et savoir-faire uniques et cohérents, propres à diminuer la dépense en main-d'œuvre ou en capital ou à augmenter le rendement) susceptibles d'être mises en œuvre dans la conception et la fabrication des produits. Le capital commercial (force de vente) tient à la maîtrise de réseaux de distribution (entreposage et transport) et de services de marketing et d'après-vente. Le capital social est l'ensemble des ressources mobilisées (des capitaux financiers, mais aussi de l'information, etc.) à travers un réseau de relations plus ou moins étendu et plus ou moins mobilisable qui procure un avantage compétitif en assurant aux investissements des rendements plus élevés[4]. Le capital symbolique réside dans la maîtrise de ressources symboliques fondées sur la connaissance et la reconnaissance, comme l'image de marque *(goodwill investment)*, la fidélité à la marque *(brand loyalty)*, etc. ; pouvoir qui fonctionne comme une forme de crédit, il suppose la confiance ou la croyance de ceux qui le subissent parce qu'ils sont disposés à accorder crédit (c'est ce pouvoir symbolique qu'invoque Keynes lorsqu'il pose qu'une injection de monnaie agit si les agents croient qu'elle agit)[5].

La structure de la distribution du capital et la structure de la distribution des coûts, elle-même liée principalement à la taille et au degré d'intégration verticale, déterminent la structure du champ, c'est-à-dire les rapports de force entre les firmes : la maîtrise d'une part très importante du capital (de l'énergie globale) confère en effet un pouvoir sur le champ, donc sur les entreprises les moins dotées (relativement) en capital ; elle commande aussi le droit d'entrée dans le champ et la distribution des chances de profit. Les différentes espèces de capital n'agissent pas

4. Cette conception du capital social se distingue des définitions qui ont été avancées ensuite dans la sociologie et l'économie américaines en ce qu'elle prend en compte non seulement le réseau des relations, caractérisé dans son étendue et sa viabilité, mais aussi *le volume du capital de différentes espèces qu'il permet de mobiliser par procuration* (et, du même coup, les profits divers qu'il peut procurer : promotions professionnelles, participation à des projets, accès à des décisions importantes, occasions d'investissements financiers ou autres) (cf. P. Bourdieu, « Le capital social. Notes provisoires », *op. cit.*).

5. Le capital culturel, le capital technique et le capital commercial existent à la fois sous la forme objectivée (équipements, instruments, etc.) et sous la forme incorporée (compétence, tours de main, etc.). On peut voir une anticipation de la distinction entre les deux états du capital, objectivé et incorporé, chez Veblen qui reproche à la théorie orthodoxe du capital de surestimer les actifs tangibles au détriment des actifs intangibles (T. Veblen, *The Instinct of Workmanship*, New York, Augustus Kelley, 1964).

seulement de manière indirecte, à travers les prix ; elles exercent un effet structural parce que l'adoption d'une nouvelle technique ou le contrôle d'une part plus importante de marché, etc., modifie les positions relatives et les performances de toutes les espèces de capital détenues par les autres firmes.

Par opposition à la vision interactionniste, qui ne connaît aucune autre forme d'efficacité sociale que l'« influence » directement exercée par une firme (ou une personne chargée de la représenter) sur une autre à travers une forme quelconque d'« interaction », la vision structurale prend en compte des effets qui s'accomplissent en dehors de toute interaction : la structure du champ, définie par la distribution inégale du capital, c'est-à-dire des armes (ou des atouts) spécifiques, pèse, en dehors de toute intervention ou manipulation directe, sur l'ensemble des agents engagés dans le champ, restreignant d'autant plus *l'espace des possibles* qui leur est ouvert, qu'ils sont plus mal placés dans cette distribution. Le dominant est celui qui occupe dans la structure une position telle que la structure agit en sa faveur. C'est par l'intermédiaire du poids qu'elles détiennent dans cette structure, plus que par les interventions directes qu'elles peuvent aussi opérer (à travers notamment les réseaux de participation croisée aux conseils d'administration – *interlocking directorates* – qui en sont une expression plus ou moins déformée)[6], que les firmes dominantes exercent leur pression sur les firmes dominées et sur leurs stratégies : elles définissent *les régularités* et parfois *la règle* du jeu, imposant la définition des atouts la plus favorable à leurs intérêts et modifiant tout l'environnement des autres entreprises et le système des contraintes qui pèsent sur elles ou l'espace des possibles qui s'offrent à elles.

La tendance à la reproduction de la structure est immanente à la structure même du champ : la distribution des atouts commande la distribution des chances de succès et de profits à travers des mécanismes divers, tels que les économies d'échelle ou les « barrières à l'entrée » résultant du désavantage permanent que les nouveaux entrants doivent affronter ou du coût d'exploitation qu'ils doivent acquitter, ou encore l'action de toutes sortes d'« institutions visant à réduire l'incertitude » *(uncertainty-redu-*

6. B. Minth, M. Schwartz, *The Power Structure of American Business*, Chicago, University of Chicago Press, 1985.

cing institutions), selon l'expression de Jan Kregel[7], contrats salariaux, contrats de dette, prix administrés, accords commerciaux, ou des « mécanismes qui fournissent de l'information sur les actions potentielles des autres agents économiques ». Il s'ensuit que, en raison des régularités inscrites dans les jeux récurrents qui s'y déroulent, le champ propose un avenir prévisible et calculable et les agents y acquièrent des savoir-faire et des dispositions transmissibles (appelées parfois des « routines ») qui sont le fondement d'anticipations pratiques au moins grossièrement fondées.

Du fait que le champ économique a pour particularité d'autoriser et de favoriser la vision calculatrice et les dispositions stratégiques qui vont de pair, on n'a pas à choisir entre une vision purement structurale et une vision stratégique : les stratégies les plus consciemment élaborées ne peuvent s'exercer que dans les limites et dans les directions qui leur sont assignées par les contraintes structurales et par la connaissance pratique ou explicite, toujours inégalement distribuée, de ces contraintes (le capital d'information qui se trouve assuré aux occupants d'une position dominante – à travers notamment la participation à des conseils d'administration ou, dans le cas des banques, à travers les données livrées par les demandeurs de crédit – est par exemple une des ressources qui permettent de choisir les meilleures stratégies de gestion du capital). La théorie néoclassique, qui refuse de prendre en compte les effets de structure et, *a fortiori*, les relations objectives de pouvoir, pourra expliquer les avantages accordés aux mieux pourvus en capital par le fait que, étant plus diversifiés, ayant une plus grande expérience et une plus grande réputation (donc plus à perdre), ils offrent les garanties qui permettent de leur fournir du capital à un moindre coût et cela pour de simples raisons de calcul économique. Et l'on objectera sans doute qu'il est plus économique et plus rigoureux d'invoquer le rôle « disciplinaire » du marché comme instance assurant la coordination optimale des préférences (du fait que les individus sont contraints de soumettre leurs choix à la logique de la maximisation des profits sous peine d'être éliminés) ou, plus simplement, l'effet du prix.

Or, la notion de champ marque la rupture avec la logique abstraite de la détermination automatique, mécanique et instanta-

7. J. A. Kregel, « Economic methodology in the face of uncertainty », *Economic Journal*, 86, 1976, p. 209-225.

née du prix sur des marchés livrés à une concurrence sans contrainte[8] : c'est la structure du champ, c'est-à-dire la structure du rapport de force (ou des relations de pouvoir) entre les entreprises, qui détermine les conditions dans lesquelles les agents sont amenés à décider (ou à négocier) les prix d'achat (de matériaux, du travail, etc.) et les prix de vente – on voit en passant que, renversant du tout au tout l'image que l'on se fait du « structuralisme », conçu comme une forme de « holisme » impliquant l'adhésion à un déterminisme radical, cette vision de l'action restitue aux agents une certaine liberté de jeu, mais sans oublier que les décisions ne sont que des choix entre des possibles définis, dans leurs limites, par la structure du champ et que les actions doivent leur orientation et leur efficacité à la structure des relations objectives entre ceux qui les engagent et ceux qui les subissent. La structure du rapport de force entre des entreprises qui n'interagissent pas seulement de manière indirecte, par l'intermédiaire des prix, contribue, pour l'essentiel, à déterminer les prix en déterminant, à travers la position occupée dans cette structure, les chances différentielles de peser sur leur formation – à travers par exemple l'effet de l'économie d'échelle résultant du fait que la force dans la négociation avec les fournisseurs s'accroît avec la taille ou que le coût d'investissement par unité de capacité diminue quand la capacité totale augmente. Et c'est cette structure sociale spécifique qui commande les tendances immanentes aux mécanismes du champ et, du même coup, les marges de liberté laissées aux stratégies des agents. Ce ne sont pas les prix qui font tout, c'est le tout qui fait les prix.

La théorie du champ s'oppose ainsi à la vision atomistique et mécaniste qui hypostasie l'effet du prix et qui, comme la physique newtonienne, réduit les agents (actionnaires, managers ou entreprises) à des points matériels interchangeables, dont les préfé-

8. Comme R. H. Coase l'a bien montré, c'est au nom de l'hypothèse, qu'opère tacitement la théorie orthodoxe, des coûts de transaction nuls *(zero transaction costs)* que l'on peut instantanéiser les actes d'échange : « Une autre conséquence de l'hypothèse, rarement remarquée, de coûts de transaction nuls est le fait que, quand il n'y a pas de coûts de transaction, cela ne coûte rien de les accélérer, de telle manière que l'éternité peut être vécue en une fraction de seconde » (« Another consequence of the assumption of zero transaction costs, not usually noticed, is that, when there are no costs of making transactions, it costs nothing to speed them up, so that eternity can be experienced in a split second ») (R. H. Coase, *The Firm, the Market and the Law*, Chicago, University of Chicago Press, 1988, p. 15).

rences, inscrites dans une fonction d'utilité exogène ou même, dans la variante la plus extrême (formulée notamment par Gary Becker), immuable, déterminent les actions de manière mécanique. Elle s'oppose aussi, mais autrement, à la vision interactionniste que la représentation de l'agent comme atome calculateur permet de faire cohabiter avec la vision mécaniste et selon laquelle l'ordre économique et social se réduit à une multitude d'individus interagissants, le plus souvent de manière contractuelle. Grâce à une série de postulats lourds de conséquences, notamment celui qui consiste à poser qu'on traitera décisoirement les firmes comme des *decision makers* isolés qui maximisent leurs profits[9], certains théoriciens de l'organisation industrielle transfèrent au niveau d'un collectif comme la firme (qui, en réalité, fonctionne elle-même comme un champ) le modèle de la décision individuelle comme résultat d'un calcul conscient et consciemment orienté vers la maximisation du profit (modèle dont certains pourront revendiquer l'irréalisme, en reconnaissant par exemple que la firme est un *nexus of contract*, mais sans en tirer aucune conséquence). Elle s'autorise ainsi à réduire la structure du rapport de force qui est constitutif du champ à un ensemble d'interactions dépourvues de toute transcendance par rapport à ceux qui y sont engagés dans l'instant et susceptibles d'être décrites dans le langage de la théorie des jeux. Parfaitement congruente dans ses postulats fondamentaux avec la philosophie intellectualiste qui est aussi à son fondement, la théorie néo-classique, dont on oublie qu'elle s'est explicitement et expressément construite contre la logique de la pratique – sur la base de postulats dépourvus de tout fondement anthropologique, comme celui qui veut que le système des préférences soit déjà constitué et transitif[10] –, réduit tacitement

9. J. Tirole, *The Theory of Industrial Organization*, Cambridge, The MIT Press, 1988, p. 4.

10. Les travaux classiques d'Amos Tversky et Daniel Kahneman ont mis en lumière les défaillances et les erreurs que commettent les agents en matière de théorie des probabilités et de statistique (A. Tversky et D. Kahneman, « Availability, a heuristic for judging frequency and probability », *Cognitive Psychology*, 2, 1973, p. 207-232; et aussi S. Sutherland, *Irrationality, the ennemy within*, Londres, Constable, 1972). Le présupposé intellectualiste qui soutient ces recherches risque de conduire à ignorer que le problème logique que l'on infère d'une situation réelle n'est pas posé comme tel par les agents (l'amitié comme relation sociale ne connaît pas le principe « les amis de mes amis sont mes amis ») et que la logique des dispositions fait que les agents sont en mesure de répondre en pratique à des situations posant des problèmes d'anticipation des chances qu'ils ne peuvent résoudre abstraitement (cf. P. Bourdieu, *Le Sens pratique*, Paris, Éditions de Minuit, 1980).

les effets dont le champ économique est le lieu à un jeu d'anticipations réciproques.

De même, ceux qui, pour échapper à la représentation de l'agent économique comme monade égoïste enfermée dans la « poursuite étroite de son intérêt » et comme « acteur atomisé prenant des décisions en dehors de toute contrainte sociale », rappellent, comme Mark Granovetter, que l'action économique reste immergée *(embedded)* dans des réseaux de relations sociales « engendrant la confiance et décourageant les méfaits » *(« generating trust and discouraging malfeasance*[11] *»)*, ne s'arrachent à l'« individualisme méthodologique » que pour tomber dans la vision interactionniste qui, ignorant la contrainte structurale du champ, ne veut (ou ne peut) connaître que l'effet de l'anticipation consciente et calculée que chaque agent aurait des effets de son action sur les autres agents (cela même qu'un théoricien de l'interactionnisme comme Anselm Strauss évoquait sous le nom d'*awareness context*[12]) ; ou l'effet, pensé comme « influence », que les *social networks*, les autres agents ou des normes sociales exerceraient sur lui. Autant de solutions qui, faisant ainsi disparaître tous les effets de structure et toutes les relations objectives de pouvoir, reviennent à proposer un faux dépassement de l'alternative, fausse elle aussi, de l'individualisme et du holisme[13]. S'il ne s'agit pas de nier l'efficacité économique des « réseaux » (ou, mieux, du capital social) dans le fonctionnement du champ éco-

11. M. Granovetter, « Economic action and social structure, the problem of embeddedness », *American Journal of Sociology*, 91(3), novembre 1985, p. 481-510.

12. A. Strauss, *Continual Permutations of Action*, New York, Aldine de Gruyter, 1993.

13. Cf. M. Granovetter, « Economic institutions as social constructions : A framework for analysis », *Acta Sociologica*, 1992, 35, p. 3-11. On trouvera dans cet article une forme transformée de l'alternative de l'« individualisme » et du « holisme » qui sévit dans l'orthodoxie économique (et sociologique) sous la forme de l'opposition, empruntée à Dennis Wrong (« The oversocialized conception of man in modern sociology », *American Sociological Review*, 26, 1961, p. 183-196), entre l'*undersocialized view* chère à l'orthodoxie économique et l'*oversocialized view* qui suppose que les agents sont si « sensibles *(sensitive)* à l'opinion des autres qu'ils se soumettent automatiquement aux normes communément admises de comportement » ou qu'ils ont si profondément intériorisé les normes ou les contraintes qu'ils ne sont plus affectés par les relations actuelles (c'est ainsi que l'on comprend parfois, tout à fait à tort, la notion d'habitus). On s'autorise ainsi à conclure qu'en définitive les *over* et les *under* se rejoignent pour voir les agents comme des monades fermées aux « influences » des *concrete ongoing systems of social relations* et des *social networks*.

nomique, il reste que les pratiques économiques des agents, et la puissance même de leurs « réseaux » dont prend acte une notion rigoureusement définie de capital social, dépendent avant tout de la position que ces agents occupent dans les microcosmes structurés que sont les champs économiques.

Ainsi, il n'est pas certain que ce que l'on a coutume d'appeler « la tradition de Harvard » (c'est-à-dire l'économie industrielle fondée par Joe Bain et ses associés) ne mérite pas mieux que le regard un peu condescendant que les « théoriciens de l'organisation industrielle » lui accordent. Peut-être en effet vaut-il mieux s'avancer dans la bonne direction avec de *loose theories*, mettant l'accent sur l'analyse empirique de secteurs industriels, que de s'engager avec toutes les apparences de la rigueur dans une voie sans issue par souci de présenter « une analyse élégante et générale ». Je me réfère ici à Jean Tirole qui écrit : « *The first wave, associated with the names of Joe Bain and Edward Mason and sometimes called the "Harvard tradition", was empirical in nature. It developed the famous "structure-conduct-performance paradigm" according to which market structure (the number of sellers in the market, the degree of product differenciation, the cost structure, the degree of vertical integration with suppliers and so on) determines conduct (which consists of price, research and development, investment, advertising, and so forth) and conduct yields market performance (efficiency, ratio of price to marginal cost, product variety, innovation rate, profits and distribution). This paradigm, although plausible, often rested on loose theories, and it emphasized empirical studies on industries*[14]. »

Edward Mason a en effet le mérite d'établir les fondements d'une véritable analyse structurale (par opposition à interactionniste) du fonctionnement d'un champ économique : premièrement, il pose que seule une analyse capable de prendre en compte et la structure de chaque entreprise, principe de la disposition à réagir à la structure particulière du champ, et la structure de chaque secteur *(industry)*, l'une et l'autre ignorées par les adeptes de la théorie des jeux (dont il livre en

14. J. Tirole, *op. cit.*, p. 2-3. L'auteur livre un peu plus loin des indications sur les coûts et les profits associés aux différentes catégories de produits (théoriques et empiriques notamment) sur le marché de la science économique qui permet de comprendre les destins comparés de la « tradition de Harvard » et de la nouvelle « théorie de l'organisation industrielle » qu'il défend : « *Until the 1970s, economic theorists (with a few exceptions) pretty much ignored industrial organization, which did not lend itself to elegant and general analysis the way the theory of competitive general equilibrium analysis did. Since then, a fair number of top theorists have become interested in industrial organization.* »

passant une critique anticipée : « *Elaborate speculations on the probable behavior of A on the assumption that B will act in a certain way, seems particularly fruitless* »), peut rendre compte de toutes les différences entre les firmes en matière de pratiques concurrentielles, notamment dans leurs politiques de prix, de production et d'investissement[15]. Il s'efforce ensuite d'établir à la fois théoriquement et empiriquement les facteurs qui déterminent la force relative de l'entreprise dans le champ, taille absolue, nombre d'entreprises, différenciation du produit. Réduisant la structure du champ à l'espace des possibles tel qu'il apparaît aux agents, il veut enfin dessiner une « typologie » des « situations » définies par l'ensemble des « considérations que le vendeur prend en compte dans la détermination de ses politiques et de ses pratiques » *(« The structure of a seller's market includes all those* considerations *which he takes into account in determining his business policies and practices*[16] *»).*

Le champ économique comme champ de luttes

Le champ de forces est aussi un champ de luttes, champ d'action socialement construit où des agents dotés de ressources différentes s'affrontent pour accéder à l'échange et conserver ou transformer le rapport de force en vigueur. Les firmes y engagent des actions qui dépendent dans leurs fins et leur efficacité de leur *position dans le champ de forces*, c'est-à-dire dans la structure de la distribution du capital sous toutes ses formes. Loin d'être en face d'un univers sans pesanteur ni contraintes, où elles pourraient développer à loisir leurs stratégies, elles sont orientées par les contraintes et les possibilités qui sont inscrites dans leur position et par la représentation qu'elles peuvent se faire de cette position et de celle de leurs concurrents, en fonction de leur information et de leurs structures cognitives. La part de liberté laissée à l'art de jouer est sans doute plus grande qu'en d'autres champs, en raison du degré particulièrement élevé auquel les moyens et les fins de l'action, donc les stratégies, sont explicités, avoués, déclarés, voire cyniquement proclamés, notamment sous la forme de « théories indigènes » de l'action stratégique *(mana-*

15. E. S. Mason, « Price and production policies of large-scale enterprise », *The American Economic Review*, XXIX, 1, supplement, March 1939, p. 61-74 (notamment p. 64).
16. *Ibid.*, p. 68 (c'est moi qui souligne pour marquer l'oscillation entre le langage de la structure et de la contrainte structurale et le langage de la conscience et du choix intentionnel).

gement), expressément produites en vue d'assister les agents, et en particulier les dirigeants, dans leurs décisions, et explicitement enseignées dans les écoles où se forment ces dirigeants, comme les grandes *business schools*[17]. (La théorie du *management*, littérature de *business school* pour *business school*, remplit une fonction tout à fait semblable à celle des écrits des juristes européens des XVIe et XVIIe siècles qui contribuent à faire l'État sous apparence de le décrire : conçue à l'usage des managers, actuels ou potentiels, elle oscille continuellement entre le positif et le normatif et repose fondamentalement sur une surestimation de la part laissée aux stratégies conscientes par rapport aux contraintes structurales et aux dispositions des dirigeants.)

Cette sorte de cynisme institué, en tout opposé à la dénégation et à la sublimation qui tend à s'imposer au sein des univers de production symbolique, fait que la frontière est en ce cas moins marquée entre la représentation indigène et la description scientifique : ainsi, tel traité de marketing parle de *product market battlefield*[18]. Dans un champ où les prix sont à la fois des enjeux et des armes, les stratégies ont spontanément, tant pour ceux qui les produisent que pour les autres, une *transparence* qu'elles n'atteignent jamais dans des univers comme les champs littéraire, artistique ou scientifique, où les sanctions restent pour une grande part symboliques, c'est-à-dire à la fois floues et sujettes à des variations subjectives. Et, de fait, comme l'atteste le travail que doit déployer la logique du don pour masquer ce que l'on appelle parfois la « vérité des prix » (par exemple, on enlève toujours soigneusement l'étiquette apposée sur les cadeaux), le prix en argent a une sorte d'objectivité et d'universalité brutales qui ne laissent guère de place à l'appréciation subjective (même si l'on peut dire par exemple que « c'est cher pour ce que c'est » ou que « ça vaut bien son prix »). Il s'ensuit que les stratégies de bluff, conscientes ou inconscientes, comme celles de la pure prétention, ont moins de chances de réussite dans les champs économiques – bien qu'elles y aient aussi leur place,

17. Max Weber remarque que l'échange marchand est tout à fait exceptionnel en ce qu'il représente la plus instrumentale et la plus calculatrice de toutes les formes d'action, cet « archétype de l'action rationnelle » constituant « une abomination pour tout système d'éthique fraternelle » (M. Weber, *Économie et Société*, Paris, Plon, 1971, p. 633).

18. P. Kotler, *Marketing Management, Analysis, Planning, Implementation, and Control*, Englewood Cliffs, Prentice Hall, 1988 (1967), p. 239.

mais plutôt comme des stratégies de dissuasion ou, plus rarement, de séduction.

Les stratégies dépendent d'abord de la configuration particulière des pouvoirs qui confère au champ sa structure, et qui, définie par le degré de concentration, c'est-à-dire la distribution des parts de marché entre un nombre plus ou moins grand d'entreprises, varie entre les deux limites que sont la concurrence parfaite et le monopole. Si l'on en croit Alfred D. Chandler, l'économie des grands pays industrialisés a connu, entre 1830 et 1960, un processus de concentration (notamment à travers un mouvement de fusions) qui a fait disparaître progressivement l'univers de petites entreprises concurrentes auquel se référaient les économistes classiques : « Le rapport Mac Lane et d'autres sources nous montrent une industrie manufacturière américaine composée d'un grand nombre de petites unités de production, employant moins de cinquante personnes chacune et reposant sur l'utilisation des ressources d'énergie traditionnelles [...]. Les décisions d'investissement aussi bien à long terme qu'à court terme étaient prises par des centaines de petits producteurs réagissant aux signaux du marché, selon le schéma décrit par Adam Smith[19]. » Désormais, au terme d'une évolution marquée notamment par une longue série de fusions, et par une transformation profonde de la structure des entreprises, on observe que, dans la plupart des champs sectoriels, la lutte se circonscrit à un petit nombre de puissantes entreprises concurrentes qui, loin de s'ajuster passivement à une « situation de marché », sont en mesure de façonner activement cette situation.

Ces champs s'organisent de manière relativement invariante autour de l'opposition principale entre ceux que l'on appelle parfois les *first movers* ou les *market leaders* et les *challengers*[20]. L'entreprise dominante a ordinairement l'initiative en matière de changement de prix, d'introduction de nouveaux produits et d'actions de distribution et de promotion ; elle est en mesure d'imposer la représentation la plus favorable à ses intérêts de la

19. A. D. Chandler, *La Main visible des managers* (trad. F. Langer), Paris, Economica, 1988, p. 70-72.

20. Bien que cette vision soit parfois contestée depuis quelques années au nom du fait que, avec la crise, les hiérarchies sont constamment bouleversées et que les fusions-acquisitions permettent à des petits de racheter des gros, ou de les concurrencer efficacement, on observe une assez grande stabilité des deux cents plus grandes entreprises mondiales.

manière convenable de jouer et des règles du jeu, donc de la participation au jeu et de la perpétuation du jeu. Elle constitue un point de référence obligé pour ses concurrents qui, quoi qu'ils fassent, sont sommés de prendre position par rapport à elle, activement ou passivement. Les menaces qui pèsent sans cesse sur elle – qu'il s'agisse de l'apparition de produits nouveaux capables de supplanter les siens ou de l'élévation excessive de ses coûts, propre à menacer ses profits – l'obligent à une vigilance constante (notamment dans les cas de domination partagée où la coordination destinée à limiter la concurrence s'impose). Contre ces menaces, l'entreprise dominante peut conduire deux stratégies bien différentes : travailler à l'amélioration de la position globale *du* champ en essayant d'accroître la demande globale, ou bien défendre ou augmenter ses positions acquises *dans* le champ (ses parts de marché).

Les dominants ont en effet partie liée avec l'état global du champ, défini notamment par les chances moyennes de profit qu'il offre et qui définissent l'attraction qu'il exerce (par rapport à d'autres champs). Ils ont intérêt à travailler à l'accroissement de la demande dont ils tirent un bénéfice particulièrement important, puisque proportionné à leur part de marché, en essayant de susciter de nouveaux utilisateurs, de nouveaux usages ou une utilisation plus intensive des produits qu'ils offrent (en agissant le cas échéant sur les pouvoirs politiques). Mais, surtout, ils doivent défendre leur position contre les challengers par l'innovation permanente (nouveaux produits, nouveaux services, etc.) et par des baisses de prix. En raison de tous les avantages dont ils disposent dans la compétition (au premier rang desquels les économies d'échelle liées à leur taille), ils peuvent abaisser leurs coûts et, parallèlement, leurs prix en limitant la diminution de leurs marges, rendant très difficile l'arrivée de nouveaux entrants et éliminant les concurrents les plus démunis. Bref, du fait de la contribution déterminante qu'ils apportent à la structure du champ (et à la détermination des prix dans laquelle elle s'exprime), structure dont les effets se manifestent sous la forme de barrières à l'entrée ou de contraintes économiques, les *first movers* disposent d'avantages décisifs tant à l'égard des concurrents déjà installés qu'à l'égard des nouveaux entrants potentiels[21].

21. A. D. Chandler, *Scale and Scope. The Dynamics of Industrial Capitalism*, Cambridge, Harvard University Press, 1990, p. 598-599.

Les forces du champ orientent les dominants vers des stratégies qui ont pour fin de perpétuer ou de redoubler leur domination. C'est ainsi que le capital symbolique dont ils disposent du fait de leur prééminence et aussi de leur ancienneté leur permet de recourir avec succès à des stratégies destinées à intimider leurs concurrents, comme celle qui consiste à émettre des signaux visant à les dissuader d'attaquer (par exemple en organisant des fuites au sujet d'une baisse de prix ou de la création d'une nouvelle usine). Stratégies qui peuvent être de pur bluff mais que leur capital symbolique rend crédibles, donc efficaces. Il peut même se faire que, confiants dans leur force et conscients qu'ils ont les moyens de soutenir une longue offensive, et que par conséquent le temps joue en leur faveur, ils choisissent de s'abstenir de toute riposte, et de laisser leurs opposants s'engager dans des attaques coûteuses et vouées à l'échec. De façon générale, les entreprises hégémoniques ont la capacité d'imposer le tempo des transformations dans les différents domaines, production, marketing, recherche, etc., et l'usage différentiel du temps est une des principales voies de leur pouvoir.

L'apparition d'un nouvel agent efficient modifie la structure du champ. De même, l'adoption d'une nouvelle technologie, l'acquisition d'une part plus grande de marché modifie les positions relatives et le rendement de toutes les espèces de capital détenues par les autres firmes. Mais les entreprises qui occupent un rang secondaire dans un champ peuvent aussi attaquer l'entreprise dominante (et les autres concurrents), soit de manière frontale, en essayant par exemple d'abaisser leurs coûts et leurs prix, notamment à la faveur d'une innovation technologique, soit de manière latérale, en essayant de combler les lacunes de l'action de l'entreprise dominante et d'occuper des niches au prix d'une spécialisation de leur production, ou en retournant contre elle ses propres stratégies. Le succès semble dans ce cas dépendre de la position relative dans la structure de la distribution du capital, et du même coup dans le champ : tandis que les très grandes firmes peuvent réaliser de grands profits grâce à des économies d'échelle et que les petites peuvent obtenir des profits élevés en se spécialisant pour se consacrer à un segment restreint du marché, les entreprises de taille intermédiaire ont souvent de faibles profits parce que, trop grandes pour obtenir les profits d'une production bien ciblée, elles sont trop petites pour bénéficier des économies d'échelle des plus grandes.

Étant donné que les forces du champ tendent à renforcer les

positions dominantes, on peut se demander comment de véritables transformations des rapports de force au sein du champ sont possibles. En fait, le *capital technologique* joue un rôle déterminant, et l'on peut citer un certain nombre de cas où des entreprises dominantes ont été supplantées à la faveur d'une mutation technologique qui, grâce à une réduction des coûts, donne l'avantage à des concurrents plus petits. Mais le capital technologique n'est efficient que s'il est associé à d'autres espèces de capital. Ainsi s'explique sans doute que les challengers victorieux sont très rarement des petites entreprises naissantes et que, lorsqu'ils ne sont pas issus de la fusion entre des entreprises déjà établies, *ils proviennent d'autres nations ou, surtout, d'autres sous-champs.* Les révolutions incombent en fait le plus souvent à des grands qui peuvent, en se diversifiant, tirer parti de leurs compétences technologiques pour se présenter avec une offre compétitive dans de nouveaux champs. Ainsi, les changements à l'intérieur du champ sont souvent liés à des changements dans les rapports avec l'extérieur du champ.

Aux franchissements de frontière s'ajoutent les *redéfinitions des frontières* entre les champs : certains champs peuvent se trouver segmentés en secteurs plus restreints, l'industrie aéronautique se divisant par exemple en producteurs d'avions de ligne, d'avions de combat et d'avions de tourisme ; ou, au contraire, les changements technologiques peuvent affaiblir les frontières entre des industries jusque-là séparées : par exemple l'informatique, les télécommunications et la bureautique viennent à se confondre toujours davantage, en sorte que des entreprises qui jusque-là n'étaient présentes que dans l'un des trois sous-champs tendent de plus en plus à se trouver en concurrence dans le nouvel espace de relations qui se constitue – le champ des entreprises audiovisuelles se trouvant ainsi bouleversé par l'irruption de nouveaux entrants issus des télécommunications et de l'informatique dont les ressources sont sans commune mesure avec celles des agents traditionnels. Dans ce cas, il peut arriver qu'une seule entreprise entre en compétition non seulement avec d'autres entreprises de son champ mais aussi avec des entreprises appartenant à différents autres champs. On voit en passant que, dans les champs économiques comme en toute autre catégorie de champ, *les frontières* du champ sont un enjeu de luttes au sein même du champ (à travers notamment la question des substituts possibles et des concurrences qu'ils introduisent) ; et que seule l'analyse empirique peut, en chaque cas, les déterminer. (Il n'est pas rare que les champs soient dotés d'une existence quasi institutionnalisée sous la forme de branches d'activité dotées d'organisations professionnelles fonctionnant à la fois comme des clubs de dirigeants d'industrie, des groupes de défense des frontières en vigueur, donc des principes d'exclusion qui les sous-tendent, et comme des instances de représentation devant les pouvoirs publics, les syndicats et les autres instances analogues et dotées d'organes permanents d'action et d'expression.)

Mais entre tous les échanges avec l'extérieur du champ, les plus importants sont ceux qui s'établissent avec l'État. La compétition entre les entreprises prend souvent la forme d'une *compétition pour le pouvoir sur le pouvoir de l'État* – notamment sur le pouvoir de réglementation et sur les droits de propriété[22] – et pour les avantages assurés par les différentes interventions étatiques, tarifs préférentiels, patentes, crédits de recherche-développement, commandes publiques d'équipement, aides à la création d'emploi, à l'innovation, à la modernisation, à l'exportation, au logement, etc. Dans leurs tentatives pour modifier en leur faveur les « règles du jeu » en vigueur et faire ainsi valoir certaines de leurs propriétés susceptibles de fonctionner comme capital dans le nouvel état du champ, les entreprises dominées peuvent utiliser leur capital social pour exercer des pressions sur l'État et obtenir de lui qu'il modifie le jeu en leur faveur[23]. Ainsi, ce que l'on appelle le marché est l'ensemble des relations d'échange entre des agents placés en concurrence, interactions directes qui dépendent, comme dit Simmel, d'un « conflit indirect », c'est-à-dire de la structure socialement construite des rapports de force à laquelle les différents agents engagés dans le champ contribuent à des degrés divers à travers les modifications qu'ils parviennent à lui imposer, en usant notamment des pouvoirs étatiques qu'ils sont en mesure de contrôler et d'orienter. En effet, l'État n'est pas seulement le régu-

22. Cf J. Campbell, L. Lindberg, « Property rights and the organization of economic action by the State », *American Sociological Review*, 55, 1990, p. 634-647.
23. Neil Fligstein a montré qu'on ne peut comprendre la transformation du gouvernement des firmes sans disséquer, dans la longue durée, l'état des rapports qu'elles tissent avec l'État, et cela dans le cas le plus favorable à la théorie libérale, les États-Unis, où l'État reste un agent décisif dans la structuration des industries et des marchés (cf. N. Fligstein, *The Transformation of Corporate Control*, Cambridge, Harvard University Press, 1990). Autre attestation de l'importance décisive des régulations centrales, l'action de *lobbying* organisé que les entreprises européennes mènent auprès des instances de Bruxelles.

lateur chargé de maintenir l'ordre et la confiance et l'arbitre chargé de « contrôler » les entreprises et leurs interactions que l'on y voit d'ordinaire. Dans le cas, tout à fait exemplaire, du champ de production de maisons individuelles comme en maint autre, il contribue, de manière tout à fait décisive, à la construction et de la demande et de l'offre, l'une et l'autre forme d'intervention s'opérant sous l'influence directe ou indirecte des parties les plus directement intéressées[24].

Autres facteurs externes capables de contribuer à une transformation des rapports de force dans le champ, les transformations des sources d'approvisionnement (par exemple, les grandes découvertes pétrolières du début du XXe siècle) et les changements dans la demande déterminés par des changements dans la démographie (comme la baisse de la natalité ou l'allongement de la durée de vie) ou dans les styles de vie (l'accroissement du travail des femmes par exemple qui entraîne la chute de certains produits, dont l'usage était lié à la définition traditionnelle du rôle de la femme, et crée de nouveaux marchés, par exemple celui des surgelés et des fours à micro-ondes). En fait, ces facteurs externes n'exercent leurs effets sur les rapports de force au sein du champ qu'au travers même de la logique de ces rapports de force, c'est-à-dire dans la mesure où ils assurent un avantage aux challengers : ils permettent à ceux-ci de s'implanter dans des niches, marchés spécialisés dont les *first movers*, concentrés sur la production standardisée à fort volume, ont peine à satisfaire les exigences très particulières, celles d'une catégorie de consommateurs ou d'un marché régional, et qui peuvent constituer des têtes de pont pour des développements ultérieurs.

---

24. L'État, dont le rôle est évident dans le cas de l'économie de la maison, est loin d'être le seul mécanisme de coordination de l'offre et de la demande. D'autres institutions, comme les réseaux d'interconnaissance pour la vente du crack (P. Bourgois, *Searching for respect : Selling crack in El Barrio*, Cambridge, Cambridge University Press, 1996), les « communautés » formées par les habitués des enchères (C. Smith, *Auctions*, Berkeley, University of California Press, 1990) ou des agents expressément chargés de mettre en relation l'offre et la demande, comme le *matchmaker* dans l'économie pugilistique (L. Wacquant, « A Flesh Peddler at Work : Power, Pain, and Profit in the Prizefighting Economy », *Theory and Society*, 27(1), février 1998, p. 1-42), interviennent aussi dans la régulation créatrice des marchés.

L'entreprise comme champ

Il est clair que les décisions en matière de prix ou en tout autre domaine ne dépendent pas d'un acteur unique, mythe qui masque les jeux et les enjeux de pouvoir au sein de l'entreprise fonctionnant comme un champ ou, plus précisément, au sein du champ du pouvoir propre à chaque firme. Autrement dit, si l'on entre dans la « boîte noire » que constitue l'entreprise, c'est pour y trouver non des individus, mais, une fois encore, une structure, celle du champ de l'entreprise, qui dispose d'une autonomie relative par rapport aux contraintes associées à la position de l'entreprise dans le champ des entreprises. Si le champ englobant affecte sa structure, ce champ englobé, en tant que rapport de force et espace de jeu spécifique, définit les termes et les enjeux mêmes de la lutte, leur conférant une physionomie singulière qui les rend souvent inintelligibles, à première vue, de l'extérieur.

Si les stratégies des entreprises (en matière de prix notamment) dépendent de la position qu'elles occupent dans la structure du champ, elles dépendent aussi de la structure des positions de pouvoir constitutives du gouvernement interne de la firme ou, plus exactement, des dispositions (socialement constituées) des dirigeants agissant sous la contrainte du champ du pouvoir au sein de la firme et du champ de la firme en son entier (que l'on peut caractériser à travers des indices tels que la composition hiérarchique de la main-d'œuvre, le capital scolaire et en particulier scientifique de l'encadrement, le degré de différenciation bureaucratique, le poids des syndicats, etc.). Le système de contraintes et de sollicitations qui est inscrit dans la position au sein du champ et qui porte les entreprises dominantes à agir dans le sens le plus favorable à la perpétuation de leur domination n'a rien d'une fatalité ou même d'une sorte d'instinct infaillible qui orienterait les entreprises et leurs dirigeants vers les choix les plus favorables à la conservation des avantages acquis. On cite ainsi souvent l'exemple de Henry Ford qui, après que sa brillante réussite dans la production et la distribution eut fait de lui le producteur d'automobiles le meilleur marché au monde, détruisit les capacités compétitives de son entreprise, après la Première Guerre mondiale, en faisant partir presque tous ses managers les plus expérimentés et les plus compétents, qui furent à l'origine de la réussite de ses concurrents.

Cela dit, bien qu'elle dispose d'une relative autonomie à l'égard des forces du champ, la structure du champ du pouvoir au sein de la firme est elle-même étroitement corrélée avec la position de la firme dans le champ, par l'intermédiaire notamment de la *correspondance* entre d'un côté le volume (lui-même lié à l'ancienneté de l'entreprise et à sa position dans le cycle de vie, donc, *grosso modo*, à sa taille et à son intégration) et la structure du capital de la firme (notamment le poids relatif du capital financier, du capital commercial et du capital technique) et de l'autre la structure de la distribution du capital entre les différents dirigeants de la firme, propriétaires – *owners* – et « fonctionnaires » – *managers* –, et, parmi ces derniers, entre les détenteurs de différentes espèces de capital culturel, à dominante financière, technique ou commerciale, c'est-à-dire, dans le cas de la France, entre les grands corps ou les grandes écoles (ENA, X ou HEC) dont ils sont issus[25].

On peut indiscutablement discerner des tendances, dans la longue durée, de l'évolution des rapports de force entre les agents majeurs du champ du pouvoir dans l'entreprise : notamment la prééminence, à l'origine, des entrepreneurs maîtrisant les nouvelles technologies et capables de rassembler les fonds nécessaires pour les mettre en œuvre, puis l'intervention de plus en plus inévitable des banquiers et des institutions financières, puis l'ascension des managers[26]. Mais outre qu'il faut analyser la forme particulière que prend en chaque état de chaque champ la configuration de la distribution des pouvoirs entre les entreprises, c'est en analysant, pour chaque entreprise et à chaque moment, la forme de la configuration des pouvoirs au sein du champ du pouvoir *sur* l'entreprise que l'on peut se donner tous les moyens de comprendre la logique des luttes dans lesquelles se

25. On a pu établir, dans le cas du grand patronat français, l'existence d'une homologie étroite entre l'espace des entreprises et l'espace de leurs dirigeants caractérisés par le volume et la structure de leur capital (cf. P. Bourdieu, *La Noblesse d'État. Grandes écoles et esprit de corps*, *op. cit.*, p. 428-481).

26. Cf. N. Fligstein, *The Transformation of Corporate Control*, *op. cit.*, qui décrit comment le gouvernement de la firme passe successivement sous la coupe des dirigeants des divisions de la production, du marketing, puis de la finance, et aussi N. Fligstein et L. Markowitz, « The finance conception of the corporation and the causes of the reorganization of large American corporations, 1979-1988 », *in* W. J. Wilson (ed.), *Sociology and Social Policy* (Beverly Hills, Sage, 1993), et N. Fligstein et K. Dauber, « Structural change in corporate organization », *Annual Review of Sociology*, 15 (1989, p. 73-96) ; ou encore « The intraorganizational power struggle : The rise of finance presidents in large corporations », *American Sociological Review*, 52 (1987, p. 44-58).

déterminent les fins de l'entreprise. Il est clair en effet que ces fins sont des enjeux de luttes et que, aux calculs rationnels d'un « décideur » éclairé, il faut substituer la lutte politique entre des agents qui tendent à identifier leurs intérêts spécifiques (liés à leur position dans l'entreprise et à leurs dispositions) aux intérêts de l'entreprise et dont le pouvoir se mesure sans doute à leur capacité d'identifier, pour le meilleur ou pour le pire (comme le montre l'exemple de Henry Ford), les intérêts de l'entreprise à *leurs intérêts dans* l'entreprise (cf. Annexe, p. 267).

La structure et la concurrence

Prendre en compte la structure du champ, c'est dire que la concurrence pour l'accès à l'échange avec des clients ne peut se comprendre comme une compétition orientée par la seule référence consciente et explicite aux concurrents directs ou, du moins, aux plus dangereux d'entre eux, selon la formule de Harrison White : « Les producteurs s'observent les uns les autres au sein d'un marché[27]. » Ou plus explicitement encore chez Max Weber, qui y voit un « conflit pacifique » visant à prendre possession de « chances ou d'avantages désirés aussi par d'autres » : « Les partenaires potentiels orientent leurs offres indistinctement en fonction de l'action potentielle de beaucoup d'autres concurrents réels et imaginaires, et pas seulement de l'action potentielle des partenaires de l'échange[28]. » Max Weber décrit ici une forme de calcul rationnel, mais tout à fait différent dans sa logique de celui de l'orthodoxie économique : non des agents qui font leurs choix à partir de l'information fournie par les prix, mais des agents prenant en compte les actions et les réactions de leurs concurrents et « s'orientant par rapport à elles », donc dotés d'une information à leur sujet et capables d'agir contre ou avec eux – comme dans l'action de marchandage, « la forme la plus conséquente de la formation de marché », et du « compromis d'intérêts » qui le clôture. Mais, s'il a le mérite de substituer *la relation avec l'ensemble des producteurs* à la seule transaction avec le partenaire, le client, il la réduit à une *interaction* consciente et réfléchie entre concurrents investissant dans le même objet

27. H. White, « Where do markets come from ? », *American Journal of Sociology*, 87(3), 1981, p. 517-547, spécialement p. 518.
28. M. Weber, *op. cit.*, p. 636.

(« tous les intéressés potentiels à l'échange »). Et il en va de même chez Harrison White qui, s'il voit dans le marché une « structure sociale auto-reproductrice » *(self-reproducing social structure)*, cherche le principe des stratégies des producteurs non dans les contraintes inhérentes à leur position structurale, mais dans l'observation et le déchiffrement des signaux qui sont émis par le comportement des autres producteurs : « *Markets are self-reproducing structures among specific cliques of firms and other actors who evolve roles from observations of each other's behavior*[29]. » Ou encore : « *Markets are tangible cliques of producers watching each other. Pressure from the buyer side creates a mirror in which producers see themselves, not consumers*[30]. » Les producteurs, armés de la connaissance du coût de production, essaient de maximiser leur revenu en déterminant le bon volume de production « sur la base des positions observées de tous les autres producteurs » *(on the basis of observed positions of all other producers)* et cherchent une niche sur le marché.

Il s'agit en fait de subordonner cette description « interactionniste » des stratégies à une analyse structurale des conditions qui délimitent l'espace des stratégies possibles. Et se garder d'oublier que la compétition entre un petit nombre d'agents en interaction stratégique pour l'accès (d'une partie d'entre eux) à l'échange avec une catégorie particulière de clients est aussi et surtout la rencontre entre des producteurs occupant des positions différentes dans la structure du capital spécifique (sous ses différentes espèces) et des clients occupant dans l'espace social des positions homologues à celles qu'occupent ces producteurs dans le champ. Ce que l'on appelle communément des *niches* n'est autre chose que cette section de la clientèle que l'affinité structurale assigne aux différentes entreprises, et particulièrement aux entreprises secondaires : comme on a pu le montrer à propos des biens culturels, et de biens à forte composante symbolique comme le vêtement ou la maison, il est probable que l'on peut observer, dans chaque champ, une homologie entre l'espace des producteurs (et des produits) et l'espace des clients distribués selon les principes de différenciation pertinents. C'est dire en passant que les contraintes, parfois mortelles, que les producteurs dominants font peser sur leurs concurrents actuels ou potentiels ne s'exercent

29. H. White, *op. cit.*, spécialement p. 518.

30. *Ibid.*, spécialement p. 543.

que par la médiation du champ : en sorte que la compétition n'est jamais qu'un « conflit indirect » (au sens de Simmel) qui n'est pas dirigé directement contre le concurrent. Dans le champ économique comme ailleurs, la lutte n'a pas besoin de s'inspirer de l'intention de détruire pour produire des effets destructeurs. (On peut en déduire une conséquence « éthique » de la vision des univers de production comme champs : de même que l'on peut dire, avec Harrison White, que *« firm is distinctive »*, en tant que position dans un champ, point dans un espace, sans être obligé de supposer que toutes ses stratégies s'inspirent d'une recherche de la distinction – la même chose étant vraie de toute entreprise de production culturelle, celle d'un artiste, d'un écrivain ou d'un sociologue par exemple –, de même, on peut affirmer que tout agent investi dans un champ est engagé dans un « conflit indirect » avec tous ceux qui sont engagés dans le même jeu : ses actions peuvent avoir pour effet de les détruire sans s'inspirer le moins du monde de l'intention de les anéantir, ou même de les surpasser, de rivaliser avec eux.)

L'habitus économique

L'*homo œconomicus* tel que le conçoit (de manière tacite ou explicite) l'orthodoxie économique est une sorte de monstre anthropologique : ce praticien à tête de théoricien incarne la forme par excellence de la *scholastic fallacy*, erreur intellectualiste ou intellectualo-centrique, très commune dans les sciences sociales (notamment en linguistique et en ethnologie), par laquelle le savant place dans la tête des agents qu'il étudie, ménagères ou ménages, entreprises ou entrepreneurs, etc., les considérations et les constructions théoriques qu'il a dû élaborer pour rendre compte de leurs pratiques[31]. Gary Becker, auteur des tentatives les plus osées pour exporter dans toutes les sciences sociales le modèle du marché et la technologie, supposée plus puissante et plus efficiente, de l'entreprise néo-classique, a le mérite de déclarer en toute clarté ce qui se masque parfois dans les présupposés implicites de la routine scientifique : *« The economic approach [...] now assumes that individuals maximize their utility from basic preferences that do not change rapidly over time*

31. P. Bourdieu, *Méditations pascaliennes*, *op. cit.*

and that the behavior of different individuals is coordinated by explicit or implicit markets [...]. The economic approach is not restricted to material goods and wants or to markets with monetary transactions, and conceptually *does not distinguish between major or minors decisions or between "emotional" and other decisions. Indeed [...] the economic approach provides a framework applicable to all human behavior – to all types of decisions and to persons for all walks of life*[32]. » Rien n'échappe plus à l'explication par l'agent maximisateur, ni les structures organisationnelles, les entreprises ou les contrats, ni les parlements et les municipalités, ni le mariage (conçu comme échange économique de services de production et de reproduction) ou la maisonnée, ni les rapports entre parents et enfants ou l'État. Ce mode d'explication universel par un principe d'explication lui-même universel (les préférences individuelles sont exogènes, ordonnées et stables, donc sans genèse ni devenir contingents) ne connaît plus de limites. Gary Becker ne reconnaît même plus celles que Pareto était obligé de poser dans le texte fondateur où, identifiant la rationalité des conduites économiques à la rationalité tout court, il distinguait les conduites proprement économiques, qui sont l'aboutissement de « raisonnements logiques » appuyés sur l'expérience, et les conduites « déterminées par l'usage », comme le fait de lever son chapeau en entrant dans un salon[33] (reconnaissant ainsi un autre principe de l'action, usage, tradition ou habitude, à la différence de l'individualisme méthodologique qui ne veut connaître que l'alternative du choix conscient et délibéré, satisfaisant à certaines conditions d'efficacité et de cohérence, et de la « norme sociale », dont l'efficience passe aussi par un choix).

C'est peut-être en rappelant l'arbitraire de la distinction fondatrice (et encore présente aujourd'hui dans les têtes des économistes qui laissent aux sociologues les *curiosa* ou les ratés des fonctionnements économiques) entre l'ordre de l'économique, régi par la logique efficiente du marché et voué aux conduites logiques, et l'ordre incertain du « social », habité par l'arbitraire « non logique » de la coutume, des passions et des pouvoirs, que l'on peut le mieux

32. G. S. Becker, *A Treatise on the Family*, Cambridge, Harvard University Press, 1981, p. ix ; et aussi *The Economic Approach to Human Behavior*, Chicago, The University of Chicago Press, 1976.
33. V. Pareto, *Manuel d'économie politique*, Genève, Droz, 1964, p. 41.

contribuer à l'intégration ou à l'« hybridation » des deux disciplines, sociologique et économique, dramatiquement séparées, malgré les efforts en sens inverse de certains grands fondateurs, de Pareto et Schumpeter par exemple vers la sociologie, de Durkheim, Mauss ou Halbwachs et surtout Weber vers l'économie[34]. On ne peut réunifier une science sociale artificiellement divisée qu'en prenant conscience du fait que les structures économiques et les agents économiques ou, plus exactement, leurs dispositions sont des constructions sociales, indissociables de l'ensemble des constructions sociales qui sont constitutives d'un ordre social. Mais cette science sociale réunifiée, capable de construire des modèles dont on ne saurait plus s'ils sont économiques ou sociologiques, aura sans doute beaucoup de peine à s'imposer, à la fois pour des raisons politiques et pour des raisons qui tiennent à la logique propre des univers scientifiques. Il est certain en effet que nombreux sont ceux qui ont intérêt à ce que le lien ne soit pas fait entre les politiques économiques et leurs conséquences sociales ou, plus précisément, entre les politiques dites économiques dont le caractère politique s'affirme dans le fait même qu'elles refusent de prendre en compte le social et le coût social, et aussi économique – qui, pour peu qu'on le veuille, ne serait pas si difficile à chiffrer –, de leurs effets à court et à long terme (je pense par exemple à l'accroissement des inégalités économiques et sociales résultant de la mise en œuvre des politiques néo-libérales et aux effets négatifs de ces inégalités, sur la santé, sur la délinquance et le crime, etc.). Mais si l'hémiplégie cognitive à laquelle sociologues et économistes sont aujourd'hui condamnés a de fortes raisons de se perpétuer contre toutes les tentatives, de plus en plus nombreuses, pour en sortir, c'est aussi que les forces sociales qui pèsent sur les univers supposés purs et parfaits de la science, à travers notamment les systèmes de sanctions et de récompenses incarnés par les revues scientifiques, les hiérarchies de caste, etc., favorisent la reproduction des espaces séparés, associés à des structures de chances de profit et des dispositions différentes, voire inconciliables, qui sont issues de la coupure initiale.

Le concept d'habitus a pour fonction première de rompre avec la philosophie cartésienne de la conscience et d'arracher du même coup à l'alternative ruineuse entre le mécanisme et le finalisme,

34. Cf. J.-C. Passeron, « Pareto : l'économie dans la sociologie », in *Le Centenaire du Cours d'économie politique*, Turin, Fondazione Luigi Einaudi, Atti Paretiani, Olschki (ed.), 1999.

c'est-à-dire entre la détermination par des causes et la détermination par des raisons ; ou encore entre l'individualisme dit méthodologique et ce que l'on appelle parfois (chez les « individualistes ») le holisme, opposition demi-savante qui n'est que la forme euphémisée de l'alternative, sans doute la plus puissante de l'ordre politique, entre l'individualisme ou le libéralisme, qui considère l'individu comme ultime unité élémentaire autonome, et le collectivisme ou le socialisme, supposé accorder le primat au collectif.

L'agent social, en tant qu'il est doté d'un habitus, est *un individuel collectif ou un collectif individué par le fait de l'incorporation des structures objectives.* L'individuel, le subjectif, est social, collectif. L'habitus est subjectivité socialisée, transcendantal historique dont les schèmes de perception et d'appréciation (les systèmes de préférence, les goûts) sont le produit de l'histoire collective et individuelle. La raison (ou la rationalité) est *bounded*, limitée, non seulement, comme le croit Herbert Simon, parce que l'esprit humain est génériquement limité (ce qui n'est pas une découverte), mais parce qu'il est socialement structuré, déterminé et, partant, borné. Ceux qui seront les premiers à objecter que tout cela n'a rien non plus d'une découverte devraient s'interroger sur les raisons qui font que la théorie économique est restée si parfaitement sourde à tous les rappels de ces constats anthropologiques. C'est par exemple Veblen qui défendait déjà l'idée que l'agent économique n'est pas « un paquet de désirs » *(a bundle of desires)*, mais « une structure cohérente de propensions et d'habitudes[35] » *(a coherent structure of propensities and habits)* ; c'est James S. Duesenberry qui observait aussi que le principe de la décision de consommation ne doit pas être cherché du côté de la planification rationnelle *(rational planning)* mais plutôt du côté de l'apprentissage et de la formation des habitudes *(learning and habit formation)* et qui établissait que la consommation dépendait du revenu passé autant que du revenu présent[36]. C'est encore Veblen qui, anticipant l'idée d'*interactive demand*, a, comme Jevons et Marshall, énoncé depuis longtemps les effets de la structure ou de la position dans la structure sur la définition des besoins et, par là, sur la

35. T. Veblen, « Why is economics not an evolutionary science ? », *The Quarterly Journal of Economics*, July 1898, p. 390.
36. J. S. Duesenberry, *Income, Saving and the Theory of Consumer Behavior*, Cambridge, Harvard University Press, 1949.

demande. Bref, s'il est une propriété universelle, c'est que les agents ne sont pas universels parce que leurs propriétés, et en particulier leurs préférences et leurs goûts, sont le produit de leur placement et de leurs déplacements dans l'espace social, donc de l'histoire collective et individuelle. La conduite économique socialement reconnue comme rationnelle est le produit de certaines conditions économiques et sociales. C'est à condition de la rapporter à sa genèse individuelle et collective que l'on peut comprendre les conditions économiques et sociales de possibilité et, par là, à la fois la nécessité et les limites sociologiques de la raison économique et de notions, apparemment inconditionnées, telles que besoins, calcul ou préférences.

Cela dit, l'habitus n'a rien d'un principe mécanique d'action ou, plus exactement, de réaction (à la façon d'un arc réflexe). Il est *spontanéité conditionnée* et limitée. Il est ce principe autonome qui fait que l'action n'est pas simplement une réaction immédiate à une réalité brute mais une riposte « intelligente » à un aspect activement sélectionné du réel : lié à une histoire grosse d'un avenir probable, il est l'inertie, trace de leur trajectoire passée, que les agents opposent aux forces immédiates du champ et qui fait que leurs stratégies ne peuvent se déduire directement ni de la position ni de la situation immédiates. Il produit une riposte dont le principe n'est pas inscrit dans le stimulus et qui, sans être absolument imprévisible, ne peut être prévue à partir de la seule connaissance de la situation ; une réponse à un aspect de la réalité qui est distingué par une appréhension sélective, partielle et partiale (sans être pour autant « subjective », au sens strict) de certaines stimulations, par une attention à la face particulière des choses dont on peut dire indifféremment qu'elle « suscite l'intérêt » ou que l'intérêt la suscite ; une action que l'on peut sans contradiction dire à la fois déterminée et spontanée, puisqu'elle est déterminée par des stimulations *conditionnelles et conventionnelles* qui n'existent comme telles que pour un agent disposé et apte à les percevoir.

L'écran que l'habitus introduit entre le stimulus et la réaction est un écran de temps, dans la mesure où, issu d'une histoire, il est relativement constant et durable, donc *relativement* affranchi de l'histoire. Produit des expériences passées, et de toute une accumulation collective et individuelle, il ne peut être compris adéquatement que par une analyse génétique qui s'applique à la fois à l'histoire collective – avec par exemple l'histoire des goûts, que Sidney Mintz a illustrée en montrant comment le goût pour le sucre, d'abord produit de luxe exotique réservé aux classes privilégiées, est devenu peu à peu un élément indispensable de l'alimentation ordinaire des classes populaires[37] – et à l'histoire individuelle – avec l'analyse des conditions économiques et sociales de la genèse des goûts individuels en matière d'alimentation, de décoration, d'habillement et aussi de chansons, de théâtre, de musique ou de cinéma, etc.[38], et, plus généralement, des *dispositions* (au double sens de capacités et de propensions) à accomplir les actions économiques ajustées à un ordre économique (par exemple, calculer, épargner, investir, etc.).

Le concept d'habitus permet aussi d'échapper à l'alternative du finalisme – qui définit l'action comme déterminée par la référence consciente à une fin délibérément posée et qui par conséquent conçoit tout comportement comme le produit d'un calcul purement instrumental, pour ne pas dire cynique – et du mécanisme – pour qui l'action se réduit à une pure réaction à des causes indifférenciées. Les économistes orthodoxes et les philosophes qui défendent la Théorie de l'action rationnelle balancent, parfois dans la même phrase, entre ces deux options théoriques logiquement incompatibles : d'un côté, un décisionisme finaliste selon lequel l'agent est une pure conscience rationnelle agissant en pleine connaissance de cause, le principe de l'action étant une raison ou une décision rationnelle déterminée par une évaluation rationnelle des chances ; de l'autre, un physicalisme qui en fait une particule sans inertie réagissant de manière mécanique et instanta-

37. S. Mintz, *Sweetness and Power. The Sugar in Modern History*, New York, Viking Penguin, 1985.

38. P. Bourdieu, *La Distinction. Critique sociale du jugement*, *op. cit.*, et L. Levine, *High Brow/Low Brow. The Emergence of Cultural Hierarchy in America*, Cambridge, Harvard University Press, 1988. Comme on le voit dans le cas de l'analyse des déterminants économiques et sociaux des préférences pour l'achat ou pour la location d'une maison, on peut répudier la définition anhistorique des préférences sans se condamner à un relativisme, propre à interdire toute connaissance rationnelle, de goûts livrés au pur et simple arbitraire social (comme le laisse croire la vieille formule, invoquée par Gary Becker, *de gustibus non est disputandum*). On est conduit au contraire à établir empiriquement les relations statistiques nécessaires qui s'établissent entre les goûts dans les différents domaines de la pratique et les conditions économiques et sociales de leur formation, c'est-à-dire la position présente et passée (trajectoire) des agents dans la structure de la distribution du capital économique et du capital culturel (ou, si l'on préfère, l'état au moment considéré et l'évolution dans le temps du volume et de la structure de leur capital).

née à une combinaison de forces. Mais ils ont d'autant moins de mal à concilier l'inconciliable que les deux branches de l'alternative n'en font qu'une : dans les deux cas, sacrifiant à la *scholastic fallacy*, on projette le sujet savant, doté d'une connaissance parfaite des causes et des chances, dans l'agent agissant, dont on suppose qu'il est rationnellement incliné à poser comme fins les chances que lui assignent les causes (le fait que ce soit en pleine connaissance de cause que les économistes sacrifient, au nom du « droit à l'abstraction », à ce paralogisme, ne suffit pas – faut-il le dire ? – à en annuler les effets).

L'habitus est un principe d'action très économique, qui assure une énorme économie de calcul (notamment du calcul des coûts de recherche et de mesure) et aussi de temps, ressource particulièrement rare dans l'action. Il est donc particulièrement adapté aux circonstances ordinaires de l'existence qui, soit du fait de l'urgence, soit en raison de l'insuffisance des connaissances nécessaires, ne laissent guère de place à l'évaluation consciente et calculée des chances de profit. Directement issu de la pratique et lié à la pratique dans sa structure comme dans son fonctionnement, ce sens pratique ne peut pas être mesuré en dehors des conditions pratiques de sa mise en œuvre. C'est dire que les épreuves auxquelles l'« heuristique de la décision »[39] soumet les sujets sont doublement inadéquates, puisqu'elles essaient de mesurer dans une situation artificielle une aptitude à l'évaluation consciente et calculée des chances dont la mise en œuvre suppose elle-même une rupture avec les inclinations du sens pratique (on oublie en effet que le calcul des probabilités s'est construit contre les tendances spontanées de l'intuition première).

Pratiquement obscure, parce que située en deçà du dualisme du sujet et de l'objet, de l'activité et de la passivité, des moyens et des fins, du déterminisme et de la liberté, la relation de l'habitus au champ, dans laquelle l'habitus se détermine en déterminant ce qui le détermine, est un calcul sans calculateur, une action intentionnelle sans intention dont on a mainte attestation empirique[40]. Dans le cas particulier (mais particulièrement fré-

39. Cf. A. Tversky, D. Kahneman, *loc. cit.*

40. On peut s'appuyer sur les acquis de la tradition behavioriste, représentée notamment par Herbert Simon, mais sans accepter sa philosophie de l'action : Herbert Simon a mis l'accent sur le poids d'incertitude et d'incompétence qui affecte le processus de décision et sur la capacité limitée du cerveau humain ;

quent) où l'habitus est le produit de conditions objectives semblables à celles dans lesquelles il fonctionne, il engendre des conduites qui sont parfaitement adaptées à ces conditions sans être le produit d'une recherche consciente et intentionnelle de l'adaptation (c'est en ce sens qu'il faut se garder de prendre ces « anticipations adaptatives », au sens de Keynes, pour des « anticipations rationnelles », même si l'agent dont l'habitus est bien ajusté est en quelque sorte une réplique de l'agent comme producteur d'anticipations rationnelles). Dans ce cas, l'effet de l'habitus reste en quelque sorte invisible, et l'explication par l'habitus peut paraître redondante par rapport à l'explication par la situation (on peut même avoir l'impression qu'il s'agit d'une explication *ad hoc*, dans la logique de la vertu dormitive). Mais l'efficacité propre de l'habitus s'observe en toute clarté dans toutes les situations où il n'est pas le produit des conditions de son actualisation (de plus en plus fréquentes au fur et à mesure que les sociétés se différencient) : c'est le cas lorsque des agents formés dans une économie précapitaliste se heurtent, désarmés, aux exigences d'un cosmos capitaliste[41] ; ou encore lorsque des personnes âgées perpétuent, à la façon de Don Quichotte, des dispositions déplacées et à contre-temps ; ou lorsque les dispositions d'un agent en ascension ou en déclin dans la structure sociale, nouveau riche, parvenu ou déclassé, sont en dissonance avec la position qu'il occupe. De tels effets d'hystérésis, de retard à l'adaptation et de décalage contre-adaptatif, trouvent leur explication dans le caractère relativement durable, ce qui ne veut pas dire immuable, des habitus.

A la constance (relative) des dispositions correspond la constance (relative) des jeux sociaux dans lesquels elles se sont constituées : comme tous les jeux sociaux, les jeux économiques ne sont pas des jeux de hasard ; ils présentent des régularités et

il rejette l'hypothèse globale de maximisation mais retient la notion de *bounded rationality* : les agents peuvent ne pas être capables de rassembler et de traiter toute l'information nécessaire pour parvenir à des décisions globales de maximisation, mais ils peuvent faire un choix rationnel dans les limites d'un ensemble limité de possibilités. Les entreprises et les consommateurs ne maximisent pas mais ils cherchent à atteindre des minima acceptables (ce qu'il appelle *satisficing*) étant donné l'impossibilité de rassembler et de traiter toute l'information nécessaire pour atteindre un maximum (H. Simon, *Reason in Human Affairs*, Stanford, Stanford University Press, 1984).

41. Cf. P. Bourdieu, *Algérie 60*, *op. cit.*

des récurrences de configurations semblables en nombre fini qui leur confèrent une certaine monotonie. En conséquence, l'habitus produit des anticipations *raisonnables* (et non rationnelles) qui, étant le produit de dispositions issues de l'incorporation insensible de l'expérience de situations constantes ou récurrentes, sont immédiatement adaptées à des situations nouvelles mais pas radicalement insolites. En tant que disposition à agir qui est le produit d'expériences antérieures de situations semblables, il assure une maîtrise pratique des situations d'incertitude et fonde un rapport à l'avenir qui n'est pas celui du projet, comme visée de possibles pouvant également advenir ou ne pas advenir, mais celui de l'*anticipation pratique* : découvrant, dans l'objectivité même du monde, ce qui se présente comme la seule chose à faire, et saisissant l'à venir comme un quasi-présent (et non comme un futur contingent), l'anticipation de l'à venir est tout à fait étrangère à la logique purement spéculative d'un calcul des risques, capable d'attribuer des valeurs aux différentes possibilités en présence. Mais l'habitus est aussi, on l'a vu, un principe de différenciation et de sélection qui tend à conserver ce qui le confirme, s'affirmant ainsi comme une potentialité qui tend à assurer les conditions de sa propre réalisation.

De même que la vision intellectualiste de l'orthodoxie économique réduit la maîtrise pratique des situations d'incertitude à un calcul rationnel des risques, de même, forte de la théorie des jeux, elle construit l'anticipation des conduites d'autrui comme une sorte de calcul des intentions de l'adversaire, conçues par hypothèse comme intentions de tromper, en particulier sur ses intentions. En fait, le problème que l'orthodoxie économique résout par l'hypothèse ultra-intellectualiste de la *common knowledge* (je sais que tu sais que je sais) est résolu, dans la pratique, par l'*orchestration des habitus* qui, dans la mesure même de leur congruence, permettent l'anticipation mutuelle des comportements des autres. Les paradoxes de l'action collective trouvent leur solution dans des pratiques fondées sur le postulat tacite que les autres agiront de manière responsable et avec cette sorte de constance ou de fidélité à soi-même qui est inscrite dans le caractère durable des habitus.

UNE ILLUSION BIEN FONDÉE

Ainsi la théorie de l'habitus permet d'*expliquer la vérité apparente de la théorie qu'elle dément.* Si une hypothèse aussi irréaliste que celle qui fonde la théorie de l'action ou de l'anticipation rationnelle peut paraître validée par les faits, c'est que, en raison de la correspondance statistique, empiriquement établie, entre les dispositions et les positions, les agents forment, dans la grande majorité des cas (les exceptions les plus remarquables étant les sous-prolétaires, les déclassés et les transfuges, que le modèle permet d'ailleurs d'expliquer), des espérances raisonnables, c'est-à-dire ajustées aux chances objectives – et presque toujours contrôlées et renforcées par l'effet direct des contrôles collectifs, ceux qu'exerce la famille notamment. Et la théorie de l'habitus permet même de comprendre que ne soit pas totalement démenti par les faits un artefact théorique comme celui d'« agent représentatif », fondé sur l'hypothèse que les choix de tous les agents différents d'une même catégorie, les consommateurs par exemple, peuvent être traités, en dépit de leur extrême hétérogénéité, comme le choix d'un « individu représentatif » standard qui maximiserait son utilité. Ainsi, après avoir montré non seulement que cette fiction repose sur des hypothèses très contraignantes et très spéciales, mais que rien ne permet d'affirmer que l'ensemble agrégé des individus, fussent-ils tous des maximisateurs, se comporte lui-même comme un individu qui maximiserait son utilité et qu'inversement le fait que la collectivité présente un certain degré de rationalité n'entraîne pas que les individus agissent rationnellement, Alan Kirman suggère que l'on peut fonder une fonction de demande globale non sur l'homogénéité, mais sur l'hétérogénéité des agents, un comportement de demande individuelle très dispersé pouvant aboutir à un comportement global de demande agrégé très unifié et stabilisé[42]. Or une telle hypothèse trouve un fondement réaliste dans la théorie de l'habitus et dans la représentation des consommateurs comme un ensemble d'agents hétérogènes aux dispositions, aux préférences et aux intérêts très différents (comme leurs conditions d'existence) mais ajustés, en chaque cas, à des conditions d'existence impliquant des chances

42. Cf. A. P. Kirman, « L'hypothèse de l'individu "représentatif" : une analyse critique », *Problèmes économiques*, 2325, 13 mai 1993, p. 5-14.

différentes et soumis, de ce fait, aux contraintes inscrites dans la structure du champ, celle du champ économique dans son ensemble, et aussi dans les sous-espaces plus ou moins restreints dans lesquels ils interagissent avec un sous-groupe limité d'agents. Il n'y a guère de place, dans le champ économique, pour les « folies », et ceux qui s'y abandonnent paient à plus ou moins long terme de leur disparition ou de leur échec le prix de leur défi aux règles et aux régularités immanentes de l'ordre économique.

En donnant une forme explicite et systématique à la philosophie de l'agent et de l'action que l'orthodoxie économique accepte le plus souvent de manière tacite (notamment parce que, avec des notions comme celles de préférence ou de choix rationnel, elle ne fait que rationaliser une « théorie » de sens commun de la décision), les partisans de la Théorie de l'action rationnelle (dont quelques économistes, comme Gary Becker) et de l'Individualisme méthodologique (comme James Coleman, Jon Elster et leurs épigones français) auront sans doute rendu un service éminent à la recherche : leur ultra-rationalisme étroitement intellectualiste (ou intellectualo-centrique) contredit directement, par son excès même et son indifférence à l'expérience, les conquêtes les mieux assurées des sciences historiques des pratiques humaines. S'il a paru nécessaire de montrer que nombre des acquis de la science économique sont parfaitement compatibles avec une philosophie de l'agent, de l'action, du temps et du monde social tout à fait différente de celle que produisent ou acceptent d'ordinaire la plupart des économistes, ce n'est donc pas pour sacrifier à une sorte de point d'honneur philosophique, mais seulement pour tenter de réunifier les sciences sociales en travaillant à rendre l'économie à sa vérité de science historique.

ANNEXE

LE CHAMP DE L'ENTREPRISE : UNE ÉTUDE DE CAS

Au cours d'une recherche menée en 1986 dans une grande entreprise de production de ciment qui, à l'occasion d'une opération de « délocalisation » d'une partie de ses services implantés jusque-là à Paris, visait à réorienter sa politique financière et commerciale en « associant » le personnel (avec notamment l'organisation d'un séminaire interne), on a pu observer que les différents membres de la direction avaient, sur l'entreprise et surtout sur son avenir, des points de vue qui dépendaient étroitement de leur position dans l'entreprise et de leur capital scolaire[43]. Les affrontements, le plus souvent indirects et feutrés, entre les différents membres de la « direction », le président, traditionnellement un polytechnicien, le directeur général, au moment de l'observation un ancien élève de HEC, connu pour sa compétence en matière de gestion financière, le directeur général adjoint, dit aussi directeur d'exploitation, un polytechnicien qui, du fait de son ancienneté et de sa fonction de responsable du personnel, possède un énorme capital d'information et de relations, le directeur des installations industrielles, un polytechnicien, le directeur commercial qui, en dépit de son titre, est peu orienté vers la communication et enfin le directeur de la recherche et du développement, un jeune polytechnicien, portent toujours, en dernière analyse, sur des questions de définition.

Les luttes de définition sont associées, évidemment, à des luttes sur les priorités, c'est-à-dire sur la prééminence qu'il convient de donner, dans les projets d'avenir, et dans les restructurations qu'ils commandent, à telle ou telle fonction, financière, commerciale ou « communicative » par exemple, et à tel ou tel responsable : les uns peuvent invoquer les caractéristiques très spéciales du marché du ciment, c'est-à-dire la situation de duopole qui exclut les batailles de prix, et les caractéristiques très particulières de la distribution, pour refuser une véritable politique de communication ; d'autres défendent un développement de l'entreprise fondé sur une stratégie financière, telle que le rachat d'entreprises dans le secteur, ou sur une stratégie industrielle, mais d'un type nouveau, c'est-à-dire l'extension et

43. J'ai été assisté dans cette enquête par Pierre Delsaut.

la diversification du marché, à partir d'un investissement dans la chimie (cela en fonction de définitions différentes du produit, le ciment, conçu soit comme un produit traditionnel relativement simple qui fait l'objet d'opérations techniques pouvant être assimilées à une forme de « cuisine », soit comme une sorte de « colle », située du côté de la chimie, et associée à toutes sortes de dérivés susceptibles d'être commercialisés). Du fait que les options possibles ne sont jamais parfaitement exclusives et peuvent entrer dans des combinaisons partielles, des alliances diverses, le plus souvent tacites, peuvent se nouer pour faire avancer les intérêts attachés à l'un ou l'autre des possibles concurrents. Dans les luttes qu'ils mènent pour imposer leurs « vues », et qu'il serait naïf (ou faussement subtil) de réduire à des conflits d'intérêts de carrière, dans la mesure où chacun d'eux incarne en quelque sorte la « tendance à persévérer dans l'être », le *conatus*, de la position qu'il occupe, et que tout son être social, son habitus, exprime et réalise, les protagonistes engagent le capital, sous ses différentes espèces, et dans ses différents états, qu'ils détiennent : ils mobilisent un capital bureaucratique spécifique, lié à la position dans la hiérarchie, et aussi à l'ancienneté dans l'entreprise, un capital informationnel qui peut aller du savoir-faire commercial ou de la maîtrise de la chimie ou de l'informatique jusqu'à la connaissance du passé de l'entreprise et de chacun de ses membres, enfin un capital social de relations utiles.

Bien que le respect des engagements de confidentialité interdise d'exposer dans le détail la chronique des innombrables interventions, « coups » (notamment ceux qu'un informateur appelle les « coups de billard »), négociations, et même l'inventaire des stratégies mises en œuvre – notamment pour imposer ou faire passer une politique en entraînant la décision du PDG –, on peut au moins évoquer la logique de la lutte au sein du champ du pouvoir dans l'entreprise, c'est-à-dire la concurrence entre les détenteurs d'un des pouvoirs. Tout se passe comme si la structure du champ du pouvoir s'organisait, à chaque moment, selon des oppositions différentes qui, dans les moments de crise notamment, peuvent se cristalliser dans des alliances stratégiques entre les détenteurs des différentes formes de pouvoir : par exemple, au moment de l'observation, le directeur général, défenseur d'une politique *financière* d'expansion par le rachat de petites entreprises du secteur, soutenu par le jeune directeur de la recherche et du développement, promoteur d'une politique de diversification des produits (sur la base du primat donné à la « colle » et à la « chimie »), se heurte à la résistance d'un des responsables techniques de la nouvelle implantation, ingénieur des Travaux publics qui, animé d'une vision futuriste de l'entreprise, voit dans le nouveau site industriel une Silicon Valley (exemple typique d'un investissement total, irréductible à un simple opportunisme carriériste), du directeur de l'informatique et du directeur général adjoint, polytechnicien fort d'une sorte de monopole de l'information sur l'entreprise et sur son personnel ; avec, entre ces deux pôles, mais plus proches du second, ceux que l'on appelle les « cimentiers », c'est-à-dire les directeurs les plus directement branchés sur la production, qui consentent à une politique de « diversification » mais consistant à « vendre un savoir-faire industriel ou les produits du savoir-faire ».

Dans cette lutte pour la définition de l'entreprise, de ses fins et de son avenir, trois principes de légitimité s'affrontent. Deux formes de légitimité « cimentière », comme dit l'idiolecte interne : l'une, traditionnelle, donne le primat au ciment, forme primitive de colle, produite selon les techniques d'une cuisine relativement routinière ; l'autre, tout aussi technique, mais moderniste, est plus tournée vers le « béton », produit qui, étant moins normalisé que le ciment et susceptible d'être adapté aux besoins des utilisateurs, porte à valoriser le savoir-faire commercial, et surtout vers la « colle », produit de la recherche chimique qui ouvre aussi la porte à toutes sortes de produits dérivés. Enfin, une troisième forme de légitimité, financière celle-là, détenue par le directeur général issu de HEC, qui, du point de vue de l'orthodoxie de l'entreprise (« normalement, c'est un X – un polytechnicien – qui dirige cette boîte »), est suspect d'une sorte d'usurpation. C'est le même mouvement (ou le même *conatus*) qui porte ce dernier à viser la présidence (alors détenue par un polytechnicien un peu dévalué) et à changer la politique financière et commerciale de son prédécesseur. Il ne peut atteindre vraiment ces deux objectifs inséparables et objectivement indiscernables que pour autant qu'il est en mesure de s'assurer le soutien de deux polytechniciens, l'un qui lui apporte avec enthousiasme le modernisme technique de la chimie organique, l'autre qui oppose l'inertie d'une adhésion récupératrice et neutralisante à des projets de rénovation menaçant son emprise sur le personnel de l'entreprise. En fait ce dernier, sans jamais se déclarer ouvertement comme un porte-parole de la résistance à l'effort de transformation entrepris par le directeur général, apparaît comme l'incarnation de l'inertie de l'entreprise, c'est-à-dire des tendances immanentes aux structures institutionnelles et aux dispositions des agents. (Une analyse de la distribution de tous les salariés de tout rang entre les différentes commissions de travail constituées à l'occasion du séminaire de prospective permet de voir que ceux qui choisissent le groupe centré sur « la réorganisation du processus de production » sont plus anciens dans l'entreprise, moins dotés en capital scolaire et plus souvent issus des usines que du siège, tandis que ceux qui s'orientent vers la commission consacrée à un thème nettement plus prospectif, comme celui de l'avenir de la différenciation de la production, sont dotés de diplômes plus élevés – notamment en chimie organique.)

Ces différentes orientations, qui peuvent s'exprimer, par mimétisme inconscient ou dans une intention de résistance larvée, dans le même mot « diversification », s'affrontent en permanence, et pas seulement dans les confrontations ouvertes du comité de direction ou dans les délibérations des commissions de réflexion, plus ou moins orientées par les responsables novateurs qui en ont pris l'initiative, mais aussi, comme dit un informateur, « dans la tête des gens et dans les discussions bilatérales ». Et c'est de ces interactions innombrables, toujours orientées par la structure du rapport de force entre les instances ou les agents entre lesquels elles s'établissent, que surgit, en définitive, ce qui pourra apparaître comme la politique librement délibérée et décidée par une direction identifiée à un agent rationnel.

Post-scriptum

Du champ national au champ international

Le champ économique se construit d'abord dans le cadre de l'État national, avec lequel il a en quelque sorte partie liée. L'État contribue en effet de mainte façon à l'unification de l'espace économique (et aussi, évidemment, de l'espace culturel et symbolique) qui contribue en retour à l'émergence de l'État. Comme le montre Polanyi dans *The Great Transformation*, l'émergence des marchés nationaux n'est pas le résultat mécanique de l'extension graduelle des échanges, mais l'effet d'une politique d'État délibérément mercantiliste visant à accroître le commerce intérieur et extérieur : voyant dans le développement économique le meilleur soutien de leur pouvoir, les États ont favorisé la commercialisation de la terre, de l'argent et du travail. Mais l'unification et l'intégration s'accompagnent d'un processus de concentration et de monopolisation, et, du même coup, de dépossession, l'intégration à l'État et au territoire qu'il contrôle étant en fait la condition de la domination.

L'ambiguïté du processus d'unification se voit bien dans l'ordre de la culture et de la langue. L'unification culturelle et linguistique s'accompagne de la constitution d'une langue et d'une culture particulières en langue et en culture légitimes, ainsi érigées en normes centrales, et par là « délocalisées », « départicularisées », « universalisées » et, du même coup, constituées en capital linguistique et culturel capable de procurer un profit de distinction. De même que le processus de « rationalisation », dont parle Weber, a pour envers le processus de « concentration » et de « monopolisation », dont parle Marx, le « processus de civilisation » mis au jour par Elias va de pair avec une concentration et une monopolisation du style de vie légitime, qui ont pour contrepartie le discrédit des arts de vivre différents, renvoyés à la barbarie ou à la vulgarité, comme les langues dominées sont réduites au statut déprécié de jargon ou de patois[1].

Du fait de l'unification du champ économique, au travers notamment de l'*unification monétaire* et de la généralisation des échanges monétaires qui arrache de plus en plus complètement les petits producteurs ruraux à l'autarcie, tous les agents sociaux sont objectivement jetés dans un jeu économique pour lequel ils ne sont pas toujours équipés, et sont soumis à la norme objectivement imposée par la concurrence de forces productives et de modes de production plus efficients. L'unification qui transforme peu à peu les fiefs en provinces, le pouvoir direct à base personnelle en un pouvoir indirect à base territoriale, s'accompagne d'une uniformisation, d'une normalisation, dont le paradigme est la standardisation des poids et mesures ou le monopole de l'émission des signes monétaires, et, corrélativement, d'une abolition des particularismes associés à la localisation dans l'espace géographique. La « départicularisation » et la « délocalisation » sont au nombre des mécanismes qui contribuent à porter l'ensemble des processus sociaux concernés à un *degré d'universalisation supérieur* en les arrachant aux particularismes (linguistiques, culturels, mais aussi économiques) associés à la particularité du local. Mais *l'unification profite aux dominants*, dont la différence est constituée en capital par le seul fait de la mise en relation. C'est ainsi que, pour prendre un exemple emprunté à une histoire relativement récente, Roosevelt a dû, dans les années 1930, établir des règles sociales communes en matière de travail (avec des mesures telles que le salaire minimum, la limitation du temps de travail, etc.) en vue de neutraliser les effets destructeurs de l'intégration nationale et d'éviter la spirale descendante des salaires et la dégradation des conditions de travail consécutives à l'intégration dans un même marché national de régions inégalement développées.

Le processus d'unification et de concentration trouvait ainsi sa limite dans les frontières nationales et dans toutes les barrières,

1. Pour enlever à ces analyses leur air d'abstraction, il suffirait de rappeler ici la description des effets (le célibat des hommes par exemple) qu'a exercés sur le marché matrimonial des provinces reculées, Béarn ou Bretagne, l'unification du marché des biens et des échanges symboliques favorisée par un ensemble d'actions convergentes et prolongées de l'État, notamment celles qu'a exercées, de manière directe et indirecte, l'institution scolaire (cf. P. Bourdieu, « Reproduction interdite. La dimension symbolique de la domination économique », *Études rurales*, 113-114, janvier-juin 1989, p. 15-36).

notamment juridiques, à la libre circulation des biens et des personnes (droits de douane, contrôle des changes, etc.) ; et aussi dans le fait que la production et surtout la circulation des biens (économiques et même culturels) restaient fortement liées à des lieux géographiques, cet *effet de lieu* se retraduisant économiquement dans des coûts de transport (des biens ou de la main-d'œuvre). On comprend ainsi que la conjonction d'un ensemble de facteurs tels que la libéralisation, la déréglementation et le développement de nouvelles techniques de communication ait favorisé la formation d'un *champ économique mondial*, notamment dans le domaine financier. La capacité accrue d'engager et surtout, peut-être, de dégager les capitaux, de les investir ou de les désinvestir, favorise la mobilité des capitaux et une *délocalisation* généralisée de l'entreprise économique (industrielle ou bancaire) qui trouve dans l'investissement direct à l'étranger un moyen d'exploiter les différences de rémunération du capital entre les nations et les régions (dont la limite est représentée par les paradis fiscaux) : la recherche de la main-d'œuvre la moins coûteuse et aussi de la proximité au marché le plus favorable (qui peut s'associer parfois à la volonté de porter la concurrence sur le terrain même des rivaux, d'envahir le lieu d'origine des firmes envahissantes) encourage des décisions de délocalisation (favorisées aussi par l'apparition, chez les dirigeants, de dispositions nouvelles qui les inclinent à refuser de s'attacher à des engagements sectoriels ou géographiques déterminés). Les investissements internationaux ont ainsi pour effet de mettre à mal les barrières industrielles et les oligopoles nationaux qu'elles protègent. Comme les nations naissantes transformaient les fiefs autonomes en provinces subordonnées au pouvoir central, les « firmes réseaux » trouvent dans un marché à la fois interne et international un moyen d'« internaliser » les transactions, comme dit Williamson, c'est-à-dire de les organiser à l'intérieur d'unités de production intégrant les firmes absorbées et ainsi réduites au statut de « filiales » d'une « maison mère » ; tandis que d'autres cherchent dans la sous-traitance une autre manière d'instaurer des relations de subordination dans l'indépendance relative. C'est ainsi que le capital tend toujours davantage à se délocaliser, tandis que le travail reste étroitement local (et presque doublement lorsqu'il est issu d'une délocalisation déracinante comme celui des immigrés).

Le champ économique mondial se présente ainsi comme un ensemble de sous-champs mondiaux dont chacun correspond à une « *industry* » entendue comme un ensemble d'entreprises en concurrence pour la production et la commercialisation d'une catégorie homogène de produits. Dans chacun de ces sous-champs, les différentes firmes s'affrontent, réagissant non à des forces impersonnelles manifestées par les prix, mais directement à des rivales, auxquelles elles sont unies et opposées par des relations de concurrence et de coopération. La structure, presque toujours oligopolistique, de ce champ correspond à la structure de la distribution du capital (sous ses différentes espèces) entre les différentes firmes capables de conserver ou d'acquérir un statut de concurrent effectif au niveau mondial, la position d'une firme dans un pays dépendant de sa position dans d'autres pays, et inversement. Le champ mondial est fortement polarisé : les économies nationales dominantes tendent, par leur seul poids dans la structure (qui fonctionne comme barrière à l'entrée), à concentrer les actifs des entreprises et à s'approprier les profits qu'elles produisent, ainsi qu'à orienter les tendances du fonctionnement du champ. La position de chaque firme dans la structure du champ national et international dépend de la combinaison de ses avantages propres et des avantages économiques, politiques, culturels et linguistiques qui sont liés à son appartenance nationale, cette sorte de « capital national » exerçant un effet multiplicateur, positif ou négatif, sur la compétitivité structurelle des différentes firmes.

Mais tous les processus évoqués jusqu'ici n'atteignent leur plein développement que dans le champ financier mondial qui, brutalement affranchi de toutes les régulations créées depuis près de deux siècles et particulièrement renforcées après les grandes séries de faillites bancaires des années 1930, est parvenu à une autonomie et une intégration à peu près complètes. Le champ financier étant devenu un lieu comme un autre de mise en valeur du capital, l'argent concentré par les grands investisseurs institutionnels – fonds de pension, compagnies d'assurances, fonds d'investissements dits *Mutual Funds* – devient une force autonome, contrôlée par les seuls banquiers, qui privilégient de plus en plus la spéculation, l'argent produisant de l'argent, les opérations financières sans autres fins que financières, au détriment de l'investissement productif. L'économie internationale de la spéculation se trouve ainsi affranchie par rapport aux institutions nationales qui, comme les banques centrales, régulaient les opérations financières, en matière de taux d'intérêt notamment, et les taux d'intérêt à long terme tendent désormais à être fixés exclusivement par un petit nombre d'opérateurs internationaux qui commandent les tendances des marchés financiers.

La gestion institutionnelle de l'épargne collective qui a été rendue possible par une intervention délibérée des États (dans le cas de la France, la loi de déréglementation financière de 1985-1986) tend, paradoxalement, à échapper aux États. La politique économique de l'État, une fois encore, peut-être la dernière, produit le marché qui dépossède l'État de son pouvoir en matière de politique économique. La concentration du capital financier dans les fonds de pension et les fonds mutuels qui attirent et gèrent l'épargne collective met les gestionnaires transétatiques de cette épargne en mesure d'imposer aux entreprises, au nom des intérêts des actionnaires, des exigences de rentabilité financière qui orientent peu à peu leurs stratégies, notamment en limitant leurs possibilités de diversification et en leur imposant des pratiques de *downsizing*, de réduction des coûts, ou des fusions-acquisitions qui font peser tous les risques sur les salariés (apparemment associés, parfois, au moins pour les plus haut placés, à travers les rémunérations en actions). Dans ces conditions, il ne reste en définitive aux États, et aux responsables politiques, dépossédés des possibilités de régulation et d'arbitrage (entre l'inflation et le chômage notamment) d'une autre époque, que la surveillance des fluctuations de la Bourse.

Toute la politique aujourd'hui exaltée sous le nom de « mondialisation », *pseudo-concept à la fois descriptif et prescriptif*, présente le processus d'unification du champ mondial de l'économie et de la finance, c'est-à-dire l'intégration complète des univers économiques nationaux jusque-là cloisonnés, à la fois comme un destin inévitable, une évolution *naturelle* à laquelle tous doivent se soumettre, et comme un projet politique de libération universelle qui, au nom du lien entre la démocratie et le marché, promet une émancipation à la fois économique et politique aux peuples de tous les pays : la démocratie des actionnaires, c'est-à-dire des salariés rémunérés en actions et ainsi devenus « propriétaires de leur entreprise », n'est-elle pas, selon l'utopie néo-libérale, l'association la plus parfaitement réussie du capital et du travail – autorisant les plus inspirés des prophètes de la nouvelle religion économique à voir dans les États-Unis la nouvelle patrie du « socialisme réalisé » ? En fait, l'intégration au champ économique mondial par le libre-échange, la libre circulation du capital et la croissance orientée vers l'exportation qui est proposée aux pays dominés comme un destin ou comme un idéal (par opposition à une orientation plus nationale ou nationaliste cherchant à développer la production domestique pour le marché intérieur) présente la même ambiguïté que l'intégration au champ économique national en d'autres temps : tout en donnant toutes les apparences d'un universalisme sans limites, elle sert les dominants, c'est-à-dire les grands investisseurs qui, tout en se situant au-dessus des États, peuvent compter sur les grands États, et en particulier le plus puissant d'entre eux politiquement et militairement, les États-Unis, pour assurer les conditions favorables à la conduite de leurs activités économiques [2].

Elle tend en effet à affaiblir tous les pouvoirs régionaux ou nationaux, et le cosmopolitisme formel dont elle s'arme, en discréditant tous les autres modèles de développement, notamment nationaux, d'emblée répudiés comme nationalistes, laisse les citoyens sans défense en face des puissances transnationales de l'économie et de la finance. Les politiques dites d'« ajustement structurel » que les instances internationales comme le FMI imposent aux économies endettées du Sud visent à assurer l'intégration dans la subordination des économies dominées : cela en réduisant ou en détruisant le rôle de tous les mécanismes « artificiels » et « arbitraires » de régulation politique de l'économie associés à l'État social, seule instance capable de s'opposer aux entreprises transnationales et aux institutions financières internationales, au

2. Les États-Unis sont, évidemment, la forme réalisée d'un idéal politique et économique qui est, pour l'essentiel, le produit de l'universalisation de leur propre modèle économique et social, caractérisé, notamment, par la faiblesse de l'État. Ils doivent le poids déterminant qu'ils détiennent dans le champ mondial en voie de constitution au fait qu'ils cumulent un ensemble unique d'avantages compétitifs : financiers d'abord, avec la position exceptionnelle du dollar qui leur permet de drainer les capitaux nécessaires pour financer leur déficit et compenser un taux d'épargne et d'investissement très bas qui leur assure la possibilité de mettre en œuvre la politique monétaire de leur choix sans s'inquiéter des répercussions sur les autres pays, tout spécialement les plus pauvres, objectivement enchaînés aux décisions économiques américaines ; économiques, avec la force et la compétitivité du secteur des biens de capital et d'investissement, et en particulier de la micro-électronique industrielle, ou le rôle de la banque dans le financement privé de l'innovation ; politiques et militaires, avec leur poids diplomatique qui leur permet d'imposer des normes économiques et commerciales ; culturels et linguistiques, avec la qualité exceptionnelle du système public et privé de recherche scientifique (mesurable au nombre de prix Nobel), la puissance des *lawyers* et des grandes *law firms*, et enfin l'universalité pratique de l'anglais qui domine les télécommunications et toute la production culturelle commerciale ; symboliques, avec la production et la diffusion de représentations du monde auxquelles est associée une image de modernité.

profit du marché dit libre, par un ensemble de mesures convergentes de dérégulation et de privatisation, telles que l'abolition de toutes les protections du marché domestique et le relâchement des contrôles imposés aux investissements étrangers (au nom du postulat darwinien que l'exposition à la concurrence rendra les entreprises plus efficientes). Ce faisant, elles tendent à assurer une liberté à peu près totale au capital concentré et à ouvrir toute grande la carrière aux grandes entreprises multinationales qui inspirent plus ou moins directement ces politiques. (Inversement, elles contribuent à neutraliser les tentatives des nations dites « émergentes », c'est-à-dire capables d'opposer une concurrence efficace, pour s'appuyer sur l'État national en vue de construire une infrastructure économique et de créer un marché national, en protégeant les productions nationales et en encourageant l'apparition d'une demande réelle liée à l'accès des paysans et des ouvriers à la consommation par l'augmentation du pouvoir d'achat, elle-même favorisée, par exemple, par des décisions d'État telles qu'une réforme agraire ou l'institution d'un impôt progressif.)

Les rapports de force dont ces politiques sont une expression à peine euphémisée et qui tendent de plus en plus à réduire les nations les plus démunies à une économie reposant à peu près exclusivement sur l'exploitation extensive ou intensive des ressources naturelles se manifestent aussi dans la dissymétrie des traitements accordés par les instances mondiales aux différentes nations, selon la position qu'elles occupent dans la structure de la distribution du capital : l'exemple le plus typique est sans doute le fait que les demandes que le FMI a adressées aux États-Unis de réduire un déficit persistant sont longtemps restées sans effet, alors que la même instance a imposé à nombre d'économies africaines déjà en grand péril une réduction de leur déficit qui n'a fait qu'accroître le chômage et la misère. Et l'on sait par ailleurs que les mêmes États qui prêchent au monde entier l'ouverture des frontières et le démantèlement de l'État peuvent pratiquer des formes plus ou moins subtiles de protectionnisme, à travers des limitations assignées aux importations par des quotas, des restrictions volontaires d'exportation et des réévaluations monétaires forcées, sans parler de certaines exhortations vertueuses au respect universel du droit social ; ou encore sacrifier à des formes d'assistance étatique, à travers par exemple ce que l'on a appelé les « oligopoles mixtes », fondés sur des interventions des États visant à assurer le partage des marchés par des accords de restriction volontaire d'exportation, ou par la fixation de quotas de production aux filiales étrangères.

Cette unification, à la différence de celle qui s'est opérée autrefois, en Europe, à l'échelle de l'État national, se fait sans État – contre le vœu de Keynes de voir se créer une banque centrale mondiale produisant une monnaie de réserve neutre capable de garantir des échanges égaux entre tous les pays – et au seul service des intérêts de dominants qui, à la différence des juristes des origines de l'État européen, n'ont pas vraiment besoin d'habiller la politique conforme à leurs intérêts des apparences de l'universel. C'est la logique du champ et la force propre du capital concentré qui imposent des rapports de force favorables aux intérêts des dominants. Ceux-ci ont les moyens de transformer ces rapports de force en règles du jeu d'apparence universelle à travers les interventions faussement neutres des grandes instances internationales (FMI, OMC) qu'ils dominent ou sous couvert des représentations de l'économie et de la politique qu'ils sont en mesure d'inspirer et d'imposer et qui avaient trouvé leur formulation la plus accomplie dans le projet de l'AMI (Accord multilatéral d'investissement) : cette sorte d'utopie d'un monde débarrassé de toutes les contraintes étatiques et livré au seul arbitraire des investisseurs permet de se faire une idée du monde réellement « mondialisé » que l'internationale conservatrice des dirigeants et des cadres des multinationales industrielles et financières de toutes les nations vise à imposer en s'appuyant sur le pouvoir politique, diplomatique et militaire d'un État impérial réduit à des fonctions de maintien de l'ordre intérieur et extérieur[3]. Il est donc vain d'espérer que l'unification conduise par sa seule logique à une véritable universalisation, assumée par un État universel. Mais il n'est sans doute pas déraisonnable d'attendre que les effets de la politique d'une petite oligarchie attentive à ses seuls intérêts économiques à court terme puissent favoriser l'émergence progressive de forces politiques, elles aussi mondiales, capables d'imposer peu à peu la création d'instances transnationales chargées de contrôler les forces économiques dominantes et de les subordonner à des fins réellement universelles.

3. Cf. F. Chesnais, *La Mondialisation du capital*, Paris, Syros, 1994, et M. Freitag et E. Pineault (sous la dir. de), *Le Monde enchaîné*, Montréal, Éditions Nota Bene, 1999.

Index

INDEX DES NOMS PROPRES*

* Cet index et l'index des notions qui suit ont été réalisés par Franck Poupeau.

INDEX DES NOTIONS

Tables

TABLE DES DOCUMENTS ET TABLEAUX

DOCUMENTS

TABLEAUX ET DIAGRAMMES

TABLE

DU MÊME AUTEUR

AUX MÊMES ÉDITIONS

Réponses
Pour une anthropologie réflexive
en collaboration avec Loïc J. D. Wacquant
« Libre Examen », 1992

Les Règles de l'art
Genèse et structure du champ littéraire
« Libre Examen », 1992
et « Points », n° P363

La Misère du monde
en collaboration
« Libre Examen », 1993
et « Points », n° P466

Libre-échange
avec Hans Haacke
coédition avec Les Presses du réel
« Libre Examen », 1994

Raisons pratiques
Sur la théorie de l'action
1994
et « Points Essais », n° 331

Méditations pascaliennes
« Liber », 1997

La Domination masculine
« Liber », 1998

Esquisse d'une théorie de la pratique
précédé de Trois études d'ethnologie kabyle
nouvelle édition
« Points Essais », n° 405
(Droz, 1972)

CHEZ D'AUTRES ÉDITEURS

Sociologie de l'Algérie
PUF, 1961, 1985

Algérie 60
Structures économiques et structures temporelles
Minuit, 1977

La Distinction
Critique sociale du jugement
Minuit, 1979

Le Sens pratique
Minuit, 1980

Questions de sociologie
Minuit, 1980

Leçon sur la leçon
Minuit, 1982

Ce que parler veut dire
L'économie des échanges linguistiques
Fayard, 1982

Homo academicus
Minuit, 1984, 1992

Choses dites
Minuit, 1987

L'Ontologie politique de Martin Heidegger
Minuit, 1988

La Noblesse d'État
Grandes écoles et esprit de corps
Minuit, 1989

Language and Symbolic Power
Cambridge, Polity Press, 1991

Sur la télévision
suivi de L'Emprise du journalisme
Raisons d'agir, 1996

Les Usages sociaux de la science
Pour une sociologie clinique du champ scientifique
INRA, 1997

Contre-feux
Propos pour servir à la résistance
contre l'invasion néo-libérale
Raisons d'agir, 1998

Propos sur le champ politique
Presses universitaires de Lyon, 2000

EN COLLABORATION

Travail et travailleurs en Algérie
avec Alain Darbel, Jean-Paul Rivet et Claude Seibel
EHESS-Mouton, 1963

Le Déracinement
La crise de l'agriculture traditionnelle en Algérie
avec Abdelmalek Sayad
Minuit, 1964, 1977

Les Étudiants et leurs études
avec Jean-Claude Passeron et Michel Eliard
EHESS-Mouton, 1964

Les Héritiers
Les étudiants et la culture
avec Jean-Claude Passeron
Minuit, 1964, 1966

Un art moyen
Essai sur les usages sociaux de la photographie
avec Luc Boltanski, Robert Castel
et Jean-Claude Chamboredon
Minuit, 1965

Rapport pédagogique et communication
avec Jean-Claude Passeron et Monique de Saint-Martin
EHESS-Mouton, 1965

L'Amour de l'art
Les musées d'art européens et leur public
avec Alain Darbel et Dominique Schnapper
Minuit, 1966, 1969

Le Métier de sociologue
avec Jean-Claude Passeron et Jean-Claude Chamboredon
Mouton-Bordas, 1968

La Reproduction
Éléments pour une théorie du système d'enseignement
avec Jean-Claude Passeron
Minuit, 1970, 1989

RÉALISATION : PAO ÉDITIONS DU SEUIL
IMPRESSION : NORMANDIE-ROTO IMPRESSION S.A. À LONRAI
DÉPÔT LÉGAL : MAI 2000. N° 41295 (00-0908)